ଶ୍ରୀନୀଳାଦ୍ରୀଶ ଚଉତିଶା

ଶ୍ରୀଜଗନ୍ନାଥଙ୍କ ଭକ୍ତିସମ୍ବଳିତ ଅନବଦ୍ୟ କୃତି

ଶ୍ରୀନୀଳାଦ୍ରୀଶ ଚଉତିଶା

(ShriNiladrish Chautisha)

ରଚନା:

କବିସମ୍ରାଟ ଉପେନ୍ଦ୍ର ଭଞ୍ଜ

ସମ୍ପାଦନା ଓ ଆଲୋଚନା:

ପ୍ରଫେସର ଡ. ପ୍ରେମାନନ୍ଦ ମହାପାତ୍ର

ବ୍ଲାକ୍ ଈଗଲ୍ ବୁକ୍ସ

ଭୁବନେଶ୍ୱର, ଓଡ଼ିଶା

BLACK EAGLE BOOKS

Dublin, USA

ଶ୍ରୀନୀଳାଦ୍ରୀଶ ଚଉତିଶା / କବିସମ୍ରାଟ ଉପେନ୍ଦ୍ର ଭଞ୍ଜ
ସମ୍ପାଦନା ଓ ଆଲୋଚନା: **ପ୍ରଫେସର ପ୍ରେମାନନ୍ଦ ମହାପାତ୍ର**
ବ୍ଲାକ୍ ଇଗଲ୍ ବୁକ୍ସ : ଭୁବନେଶ୍ୱର, ଓଡ଼ିଶା • ଡବ୍ଲିନ୍, ଯୁକ୍ତରାଷ୍ଟ୍ର ଆମେରିକା

BLACK EAGLE BOOKS
USA address:
7464 Wisdom Lane
Dublin, OH 43016

India address:
E/312, Trident Galaxy, Kalinga Nagar,
Bhubaneswar-751003, Odisha, India

E-mail: info@blackeaglebooks.org
Website: www.blackeaglebooks.org

First International Edition Published by
BLACK EAGLE BOOKS, 2023

SHRINILADRISHA CHAUTISHA
by **Kabi Samrat Upendra Bhanja**

Edited by **Prof. Premananda Mohapatra**

Copyright © **BEB**

All rights reserved. No part of this publication may be reproduced, stored in a retrieval system, or transmitted, in any form or by any means, electronic, mechanical, photocopying, recording or otherwise without the prior permission of the publisher.

Cover & Interior Design: Ezy's Publication

ISBN- 978-1-64560-472-3 (Paperback)

Printed in the United States of America

ଉତ୍ସର୍ଗ

କୋଟି କୈବଲ୍ୟନାଥ,
ନୀଳାଚଳ ନାୟକ,
ଶ୍ରୀକ୍ଷେତ୍ର ଶିରୋମଣି,
ନୀଳାଦ୍ରୀଶ ଶ୍ରୀ ଶ୍ରୀ ଜଗନ୍ନାଥ ମହାପ୍ରଭୁଙ୍କୁ
ଭକ୍ତିର ସହିତ ସମର୍ପିତ...

Prof. Ganeshi Lal
Governor, Odisha

ପ୍ରଫେସର ଗଣେଶୀ ଲାଲ
ରାଜ୍ୟପାଳ, ଓଡ଼ିଶା

RAJ BHAVAN
BHUBANESWAR - 751008
ରାଜଭବନ
ଭୁବନେଶ୍ୱର- ୭୫୧୦୦୮
ତା ୦୩.୧୦.୨୦୨୩

ବାର୍ତ୍ତା

କୋଟିକୈବଲ୍ୟନାଥ ମହାପ୍ରଭୁ ଶ୍ରୀଜଗନ୍ନାଥ ଓଡ଼ିଆ ଜାତିର ଉପାସ୍ୟ ଦେବତା । ସେ ଭକ୍ତର ଠାକୁର । ଭକ୍ତି ଡୋରରେ ସେ ନିରନ୍ତର ବନ୍ଧା । ବଡ଼ ମହିମାବନ୍ତ ଠାକୁର ଶ୍ରୀଜଗନ୍ନାଥ । ଓଡ଼ିଶାର କବିମାନେ ଜଗନ୍ନାଥଙ୍କୁ ଉପଜୀବ୍ୟ କରି ବହୁ ଭଜନ, ଜଣାଣ, ଚଉପଦୀ, ଚଉତିଶା ରଚନା କରିଛନ୍ତି । ବହୁ କାବ୍ୟକବିତାରେ ଶ୍ରୀଜଗନ୍ନାଥଙ୍କ ମହିମା ପ୍ରତିପାଦିତ ।

କବିସମ୍ରାଟ ଉପେନ୍ଦ୍ର ଭଞ୍ଜ ଥିଲେ ଜଗନ୍ନାଥପ୍ରାଣ । ତାଙ୍କ ଶେଷ ଜୀବନକାଳରେ ସେ ଶ୍ରୀକ୍ଷେତ୍ରରେ ଅବସ୍ଥାନ କରିଥିଲେ । ଶ୍ରୀକ୍ଷେତ୍ର ରହଣିକାଳରେ ସେ ରଚନା କରିଥିଲେ 'ଶ୍ରୀନୀଳାଦ୍ରୀଶ ଚଉତିଶା' । ଏହି ଗ୍ରନ୍ଥଟି ଜଗନ୍ନାଥ ଚେତନାର ଏକ ମଞ୍ଜୁଳ ଗ୍ରନ୍ଥ ।

ପ୍ରଫେସର ପ୍ରେମାନନ୍ଦ ମହାପାତ୍ର ସାମ୍ପ୍ରତିକ କାଳର ସ୍ୱନାମଧନ୍ୟ ଗବେଷକ ଓ ସମାଲୋଚକ । ଉପେନ୍ଦ୍ର ଭଞ୍ଜଙ୍କର 'ଶ୍ରୀନୀଳାଦ୍ରୀଶ ଚଉତିଶା' ଗ୍ରନ୍ଥକୁ ପ୍ରଫେସର ମହାପାତ୍ର ସମ୍ପାଦନା କରିଛନ୍ତି ।

ଓଡ଼ିଶାର ସୁଧୀ ପାଠକପାଠିକାଙ୍କ ଦ୍ୱାରା 'ଶ୍ରୀନୀଳାଦ୍ରୀଶ ଚଉତିଶା' ଗ୍ରନ୍ଥଟି ବେଶ୍ ଆଦୃତି ଲାଭ କରିବ ବୋଲି ମୁଁ ଆଶା କରୁଛି ଏବଂ ଏହି ପ୍ରୟାସ ପାଇଁ ମୁଁ ଡକ୍ଟର ମହାପାତ୍ରଙ୍କୁ ଶୁଭକାମନା ଜଣାଉଛି ।

– ଜୟ ଜଗନ୍ନାଥ –

ଗଣେଶୀ ଲାଲ

(ଗଣେଶୀ ଲାଲ)

Tel. : 91-674-2536111/2536222, Fax : 91-674-2536582
E-mail : govodisha@nic.in, Website : www.rajbhavanodisha.gov.in

ମୁଖବନ୍ଧ

"ଲାବଣ୍ୟାମୃତ ବାରଧିଂ ଗୁଣନିଧିଂ କୈବଲ୍ୟନାଥଂ ପ୍ରଭୁଂ
ଯଂ ଦୃଷ୍ଟ୍ୱା ଜନୁଷୋ ଦୃଶୋଃ ଫଳମୃଷିଃ କମ୍ବୁଷ୍ଟିରାତ୍ ପ୍ରାପ୍ତବାନ୍ ।
ସୋଽୟଂ ଶ୍ରୀପୁରୁଷୋତ୍ତମ ନିରୁପମଃ କାରୁଣ୍ୟ ବାରାଂନିଧିଃ
ଯୁଷ୍ମାକଂ ନୟନୋତ୍ସବଂ ବିତନୁତାଂ ନୀଳାଦ୍ରିଚୂଡ଼ାମଣିଃ ।"

ନୀଳାଦ୍ରିଚୂଡାମଣି ଶ୍ରୀଜଗନ୍ନାଥ ମହାପ୍ରଭୁ ଓଡ଼ିଶାର ବଡ଼ ଠାକୁର । କୋଟି କୋଟି ଓଡ଼ିଆଙ୍କର ସେ ଆପଣାର କାଳିଆ ଠାକୁର । ସେ ଚକାଡୋଳା, ବଳୀୟାରଭୁଜ । ସେ ଦାରୁଦେବତା । ସେ ପୂର୍ଣ୍ଣବ୍ରହ୍ମ, ଅବତାରୀ ପୁରୁଷ । ଷୋଳକଳାର ଅଧିକାରୀ ମହାପ୍ରଭୁ ଶ୍ରୀଜଗନ୍ନାଥ । ତେଣୁ କୁହାଯାଇଛି - "ଜଗନ୍ନାଥ ଯେ ଷୋଳକଳା ।"

ଶ୍ରୀଜଗନ୍ନାଥ ପରମାତ୍ମା ଓ ଭଗବାନ । ସେ ସ୍ୱୟଂ ପୁରୁଷୋତ୍ତମ । ସେ ବ୍ରହ୍ମାଙ୍କର ଐଶ୍ୱର୍ଯ୍ୟ ରୂପ ସ୍ୱରୂପ । ମୋକ୍ଷ, ଭୋଗ ଓ ଭକ୍ତି ବାଣ୍ଟିବା ଦିଗରେ ସେ ଅତ୍ୟନ୍ତ ଦକ୍ଷ । ସେ ପ୍ରେମମୟ, ପ୍ରେମର ବିଭୂତିରେ ପରିପୂର୍ଣ୍ଣ । ତାଙ୍କର ବିଗ୍ରହ ତ ଜ୍ଞାନାନନ୍ଦରେ ପରିପୂର୍ଣ୍ଣ । ସେ ଚତୁର୍ଭୁଜରେ ଶଙ୍ଖ, ଚକ୍ର, ଗଦା, ପଦ୍ମ ଧାରଣ କରିଥାନ୍ତି । ସେ ନୀଳାଚଳ ନାମକ ବୈକୁଣ୍ଠର ପତି ଅଟନ୍ତି । ସ୍ୱୟଂ ମହାଲକ୍ଷ୍ମୀ, ଭୂଦେବୀ ଓ ଲୀଳା ଇତ୍ୟାଦି ଦେବୀମାନଙ୍କ ଦ୍ୱାରା ସେ ବରାବର ସେବା ପାଉଛନ୍ତି ।

ଶ୍ରୀଜଗନ୍ନାଥ ମହାପ୍ରଭୁ ଚତୁର୍ଦ୍ଦଶ ବ୍ରହ୍ମାଣ୍ଡର ଠାକୁର । ସେ ନୀଳାଚଳ ନାଥ। ନୀଳାଦ୍ରିକେଶରୀ । କମ୍ବୁକଟକର ରାଜା । ଶ୍ରୀକ୍ଷେତ୍ର ଶିରୋମଣି । ସିନ୍ଧୁତଟରେ ଅବସ୍ଥିତ ଶ୍ରୀକ୍ଷେତ୍ର ତାଙ୍କର ଲୀଳାଭୂମି । ଶ୍ରୀଜଗନ୍ନାଥ ଓଡ଼ିଶାର ସାମାଜିକ, ସାଂସ୍କୃତିକ ଓ ଆଧ୍ୟାତ୍ମିକ ଜୀବନର ପ୍ରାଣକେନ୍ଦ୍ର । ସେ ସ୍ୱୟଂ କୋଟିକୈବଲ୍ୟ ନାଥ । ମୁକ୍ତିଦାତା, ପରଂବ୍ରହ୍ମ

ଜଗତରନାଥ । ଶ୍ରୀଜଗନ୍ନାଥ ମହାପ୍ରଭୁଙ୍କୁ ଉପଜୀବ୍ୟ କରି ବହୁ ଭଜନ, ଜଣାଣ, ଚଉତିଶା ପ୍ରଭୃତି ରଚନା କରାଯାଇଛି । ସେଥିମଧ୍ୟରୁ କବିସମ୍ରାଟ ଉପେନ୍ଦ୍ରଭଞ୍ଜଙ୍କ କୃତ 'ଶ୍ରୀନୀଳାଦ୍ରୀଶ ଚଉତିଶା' ଅନ୍ୟତମ । ଏହା କବିସମ୍ରାଟ ଉପେନ୍ଦ୍ର ଭଞ୍ଜଙ୍କର ଶେଷ ରଚନା । ଉପେନ୍ଦ୍ର ଭଞ୍ଜଙ୍କର ଅନ୍ତିମ କାଳ ଶ୍ରୀକ୍ଷେତ୍ରରେ କଟିଥିଲା । ଶ୍ରୀକ୍ଷେତ୍ର ଧାମରେ ହିଁ ସେ 'ନୀଳାଦ୍ରୀଶ ଚଉତିଶା' ରଚନା କରିଥିଲେ ।

କବିସମ୍ରାଟ ଉପେନ୍ଦ୍ର ଭଞ୍ଜ ଶ୍ରୀକ୍ଷେତ୍ରକୁ ଅନେକ ଥର ଯାତ୍ରା କରିଛନ୍ତି । ଶେଷ ଜୀବନକାଳ ମଧ୍ୟରେ ସେ ନୀଳାଚଳଧାମ ଠାରେ ଅବସ୍ଥାନ କରୁଥିଲେ । ଶ୍ରୀକ୍ଷେତ୍ର ରହଣି କାଳରେ ଉପେନ୍ଦ୍ର କେଉଁ ମଠରେ ରହୁଥିଲେ, ତାହା ପ୍ରାୟତଃ ସ୍ଥିରୀକୃତ ହୋଇନାହିଁ । କେହି କେହି କହନ୍ତି ଓଡ଼ିଆମଠ, କେହି କେହି ମତ ଦିଅନ୍ତି ଘୁମୁସର ମଠ; କିନ୍ତୁ ତୃତୀୟ ମତଟି ହେଉଛି ଛାଉଣୀ ମଠ । ଏହି ମତଟି ଗ୍ରହଣଯୋଗ୍ୟ ହୋଇଛି ।

ସୁତରାଂ ଶ୍ରୀକ୍ଷେତ୍ର ରହଣି କାଳରେ କବି ଉପେନ୍ଦ୍ର ନିଜକୁ ମହାପ୍ରଭୁଙ୍କ ନିକଟରେ ନିଜକୁ ସମର୍ପଣ କରିଥିଲେ । ଯଦିଓ ଉପେନ୍ଦ୍ର ଭଞ୍ଜ ରାମୋପାସକ ଥିଲେ, ତଥାପି ସେ ଶ୍ରୀଜଗନ୍ନାଥଙ୍କୁ ଅବତାରୀ ପୁରୁଷ, ପୂର୍ଣ୍ଣବ୍ରହ୍ମ ଭାବରେ ଗ୍ରହଣ କରିଥିଲେ । ଉପେନ୍ଦ୍ର ଭଞ୍ଜ ଥିଲେ ଉଚ୍ଚକୋଟୀର ବୈଷ୍ଣବ କବି । ସେ ଶ୍ରୀଜଗନ୍ନାଥ ତତ୍ତ୍ୱ ଏବଂ ଶ୍ରୀକ୍ଷେତ୍ରରେ ସାଂସ୍କୃତିକ ଓ ଅଧ୍ୟାତ୍ମିକ ପରାମ୍ପରାକୁ ଉତ୍ତମରୂପେ ଅଧ୍ୟୟନ କରିଥିଲେ ।

ଉପେନ୍ଦ୍ରଭଞ୍ଜ ଥିଲେ ଜଗନ୍ନାଥପ୍ରାଣ । ଶ୍ରୀଜଗନ୍ନାଥଙ୍କଠାରେ ସେ ନିଜକୁ ସମ୍ପୂର୍ଣ୍ଣରୂପେ ସମର୍ପଣ କରି ଏହି ଭକ୍ତି ଭାବାତ୍ମକ 'ନୀଳାଦ୍ରୀଶ ଚଉତିଶା' ରଚନା କରି ଯଶସ୍ୱୀ ହୋଇଛନ୍ତି । ଏହା ଏକ ଉଚ୍ଚକୋଟୀର ସାରସ୍ୱତ କୀର୍ତ୍ତି, କାଳଜୟୀ ସର୍ଜନା । 'ନୀଳାଦ୍ରୀଶ ଚଉତିଶା'ରେ କ୍ଷେତ୍ର ମାହାତ୍ମ୍ୟ ପ୍ରତିପାଦିତ । ଏହା ସହିତ ଏଥିରେ ଗରୁଡସ୍ତମ୍ଭ, ଶ୍ରୀମନ୍ଦିର, ଶ୍ରୀଜଗନ୍ନାଥଙ୍କ ଟାହିଆ, ଶ୍ରୀଜଗନ୍ନାଥଙ୍କ ମୁଖଶ୍ରୀ, ବିମାନ ଓ ମୁଖଶାଳାର ତତ୍ତ୍ୱ, ଧୋକଡି ଦ୍ୱାର, ନକ୍ଷତ୍ର ଚାନ୍ଦୁଆ, ଅଖଣ୍ଡଦୀପ, ପତିତପାବନ ବାନା, ଶ୍ରୀରାମ ଓ ଶ୍ରୀଜଗନ୍ନାଥ ମଧ୍ୟରେ ସାମ୍ୟ ପ୍ରଦର୍ଶନ, ଶ୍ରୀ ଲୋକନାଥ, ମା' ବିମଳା, ଚତୁଷ୍ଟୟ ଋଷିଆଶ୍ରମ, ଶ୍ରୀଜଗନ୍ନାଥ ହେଉଛନ୍ତି ଶ୍ରୀରାଧା ଓ ଶ୍ରୀକୃଷ୍ଣଙ୍କର ମିଳନାତ୍ମକ ବିଗ୍ରହ, ଦରିଆ ହନୁମାନ, ଓଁକାର ତତ୍ତ୍ୱ, ନିର୍ଗୁଣ ତତ୍ତ୍ୱ ପ୍ରଭୃତି ପ୍ରସଙ୍ଗକୁ କବିସମ୍ରାଟ ଏଥିରେ ସାର୍ଥକ ଭାବରେ ରୂପାୟନ କରିଛନ୍ତି ।

ଉପେନ୍ଦ୍ର ଭଞ୍ଜ ମୋର ପ୍ରିୟ କବି । ଶ୍ରୀଜଗନ୍ନାଥ ମୋର ପରମ ଆରାଧ୍ୟ ଦେବତା । ଉପେନ୍ଦ୍ର ଭଞ୍ଜଙ୍କ କୃତ 'ଶ୍ରୀ ନୀଳାଦ୍ରୀଶ ଚଉତିଶା' ପାଠ କରି ମୁଁ ଅଭିଭୂତ ହୋଇଥିଲି । ଏହପରି ଏକ ମହାର୍ଘ୍ୟ ସାରସ୍ୱତ କୃତିକୁ ସଂପାଦନା କରିବା ପାଇଁ ମୋର ଅନ୍ତରପୁରୁଷ

ମୋତେ ମୋତେ ନିର୍ଦ୍ଦେଶ ଦେଲା । ଅଗତ୍ୟା ସେହି ପବିତ୍ର କାମରେ ମୁଁ ହାତ ଦେଲି । ଏଥିପାଇଁ ମୁଁ ନିଜକୁ ଅହୋଭାଗ୍ୟ ମନେ କରୁଛି ।

ଏହି ଗ୍ରନ୍ଥରେ ଶ୍ରୀନୀଳାଦ୍ରୀଶ ଚଉତିଶାର ମୂଳପାଠ ସହିତ ଉପେନ୍ଦ୍ର ଭଞ୍ଜଙ୍କ ଜୀବନୀ, ଓଡ଼ିଆ ଚଉତିଶା ସାହିତ୍ୟ, ଭଞ୍ଜ ସାହିତ୍ୟରେ ଶ୍ରୀକ୍ଷେତ୍ର ଓ ଶ୍ରୀଜଗନ୍ନାଥ ଏବଂ କବିସମ୍ରାଟ ଉପେନ୍ଦ୍ର ଭଞ୍ଜଙ୍କ ସହିତ କାଳ୍ପନିକ ସାକ୍ଷାତକାର ପ୍ରଭୃତି ପ୍ରସଙ୍ଗ ସ୍ଥାନିତ ।

ଅତି ଆନନ୍ଦର କଥା ଏହି ଯେ 'ଶ୍ରୀ ନୀଳାଦ୍ରୀଶ ଚଉତିଶା' ଗ୍ରନ୍ଥଟି ମୂଳପାଠ ଓ ଆଲୋଚନା ସହିତ ବ୍ଲାକ୍ ଇଗଲ୍ ପ୍ରକାଶନୀ ସଂସ୍ଥାଦ୍ୱାରା ପ୍ରକାଶିତ ହେବାକୁ ଯାଉଛି । ଏହି ପୁସ୍ତକଟିର ପାଠାକାଦୃତି ପାଇଁ ମହାପ୍ରଭୁ ଶ୍ରୀଜଗନ୍ନାଥଙ୍କ ନିକଟରେ ପ୍ରାର୍ଥନା କରୁଛି ।

ଏହି ପୁସ୍ତକଟି ସମ୍ପର୍କରେ ଓଡ଼ିଶାର ମହାମହିମ ରାଜ୍ୟପାଳ ପ୍ରଫେସର ଶ୍ରୀ ଗଣେଶୀଲାଲ ମୂଲ୍ୟବାନ୍ ଅଭିମତ ପ୍ରଦାନ କରିଥିବାରୁ ତାଙ୍କୁ ଏହି ଅବସରରେ ଗଭୀର କୃତଜ୍ଞତା ଜ୍ଞାପନ କରୁଛି ।

ଏହି ପୁସ୍ତକଟିର ଡି.ଟି.ପି. ଭାର ବହନ କରିଥିବା ଶ୍ରୀ ଅଶୋକ କୁମାର ସାହୁ ଏବଂ ଶ୍ରୀ ପ୍ରସନ୍ନ କୁମାର କରଙ୍କୁ ସାଧୁବାଦ ଜଣାଉଛି । ପୁସ୍ତକଟିର ପ୍ରଚ୍ଛଦ ଅଙ୍କନ କରିଥିବା ପ୍ରଚ୍ଛଦଶିଳ୍ପୀ ଶ୍ରୀ ତନୁଜ ମଲ୍ଲିକଙ୍କୁ ସାଧୁବାଦ ଜଣାଉଛି । ଏହି ଗ୍ରନ୍ଥଟିର ପ୍ରକାଶନ ଭାର ବହନ କରିଥିବା ସୁସାହିତ୍ୟିକ ମାନନୀୟ ସତ୍ୟ ପଟ୍ଟନାୟକଙ୍କୁ ଅଶେଷ କୃତଜ୍ଞତା ଜ୍ଞାପନ କରୁଛି ।

ମୋର ପ୍ରେରଣାଦାତା, ମୋର ପୂଜ୍ୟ ଗୁରୁଜୀବୃନ୍ଦ ଦିବଂଗତ ଶ୍ରୀ ଗୋପୀନାଥ ମିଶ୍ର, ପ୍ରଫେସର ବାସୁଦେବ ସାହୁ, ପ୍ରଫେସର ବାଉରୀବନ୍ଧୁ କର, ଡକ୍ଟର ରତ୍ନାକର ଚଇନି (ସମସ୍ତେ ଦିବଂଗତ)ଙ୍କୁ ମୋର ଭକ୍ତିପୂତ ପ୍ରଣାମ ନିବେଦନ କରୁଛି ।

ମୁଁ ବିଶେଷ ଭାବରେ କୃତଜ୍ଞତା ଜ୍ଞାପନ କରୁଛି ଚାରଣ ଶ୍ରୀ ରାମକୃଷ୍ଣ ପତି (ବେଲଗୁଣ୍ଠା), ପଣ୍ଡିତ ଶ୍ରୀ ଅନନ୍ତ ଚରଣ ମିଶ୍ର (ଫୁଲବାଣୀ), ପ୍ରଫେସର ପୂର୍ଣ୍ଣଚନ୍ଦ୍ର ମିଶ୍ର (ବ୍ରହ୍ମପୁର), ଡକ୍ଟର ସିଦ୍ଧେଶ୍ୱର ମହାପାତ୍ର (ପୁରୀ), ଡକ୍ଟର ପ୍ରଫୁଲ୍ଲ କୁମାର ରଥ (ଭୁବନେଶ୍ୱର), ଡକ୍ଟର ହରପ୍ରସାଦ ମିଶ୍ର (ପୁରୀ) ଙ୍କୁ ତାଙ୍କର ଆଶୀର୍ବାଦ ପାଇଁ ।

ପରିଶେଷରେ ମୋର ପୂଜ୍ୟନନା, ଶିକ୍ଷକ କୁଳର ଗୌରବ ତଥା ସାହିତ୍ୟପ୍ରାଣ ଶ୍ରୀଯୁକ୍ତ ତ୍ରିନାଥ ମହାପାତ୍ରଙ୍କର ଶୁଭାଶିଷ କାମନା କରିରହୁଛି ।

ଜୟ ଜଗନ୍ନାଥ ।

ଭାଦ୍ରବ ପୂର୍ଣ୍ଣିମା, ୨୦୨୩ ବିନୀତ

ପ୍ରେମାନନ୍ଦ ମହାପାତ୍ର

ସୂଚୀପତ୍ର

ବିଷୟ	ପୃଷ୍ଠା
୧. ପ୍ରଥମ ଅଧ୍ୟାୟ	୧୫
ନୀଳାଦ୍ରୀଶ ଚଉତିଶା (ମୂଳପାଠ ଓ ଭାବାର୍ଥ ସହିତ)	
୨. ଦ୍ୱିତୀୟ ଅଧ୍ୟାୟ	୪୯
ଉପେନ୍ଦ୍ର ଭଞ୍ଜଙ୍କ ସାରସ୍ୱତ ଜୀବନୀ	
୩. ତୃତୀୟ ଅଧ୍ୟାୟ	୮୯
ଓଡ଼ିଆ ଚଉତିଶା ସାହିତ୍ୟ	
୪. ଚତୁର୍ଥ ଅଧ୍ୟାୟ	୯୫
ଭଞ୍ଜ ସାହିତ୍ୟରେ ଶ୍ରୀକ୍ଷେତ୍ର ଓ ଶ୍ରୀଜଗନ୍ନାଥ	
୫. ପଞ୍ଚମ ଅଧ୍ୟାୟ	୧୧୦
କବିସମ୍ରାଟ ଉପେନ୍ଦ୍ର ଭଞ୍ଜଙ୍କ ସହ କାଳ୍ପନିକ ସାକ୍ଷାତକାର	
୬. ଫଟୋଗ୍ରାଫର ସୂଚନା-	
(କ) ମାଲିସାହି ଗ୍ରାମର ଗଡ଼ୀଶ୍ୱର ମହାଦେବଙ୍କ ମନ୍ଦିର	୮୭
(ଖ) ଓଡ଼ଗାଁର ଶ୍ରୀରଘୁନାଥଜୀଉ	୮୮
ଏବଂ ଢେଙ୍କଣା ଗ୍ରାମର ଶ୍ରୀରଘୁନାଥଜୀଉ	
୭. ସହାୟକ ଗ୍ରନ୍ଥ ସୂଚୀ	୧୨୪

ପଥମ ଅଧ୍ୟାୟ :

ଶ୍ରୀନୀଳାଦ୍ରୀଶ ଚଉତିଶା

ଓଁ ଶ୍ରୀଗଣେଶାୟ ନମଃ

କରପତ୍ର ଯୋଡ଼ିଣ କମ୍ବୁରାଜ୍ୟ ରାଜନ
କମଳାବର ସନ୍ନିଧାନେ
କି ବର୍ଣ୍ଣିବି ଭାବିତ କଞ୍ଜସୁତ ଭାବିତ
ଯେ କଞ୍ଜ ଚରଣ ଇକ୍ଷଣେ,
ହେ ନୀଳାଦ୍ରୀଶ !
କଳିତ କୁଟିଳ ବହିଛ
କରେଣ ଚକ୍ର ବହିଅଛ
କମ୍ବୁନାଭି କୁଟିଳ କାକୁସ୍ଥରେ ସରଳ
କରଟୁ ହୀନ କି କରୁଛ ? ॥୧॥

ଅର୍ଥାତ୍ : କବିସମ୍ରାଟ ଉପେନ୍ଦ୍ର ଭଞ୍ଜ କହୁଛନ୍ତି ଯେ ସେ ସ୍ୱୟଂ କରପତ୍ର ଯୋଡ଼ି କମ୍ବୁକଟକର ରାଜା କମଳାବର ମହାପ୍ରଭୁ ଜଗନ୍ନାଥଙ୍କ ନିକଟରେ ଦଣ୍ଡାୟମାନ ହୋଇ ମହାପ୍ରଭୁଙ୍କ ବିଷୟରେ କ'ଣ ବା ବର୍ଣ୍ଣନା କରିବେ ବୋଲି ଚିନ୍ତା କରୁଛନ୍ତି ? ସ୍ୱୟଂ ପ୍ରଜାପତି ବ୍ରହ୍ମା ଯାହାଙ୍କର ପାଦପଦ୍ମ ଦର୍ଶନକୁ ନେଇ ଚିନ୍ତା କରୁଛନ୍ତି, ତାଙ୍କ ବିଷୟରେ ବା କବିସମ୍ରାଟ କ'ଣ ଚିନ୍ତା କରିବେ ? କବି କହୁଛନ୍ତି ଯେ, "ହେ ମହାପ୍ରଭୁ ! ଆପଣ ତ ସ୍ୱୟଂ କୁଟିଳମାନଙ୍କୁ ଧାରଣ କରିଛନ୍ତି, କାରଣ ଆପଣ ଶ୍ରୀଭୁଜରେ ସୁଦର୍ଶନ ଚକ୍ର ଏବଂ କୁଟିଳ ଶଂଖ ଧାରଣ କରିଛନ୍ତି। ଅବଶ୍ୟ ଚକ୍ର ଓ ଶଙ୍ଖ ଉଭୟ ଭକ୍ତମାନଙ୍କ ପାଇଁ ସରଳ ହୋଇଯାନ୍ତି। ଆପଣ ସ୍ୱୟଂ ରୋହିଣୀକୁଣ୍ଡସ୍ଥ କାକକୁ ସରଳ ଭାବରେ ଶଙ୍ଖ ଚକ୍ର ଚିହ୍ନରେ ଭୂଷିତ କରାଇଛନ୍ତି।" ତେଣୁ କବି କହୁଛନ୍ତି "ରୋହିଣୀ କୁଣ୍ଡର କାକ ତୁଳନାରେ ଆପଣ ଭକ୍ତଜନମାନଙ୍କୁ ହୀନ ବୋଲି ମଣୁଛନ୍ତି କି ?"

ଖର୍ବ ମଣି ଖଗେଶ   ଖଣ୍ଡ ବିଷୟାବିଷ

ଖଣ୍ଡ କଟକ ତଳେ ଆଶା

ଖଟ୍ୱାଙ୍ଗଧର ରାଜ !   ଖଳଖଣ୍ଡନ ଧ୍ୱଜ

ଖ୍ୟାତାଘ୍ରିଂ ଏକାନ୍ତ ଭରସା,

ହେ ନୀଳାଦ୍ରୀଶ !

ଖେଟରେ ଶରଣ ସମ୍ଭାଳୁ

ଖେଚରକୁଳ ପ୍ରତିପାଳୁ

ଶ୍ରୀଖଣ୍ଡଗନ୍ଧେ ଶୋଭା   ଖୁଦ ପାଇଁକି ଲୋଭା

ଖଟନ୍ତା ଜନରେ ଦୟାଳୁ ॥୨॥

ଅର୍ଥାତ୍: କବିସମ୍ରାଟ ଉପେନ୍ଦ୍ର ଭଞ୍ଜ କହୁଛନ୍ତି, "ହେ ମହାପ୍ରଭୁ! ମୁଁ ନିଜକୁ ନିହାତି ଖର୍ବ ମନେକରେ। ଆପଣ ତ ସ୍ୱୟଂ ଖଗପତିଙ୍କର ଈଶ। ଆପଣ ମୋର ବିଷୟାରୂପକ ବିଷକୁ ଖଣ୍ଡନ କରନ୍ତୁ। ସେଥିପାଇଁ ମୁଁ ଆପଣଙ୍କ କଟକରେ ଆଶା କରି ରହିଛି। ଖଟ୍ୱାଙ୍ଗଧାରୀ (ଶିବ) ହେଉଛନ୍ତି ଭୈରବଗଣଙ୍କ ମଧ୍ୟରେ ହେଉଛନ୍ତି ଶ୍ରେଷ୍ଠ। ଖଳମୋଚନ ବାନା ଉଡ଼ାଇଥିବା ଆପଣଙ୍କ ପରି ପ୍ରଭୁଙ୍କର ଚରଣ ପଙ୍କଜରେ ସେ ଆଶା ଭରସା ବାନ୍ଧିଛନ୍ତି। ଆପଣ ନୀଳଶୈଳେଶ ନିୟମ ବା ଅନୁଶାସନ ରୂପରେ ପାରାବତ ସହସ୍ରଙ୍କୁ ପ୍ରାସାଦରେ ରଖି ପ୍ରତିପାଳନ କରନ୍ତି। ଆପଣ ଶ୍ରୀଖଣ୍ଡ ଚନ୍ଦନ ସୁବାସରେ ଲୋଭା, ପୁଣି ସୁଦାମା ବ୍ରାହ୍ମଣର ଖୁଦଭଜାରେ ମଧ ଲୋଭା। ହେ ମହାପ୍ରଭୁ ! ଆପଣଙ୍କୁ ଯେଉଁମାନେ ଭକ୍ତିଭାବରେ ନିତ୍ୟ ସେବା କରନ୍ତି, ସେହି ସେବକଗଣଙ୍କ ପ୍ରତି ଆପଣ ସଦା ଦୟାଳୁ ଅଟନ୍ତି।"

ଗହନ ତୋ ଗାରିମା ଗର୍ଗ ଜାଣନ୍ତି ସୀମା
ଗଣନେ ଗବୀ କେ ଭେଦିବ
ଗୀର୍ବାଣ ଚୂଡ଼ାମଣି ଗୁହାନନ୍ଦୀ ସର୍ବାଣି
ଗୁପ୍ତାଷ୍ଟଚକ୍ରେ ଯେବା ସେବ୍ୟ,
ହେ ନୀଳାଦ୍ରୀଶ !
ଗଣ ନାୟକ ବନ୍ଦ୍ୟ ହରି
ଗଣନାୟକ ତନୁ ଧାରି
ଗୂଢ଼ ଆନନ୍ଦ ତବ ଗଣ୍ଡ କିବା ଗମିବ
ଗିରୀଶ ଗୂଢ଼ତତ୍ତ୍ୱଧାରୀ ॥୩॥

ଅର୍ଥାତ୍ : କବି କହୁଛନ୍ତି, "ହେ ମହାପ୍ରଭୁ! ଆପଣଙ୍କ ବଡ଼ପଣ ନିହାତି ଅଗମ୍ୟ। ଅବଶ୍ୟ ଗର୍ଗମୁନି ଆପଣଙ୍କ ତତ୍ତ୍ୱ ସମ୍ପର୍କରେ କିଛି କିଛି ଜାଣନ୍ତି। ଗଣନା ଦ୍ୱାରା ଆପଣଙ୍କ ଆଦିଅନ୍ତ କଥା କେହି ଜାଣିପାରିବେ ନାହିଁ। ହେ ମୁକ୍ତି ପ୍ରଦାନକାରୀ ମହାପ୍ରଭୁ ! ଆପଣ ନୀଳକନ୍ଦରରୂପକ ଗୁହାରେ ବିଜେ କରି ଗୁପ୍ତରେ ଅଷ୍ଟଶକ୍ତି ବେଷ୍ଟିତ ହୋଇ ଶକ୍ତି ଚକ୍ରରେ ସେବା ପାଉଅଛନ୍ତି। ଭକ୍ତଜନଙ୍କ ପାଇଁ ଆପଣ କେବେ କେବେ ଗଣନାଥ ରୂପ ଧାରଣ କରୁଛନ୍ତି। ପୁଣି କଳ୍ପବୃକ୍ଷମୂଳରେ ଶ୍ରୀଗଣେଶ ରହି ଆପଣଙ୍କୁ ସେବା କରୁଛନ୍ତି। ଆପଣଙ୍କ ଗୂଢ଼ରୂପତତ୍ତ୍ୱକୁ କିଏ ବା ବୁଝି ପାରିବ ? ଜଣେ ସାଧାରଣ ଗଣ୍ଡମୂର୍ଖ ଆପଣଙ୍କ ବିଷୟରେ ବା କ'ଣ ଜାଣିବ ? ହେ ନୀଳଗିରି ପତି ! ଆପଣ ପ୍ରଭୁ ରୂପରେ ଗୂଢ଼ତତ୍ତ୍ୱର ଅଧିକାରୀ ଅଟନ୍ତି ।"

ଘଟଣ ଦେଖିବାରେ ଘନ ଘୋଟିଛି ଘୋରେ
ଘେନିଛ ପ୍ରଭୁ ଗୂଢ଼ ତନୁ
ଘଟସୂତ୍ର ଭିଆଣି ଘରକୋଣେ ରୋହିଣୀ
ଘୋଟିବା ରାଧା ରସ ଦିନୁ,
ହେ ନୀଳାଦ୍ରୀଶ !
ଘରେ ସେ ଅପ୍ରକଟ ଛଟ
ଘଡ଼ିଏ ନ ସହିଲ ହଟ
ଘଉଡ଼ାଇ ହଳୀଙ୍କୁ ଘେନିଣ ଭଗିନୀଙ୍କୁ
ଘେନାଇ ଘେନିଲ ଏ ଘଟ ।।୪।।

ଅର୍ଥାତ୍ : "ହେ ମହାପ୍ରଭୁ! ଆପଣଙ୍କର ସ୍ୱରୂପ ଦେଖି ମନରେ ରହସ୍ୟ ରୂପକ ଘୋର ଅନ୍ଧକାର ଘୋଟି ଆସୁଛି । ଆପଣ ତ ସ୍ୱୟଂ ଗୂଢ଼ତନୁ ଧାରଣ କରିଛନ୍ତି । ଆପଣଙ୍କର ଗୂଢ଼ତତ୍ତ୍ୱ ଘଟଣାର ଏକ ସୂତ୍ର ହେଲା ଯେ ମାତା ରୋହିଣୀଙ୍କ କଥାନୁସାରେ ଏକ ନିଭୃତ କୁଞ୍ଜରେ ରାଧାତତ୍ତ୍ୱ ପରି ଅପ୍ରକଟ ନିର୍ଗୁଣତତ୍ତ୍ୱର ଗଭୀର ଆଲୋଚନା ହେବା ଦେଖି, ସେ ସ୍ଥାନରେ ଆପଣ ଅପ୍ରକଟ ଲୀଳା ପ୍ରକାଶ କଲେ । ଘଡ଼ିଏ କାଳପାଇଁ ଅପେକ୍ଷା ନ କରି ହଳଧର ଓ ଭଗିନୀ ଯୋଗମାୟାଙ୍କ ଗହଣରେ ଶ୍ରବଣ କରି ନିର୍ଗୁଣସୂଚକ ଶରୀରରେ ଆପଣ ପ୍ରକଟିତ ହେଲେ । ଅର୍ଥାତ୍, ରାଧାତତ୍ତ୍ୱର ନିର୍ଗୁଣତତ୍ତ୍ୱ ଶ୍ରବଣମାତ୍ରକେ ଆପଣଙ୍କର ସଗୁଣଲୀଳା ବିଗ୍ରହ ଏହିପରି ଅପ୍ରକଟ ଗୁପ୍ତତତ୍ତ୍ୱ ବିଶିଷ୍ଟ ରୂପରେ ପ୍ରକାଶ ପାଇଲା ।" (ସୁତରାଂ ରାଗାନୁଗାମାର୍ଗୀ ଭକ୍ତମାନେ ଶ୍ରୀଜଗନ୍ନାଥଙ୍କର ଅପ୍ରକଟ ବିଗ୍ରହକୁ ଏହି ତତ୍ତ୍ୱ ଅନୁଯାୟୀ ପ୍ରେମମୟ ବିଗ୍ରହ ଭାବରେ ବିଚାର କରିଥା'ନ୍ତି ।)

ଓଁକାର ମନ୍ତ୍ରସାର ଓଁକାର ଅଘହର
ଓଁ କାର ଆକାର ଧରିଲ ।।୫।।
ଓଁକାର ବର୍ଣ୍ଣ ମାତ୍ରା ଓଁକାର ସର୍ବଜ୍ଞାତା
ଓଁକାର ବ୍ରହ୍ମରୂପ ନେଲ,
ହେ ନୀଳାଦ୍ରୀଶ !
ଓଁକାର ଅପ୍ରକଟ ସ୍ୱର
ଓଁକାର ବ୍ରହ୍ମର ବିକାର
ଓଁକାର ତତ୍ତ୍ୱ ବାରି ଓଁକାର ନିର୍ବିକାରୀ
ଓଅ ବୋଇଲେ ଓଅ କର ।।୫।।

ଅର୍ଥାତ: "ଓଁ କାର ହେଉଛି ମନ୍ତ୍ର ଶ୍ରେଷ୍ଠ। 'ଓଁ' ଉଚ୍ଚାରଣ କଲେ ସମସ୍ତ ପାପ ଦୂରୀଭୂତ ହୋଇଥାଏ । ସେଇଥିପାଇଁ ଆପଣ ଓଁକାର ଆକାର ଧାରଣ କରିଛନ୍ତି। ଓଁକାରର ପ୍ରତ୍ୟେକ ମାତ୍ରା ପ୍ରକଟ ହେଲା। 'ଓଁ କାର' ଜାଣିଥିବା ବ୍ୟକ୍ତି ସର୍ବଜ୍ଞାତା ଅଟନ୍ତି। ତେଣୁ ହେ ନୀଳାଦ୍ରୀଶ ! ଆପଣ ଓଁକାର ବ୍ରହ୍ମସ୍ୱରୂପ ଧାରଣ କରିଛନ୍ତି । ସେ ହିଁ ଓଁକାର ଅପ୍ରକଟ ନାଦ ଏବଂ ବ୍ରହ୍ମର ସ୍ୱରୂପ ଅଟନ୍ତି। ଏହା ଜାଣି ସେହି ନିର୍ବିକାରତତ୍ତ୍ୱକୁ ନେଇ ଆପଣ ସ୍ୱୟଂ ରୂପବନ୍ତ ହୋଇଛନ୍ତି। ଆପଣଙ୍କର ଅପ୍ରକଟ ରୂପ ହିଁ ପ୍ରଣବ ରହସ୍ୟ। ହେ ମହାପ୍ରଭୁ ! ଆପଣ ବ୍ରହ୍ମସ୍ୱରୂପ। ସୁତରାଂ ଡାକିଲା ମାତ୍ରକେ ଆପଣ 'ଓ' କରନ୍ତି।"

ଚୋର ଚତୁର ମଣି   ଚାତୁରୀ ପଣ ଜାଣି
ଚଣ୍ଡୀଏ ଚକ୍ର ରଚିଛନ୍ତି
ଚେଳ ଚୋର ବୋଲିଣ   ଚିତ୍ତ ଚୋର ପ୍ରମାଣ
ଚାରୁଡୋରରେ ଚଳାବନ୍ତି,
ହେ ନୀଳାଦ୍ରୀଶ !
ଚର୍ଚ୍ଚରୀ ଚହଟା ଚହଳ
ଚାରଣ ଚାର ମାଳ ମାଳ
ଚକ୍ର ଚଣ୍ଡହେବାକୁ   ଚାଳି ଦକ୍ଷିଣୁଁ ତାକୁ
ଚରଣାୟୁଧ କଲ କୀଳ ॥୬॥

ଅର୍ଥାତ୍ : "କବି ଶ୍ରୀଜଗନ୍ନାଥଙ୍କୁ କହୁଛନ୍ତି ଯେ ଆପଣ ଚୋର ଏବଂ ଚତୁର ମଣି। ଆପଣଙ୍କର ଚାତୁରୀପଣକୁ ଜାଣିକରି ଚଣ୍ଡୀଗଣ ଆପଣଙ୍କୁ ଚକ୍ରାକାରରେ ଘେରି ରହିଛନ୍ତି। (ପୁରାଣରେ ଉଲ୍ଲେଖ ଅଛି ଯେ ଷୋଡ଼ଶ ପୁତ୍ରୀ, ଚଣ୍ଡରୂପା, ବାରାହୀ, ବାସେଳି, ସପ୍ତଭଗ୍ନୀ, ଲମ୍ବାଦେବୀ, ହରଚଣ୍ଡୀ, ଅର୍ଦ୍ଧଷୋଷଣୀ – ଏହି ଅଷ୍ଟଶକ୍ତି ପ୍ରଭୁଙ୍କର ରକ୍ଷାକର୍ତ୍ତ୍ରୀ ଦେବୀ ଭାବରେ ରହିଛନ୍ତି)। ଆପଣ ଗୋପାଙ୍ଗନାମାନଙ୍କର ବସ୍ତ୍ରହରଣ କରିଛନ୍ତି। ଆପଣ ଭକ୍ତମାନଙ୍କର ଚିତ୍ତକୁ ମଧ୍ୟ ହରଣ କରିନେଇଛନ୍ତି। ଏହି ଅପରାଧରେ ଭକ୍ତମାନେ ଆପଣଙ୍କୁ ପାଟଡୋରରେ ବାନ୍ଧି ଦଣ୍ଡବିଧାନ କରିଥା'ନ୍ତି। ଏହା ଚାର୍ଚ୍ଚରୀ ବାଦ୍ୟଦ୍ୱାରା ଏବଂ ଚାରଣ ଚାରମାନଙ୍କ ଦ୍ୱାରା ଘୋଷଣା କରାଯାଏ । ଆପଣଙ୍କର ସୁଦର୍ଶନଚକ୍ରର ତେଜ ବେଶ୍ ପ୍ରଖର ହେବାରୁ ଭକ୍ତମାନେ ଆପଣଙ୍କ ଶ୍ରୀଚରଣ ନିକଟକୁ ଯାଇ ନ ପାରିବାରୁ ଆପଣ ବିଚଳିତ ହୋଇ ପଡ଼ିଲେ ଏବଂ ତାକୁ ଦକ୍ଷିଣ ହସ୍ତରୁ କାଢ଼ିନେଇ କୀଳ ବା ସ୍ତମ୍ଭ ପରି କରି (ବାମପାର୍ଶ୍ୱରେ) ସ୍ଥାପନ କରିଥିଲେ ।"

ଛଟକରେ ଅକ୍ଷର ଛଳରେ ଆଦିସ୍ୱର
ଛନ୍ଦେ ଶୁକଳ ଫଣୀ ଜାଣ
ଛଟକାଙ୍ଗୀ ସେ ମାୟା ଛନ୍ନେ ଉକାର କାୟା
ଛାୟାରେ ବର୍ଣ୍ଣ ଯେ ଅରୁଣ,
ହେ ନୀଳାଦ୍ରୀଶ !
ଛନ୍ଦ୍ରମେ ବହିଅଛ ରୂପ
ଛାୟାରେ ମକାର ସ୍ୱରୂପ
ଛନ୍ଦେ ପ୍ରଣବାକ୍ଷର ଛାନ୍ଦସାର ବେଭାର
ଛନ୍ଦେ ବହିଲ ଗୋପ୍ୟ ରୂପ ॥୭॥

ଅର୍ଥାତ୍ : "ଛଟକରେ ବା ଅପୂର୍ବରୀତିରେ ଚକ୍ରକୁ ସ୍ତମ୍ଭପ୍ରାୟ କଲା ପରି ଆପଣ ବର୍ଣ୍ଣରୂପ ଅଟନ୍ତି। ଆନନ୍ଦମୟ ଶୁକ୍ଳବର୍ଣ୍ଣର ଅର୍ଥାତ୍ ବଳଦେବ ମହାପ୍ରଭୁ ସେ ଯେ ଛଳ ଏବଂ ତତ୍ତ୍ୱ ଦୃଷ୍ଟିରୁ 'ଅ'କାର ରୂପୀ ଅଟନ୍ତି। ସେହିପରି ଦେବୀ ସୁଭଦ୍ରା କର୍ମମୟୀ ଯୋଗମାୟା ଛନ୍ନରେ ବା ଗୁପ୍ତରୂପରେ 'ଉ'କାର ସ୍ୱରୂପିଣୀ। ସେ ସୌନ୍ଦର୍ଯ୍ୟମୟୀ ଏବଂ ତାଙ୍କର ବର୍ଣ୍ଣ ଅରୁଣ ଅଟେ। ଆପଣ ବିଚିତ୍ର ଢଙ୍ଗରେ 'ଛନ୍ଦ୍ରମ' ଅର୍ଥାତ୍ ଆକୃତିଗତ ରୂପରେ ସ୍ୱୟଂ 'ମ' କାରର ପ୍ରତୀକ। ଏ ସମସ୍ତଙ୍କର ଛନ୍ଦ ବା ସମଷ୍ଟିରେ 'ଓଁକାର' ସର୍ବମିତି ଭାବରେ ଛାନ୍ଦ ସାର । ଆପଣ ନିଗମର ସିଦ୍ଧାନ୍ତ ଅନୁଯାୟୀ ଗୁପ୍ତ ଭାବରେ ଗୋପନୀୟ ସ୍ୱରୂପକୁ ଧାରଣ କରିଛନ୍ତି।"

ଜଗତି ଜଗତରେ   ଜୀମୂତ ଭେଦକରେ
ଜାଗ୍ରତ ଜୈତ୍ର ଯା ବିମଳ
ଜଗତନାଥ ବୋଲି   ଜଗତଯାକ ହୁରି
ଜେତ୍ରଙ୍କ ମଧ୍ୟରେ ପ୍ରବଳ,
ହେ ନୀଳାଦ୍ରୀଶ !
ଜାତି - ଅଜାତି ସର୍ବଜନ
ଜଙ୍ଗମ ମାତ୍ରେ ସମଜ୍ଞାନ
ଜଗତଜିଣା ଭୋଗ   ଜଗଦୀଶ ବିଭବ
ଜାଣି ତରନ୍ତି ହୀନ ଜନ ହେ ॥୮॥

ଅର୍ଥାତ: "ହେ ମହାପ୍ରଭୁ ! ଗଗନସ୍ପର୍ଶୀ ଜଗତି ଯେ ଶ୍ରୀବତ୍ସ ଖଣ୍ଡଶାଳ ନାମକ ପ୍ରାସାଦ, ସେ ଜଗତରେ ଜୈତ୍ର, ବିମଳ ବିଜୟର ବାର୍ତ୍ତା ଘୋଷଣା କରୁଛନ୍ତି । ଜଗତରେ ଆପଣ 'ଜଗନ୍ନାଥ' ନାମରେ ବିଷ୍ଣୁମାନଙ୍କ ମଧ୍ୟରେ ପ୍ରସିଦ୍ଧ ଅଟନ୍ତି। ଜାତି - ଅଜାତି - ସମସ୍ତେ ଆପଣଙ୍କ ରାଜ୍ୟରେ ସମାନ। ଆପଣଙ୍କର 'ଭୋଗ' ହେଉଛି କୈବଲ୍ୟ, ଯାହାକି ଜଗଦୀଶ୍ୱରଙ୍କର ବିଭବ ରୂପରେ ଖ୍ୟାତ। ଏହା ଜାଣି ଜାଣି ହୀନଜନମାନେ ଏହି ଭବସାଗରରୁ ତରିଯାନ୍ତି ।"

ଝର୍ଝରିକା ଝଟକେ   ଝାଡ଼ି କହଇ ଟେକେ
ଝାଡ଼ଖଣ୍ଡର ଦିଅଁ ଜାଣି
ଝାଡୁଧରା ନରେଶ   ଝଟେ ଦେଖିବ ଆସ
ଝଟକ ଗଜପତି ଠାଣି,
ହେ ନୀଳାଦ୍ରୀଶ !
ଝରା ଝୁଲିବା ଶୋଭା ଦେଖି
ଝୋବାରେ ନେତ୍ର ଯାଏ ଲାଖି
ଝସକେତନ ଝଟ   ଝଣା ଝଣ କବାଟ
ଝମ୍ପାକେଦ୍ୱାରୀ ପଣେ ସୁଖୀ ହେ ।।୯।।

ଅର୍ଥାତ୍: ଝର୍ଝରୀକା ଅର୍ଥାତ୍ କାଂସ୍ୟବାଦ୍ୟମାନେ ବାଜି ଉଠିବା ବେଳେ ଆପଣଙ୍କର ପ୍ରାଧାନ୍ୟକୁ ଘୋଷଣା କରିଥା'ନ୍ତି । (ସୂଚନା - ରଥଯାତ୍ରା ସମୟରେ ଘଣ୍ଟଘଣ୍ଟା ବାଦ୍ୟରୋଳ ସୃଷ୍ଟି ହୋଇଥାଏ) । ଆପଣ ଯେ ଝାଡ଼ଖଣ୍ଡର ଦେବତା, ଅର୍ଥାତ୍ ଜାଙ୍ଗଲୀମାନଙ୍କର ଠାକୁର (ଶବରୀ ଦେବତା), ଏହା ପୁରାଣରେ ବର୍ଣ୍ଣିତ । ଆପଣଙ୍କର ପ୍ରଦତ୍ତ ବିଭବ ହେତୁ ନରେଶ ଗଜପତି ଏଠାରେ ଝାଡୁ ଧରି ସେବା କରିଥା'ନ୍ତି ଏବଂ ଜଗତବାସୀଙ୍କୁ ଆହ୍ୱାନ ଦେଇଥା'ନ୍ତି, ହେ ଜଗତଜନେ ! ଏଠାକୁ ଝଅଟ ଆସ ଓ ଠାକୁରଙ୍କ ଗଜପତି ଠାଣିକୁ ଅବଲୋକନ କର । ଆପଣଙ୍କର କପାଳରେ ଝୁଲୁଥିବା ଫୁଲଝରାର ଶୋଭା ଏବଂ କଟିତଟରେ ଶୋଭା ପାଉଥିବା ଓଡ଼ିଆଣି ଝୋବାର ଶୋଭା ଦେଖି ଆଖି ଅଟକିଯାଏ । ଆପଣଙ୍କ ନିକଟରେ କାମୀଜନର ଟାଣ ରହେ ନାହିଁ । ଏଥିପାଇଁ ଦ୍ୱାରମାନଙ୍କରେ ଝୁଲୁଥିବା କାମଜିଣା ଘଣ୍ଟିମାନଙ୍କର ଝଣଝଣ ଶବ୍ଦ କାମୀଜନଙ୍କୁ ସାବଧାନ କରାଇ ଦେଉଛି ଯେ ଝଂପାଳି ବାନରାଧୀଶ ହନୁମାନ, ସେ ଆପଣଙ୍କର ଦ୍ୱାରପାଳ ଭାବରେ ଅବସ୍ଥାନ କରି ସୁଖକୁ ଅନୁଭବ କରୁଛନ୍ତି ।

ଯଜ୍ଞାଙ୍ଗରୁ ସମ୍ଭୂତ   ଯଜ୍ଞାଧାର ଯାଜ୍ଞିଥ
ଯଜ୍ଞ ସ୍ୱରୂପ ଯଜ୍ଞାନନ
ଯଜ୍ଞକୀଳ ବାହୁକ   ଯଜ୍ଞ ବେଦୀ ନାୟକ
ଅଜ୍ଞ କି ଭେଦିବ ଗହନ ?
ହେ ନୀଳାଦ୍ରୀଶ !
ରାଜ୍ଞ କୁଳରେ ହୋଇ ଜାତ
ପ୍ରାଜ୍ଞଚକ୍ରରେ ଆତଯାତ
ସୁଜ୍ଞମୁଖେ ବିଦିତ   ବିଜ୍ଞାନରେ ବିଜ୍ଞାତ;
ଯଜ୍ଞାନ୍ନ ବ୍ରହ୍ମାଣ୍ଡ ବିଦିତ ହେ ॥୧୦॥

ଅର୍ଥାତ୍ : କବିସମ୍ରାଟ କହୁଛନ୍ତି – ହେ ମହାପ୍ରଭୁ ! ଆପଣ ଯଜ୍ଞସମ୍ଭୂତ ଅଟନ୍ତି। ମହାରାଜ ଇନ୍ଦ୍ରଦ୍ୟୁମ୍ନଙ୍କ ଦ୍ୱାରା ଆୟୋଜିତ ଦଶାଶ୍ୱମେଧ ଯଜ୍ଞାଗ୍ନି ମଧ୍ୟରେ ଜଗନ୍ନାଥ ପ୍ରଥମେ ନିଜର ସ୍ୱରୂପ ଦର୍ଶନ କରାଇଥିଲେ। ଯଜ୍ଞାଗ୍ନିକୁ ଶ୍ରୀମନ୍ଦିରର ନିତ୍ୟଯଜ୍ଞ ନିମନ୍ତେ ରଖାଯିବାରୁ ସେ ମନ୍ଦିରର ଅବଧାରକ ଏବଂ ପବିତ୍ରତମ ଅଟନ୍ତି। (ଯାଜ୍ଞିଥ) ଯଜ୍ଞ ନାରାୟଣ ରୂପରେ ଆପଣଙ୍କର ଯଜ୍ଞରୂପ ନାନାଶାସ୍ତ୍ରରେ ବର୍ଣ୍ଣିତ। ଗରୁଡ଼ସ୍ତମ୍ଭର ଶୀର୍ଷରେ ଆପଣଙ୍କର ଯଜ୍ଞୋତଭାବ ବିଗ୍ରହ ଦର୍ଶନୀୟ ଅଟେ। ଜଗନ୍ନାଥଙ୍କର ମୁଖ ବା ଅଧର 'ସୁଧା' ଏବଂ 'ସ୍ୱାହା' ନାମକ ଦୁଇଟି ଅଗ୍ନିକଣାର ପ୍ରତୀକ। ସୁତରାଂ ପ୍ରଭୁଙ୍କର ମୁଖ କାଳାଗ୍ନି ପ୍ରାୟ ଅଟେ। ଯଜ୍ଞକୀଳ ଚକ୍ରରାଜଙ୍କୁ ସେ ସର୍ବଦା ବାମଭାଗରେ ବହନ କରିଛନ୍ତି। ପ୍ରତ୍ୟେକ ବର୍ଷ ଶ୍ରୀଗୁଣ୍ଡିଚା ସମୟରେ ଯଜ୍ଞବେଦୀରେ ବିଜେକରି ଯଜ୍ଞବେଦୀର ପ୍ରଭୁ ରୂପରେ ବୋଲାଇଥାନ୍ତି। ଏହି କଥାକୁ ଅଜ୍ଞବ୍ୟକ୍ତି କ'ଣ ବୁଝିପାରିବେ ? ପୁନଶ୍ଚ କବିସମ୍ରାଟ କହୁଛନ୍ତି ଯେ ରାଜକୁଳରେ ସମ୍ଭୁତ, ବିଜ୍ଞଜନଙ୍କ ସହିତ ଆତଯାତ ହୋଇ ସେମାନଙ୍କ ମୁଖରୁ ଶୁଣିଅଛି ଯେ ଆପଣଙ୍କର ଅନ୍ନ ମହାପ୍ରସାଦ ରୂପରେ ସୁବିଦିତ ଏବଂ ଏହା ବିଜ୍ଞାନରେ ବିଜ୍ଞାତ ତଥା ଯଜ୍ଞାନ୍ନ ଭାବରେ ବ୍ରହ୍ମାଣ୍ଡ ବିଦିତ।"

ଟାହି ଟାପରା ପ୍ରିୟ ଟାକି ଟାକୁଆ ଖାଅ
ଟାକି ଟଳାଅ ରଙ୍କଡୋଳା
ଟାଳିଲ ବେଦପତି ଟଙ୍କଧରଙ୍କ ମତି
ଟାହିଆ ଚିଉଟାଣ ଭୁଲା,
ହେ ନୀଳାଦ୍ରୀଶ !
ଟଳିଲେ ଟାଳଇ ଟାଣକୁ
ଟଳାଇ ଭକତ ଟାଣକୁ
ଟାଣିବା ଠାଣି ଦେଖି କିଏ ସେ ନିରିମାଖୀ
ଟାଣିବା ହୁବ ଘଟଣକୁ ହେ ॥୧୧॥

ଅର୍ଥାତ୍: କବିସମ୍ରାଟ ଉପେନ୍ଦ୍ର ଭଞ୍ଜ କହୁଛନ୍ତି - ହେ ନୀଳାଦ୍ରୀଶ ! ଆପଣ ଟାହିଟାପରା ପ୍ରିୟ। ଆପଣଙ୍କ ତ ଭୋଗପ୍ରିୟ, ଖାଦ୍ୟପ୍ରିୟ ଠାକୁର । ଆପଣ ଟାକୁଆ ନାମକ ଭୋଗ ଖାଇବା ପାଇଁ ଟାକି ରହିଥାନ୍ତି। ଆପଣଙ୍କର ପହଣ୍ଡିବେଳର ଦୃଶ୍ୟ ବେଶ୍ ରମଣୀୟ। ପହଣ୍ଡି ବେଳରେ ଆପଣ ମନୋହର ଟାହିଆ ଧାରଣ କରିଥାନ୍ତି ଏବଂ ଏହା ଦମ୍ଭନାଶକ ଅଟେ। ପହଣ୍ଡିର ଶେଷ ସମୟ ବେଳକୁ ଭକ୍ତମାନେ ଉକ୍ତ ଟାହିଆକୁ ନିଃସଂକୋଚରେ ଟାଣି ନିଅନ୍ତି। ହେ ପ୍ରଭୁ ! ଆପଣଙ୍କ ଉପରେ ଏହି ବଳପ୍ରୟୋଗ କରିବାର ଅଧିକାର ଆପଣ ତ ସ୍ୱୟଂ ପ୍ରଦାନ କରିଛନ୍ତି। ଏହାହିଁ ତ ଆପଣଙ୍କର ଉଦାର ମନୋଭାବର ପରିଚାୟକ।

ଠଣ ସୁନ୍ଦର ଠାର ଠକାର ନୟନର
ଠକେ ତା' ନ ପାରନ୍ତି ବାରି
ଠଣାକୁ ଆଶ୍ରା କରି ଠାଆ ବେଳ ଆଦରି
ଠିଆରେ ଦେଲ ନେତ୍ର ଠାରି,
ହେ ନୀଳାଦ୍ରୀଶ !
ଠକାର ଚରଣ ଟଳିଲା
ଠିକରେ ଠାଣି ଦିଶିଗଲା
ଠକ ନୁହଁ ଆପଣ ଠିକ ଠାକୁରପଣ
ଠିକି ଏ ଶରଣ ଭଜିଲା ହେ ।୧୨।।

ଅର୍ଥାତ୍: କବି କହୁଛନ୍ତି ହେ ମହାପ୍ରଭୁ ! ଆପଣ ଠଣ ସୁନ୍ଦର । ପୁଣି ଆପଣଙ୍କର ଠାର ମଧ୍ୟ ସୁନ୍ଦର । ଆପଣଙ୍କର ଚକାନୟନ ସୁନ୍ଦର । ଆପଣଙ୍କର ଚକାନୟନର ଶକ୍ତିକୁ ଠକ, ଅର୍ଥାତ୍ ଅଧମ ବ୍ୟକ୍ତି ଜାଣିପାରନ୍ତି ନାହିଁ । ସେହି ଠଣା ବା ଆଶ୍ରୟକୁ ଅବଲମ୍ବନ କରି ଠାଆ ସମୟରେ ଦେଖୁଥିଲାବେଳେ ଆପଣ ଆଖି ଠାରିଦେଲେ, ଅର୍ଥାତ୍ କୃପା କଟାକ୍ଷ ପ୍ରଦାନ କଲେ । ଆପଣଙ୍କର ଗୋଲାକାର ପାଦ ଟଳିଗଲାପରି ମୋତେ ଠିକଭାବରେ ଦୃଶ୍ୟମାନ ହେଲା । ହେ ମହାପ୍ରଭୁ ! ଆପଣ ଭକ୍ତଜନଙ୍କ ପାଇଁ ଠକ ନୁହନ୍ତି । ଆପଣଙ୍କର ସଚ୍ଚା ପ୍ରଭୁପଣ ଜାଣି ମୁଁ ଆପଣଙ୍କର ଶରଣ ପଶୁଛି ହେ ମହାପ୍ରଭୁ ! ଆପଣ ଶରଣବତ୍ସଳ, ପରମ କାରୁଣିକ, ଦୟାମୟ ଶ୍ରୀହରି । ହେ ନୀଳାଦ୍ରୀଶ ! ଆପଣଙ୍କ ଶରଣ ବିନା ଗତ୍ୟନ୍ତର ନାହିଁ ।

ଡିଣ୍ଡିମ ବଜାଇ କହୁଛି ଡଗର ପଣ ଡରେ ଘୋଷି
ଡାମରେ ଡାକହାକ ଜାଣି
ଡମ୍ବରୁ ବିଜେ କାଳ ଡାକ ମଣିମା ଗୀର
ଡେରି ଯେ କର୍ଣ୍ଣେ ଅଛି ଶୁଣି,
ହେ ନୀଳାଦ୍ରୀଶ !
ଡିମ ଡାଙ୍କୁତି ବାଦ୍ୟ ଘୋଷ
ଡିଙ୍ଗର ଗଣଙ୍କ ହରଷ
ଡରେ ନୟନେ ବାରି ଡୋର ଲଗାଅ ବୋଲି
ଡାକି ମୁଁ ଶରଣ ମାନସ ହେ ॥୧୩॥

ଅର୍ଥାତ୍ : କବିସମ୍ରାଟ ଉପେନ୍ଦ୍ରଭଞ୍ଜ କହୁଛନ୍ତି ହେ ମହାପ୍ରଭୁ! ମୁଁ ଡିଣ୍ଡିମ ବଜାଇ କହୁଛି ଯେ ଆପଣଙ୍କର ପ୍ରଶସ୍ତି ଡାମରା ତନ୍ତ୍ର ଯାମଳାଦିରେ ବିସ୍ତୃତ ଭାବରେ ରହିଛି। ଆପଣଙ୍କର ଦୈନନ୍ଦିନ ନୀତିକାନ୍ତିର ଶେଷ ନୀତି, ଅର୍ଥାତ୍ ପହୁଡ଼ ବନ୍ଧାପନା ସମୟରେ ଡମ୍ବରୁ ବିଜେବେଳର ମଣିମା ଡାକ ଯେ ଶୁଣିଛି, ଯାହା କାନରେ ମର୍ଦ୍ଦଳ କାଂସ୍ୟ ତାଳାଦି ସମେତ ଶୟନକାଳୀନ କୀର୍ତ୍ତନ ବାଜିଛି, ସେ ନିଶ୍ଚିତ ଭାବରେ ଆପଣଙ୍କ ପ୍ରତି ଆକର୍ଷିତ ହୋଇଛି । ଆପଣ ତା' ପାଇଁ ଅଗତିର ଗତି। ହେ ମହାପ୍ରଭୁ ! ଆପଣଙ୍କୁ ଅନୁରୋଧ କରୁଛି ଆପଣ ଆପଣଙ୍କର ଡୋରି ଲଗାଇ ଦିଅନ୍ତୁ। ଅର୍ଥାତ୍ ମୁଁ ଆପଣଙ୍କର ନିକଟତର ହୋଇ ଦିବ୍ୟ ବିଭୂତି ଲାଭ କରିବି ।

ଢଗ ଢମାଳିମାନ ଢଙ୍ଗରେ ଗାଇ ଜନ
ଢପ ଦେଖାଇ ଢଳୁଥାନ୍ତି
ଢଳ ଢଳ ନୟନେ ଢେଗା ମାଳିଆ ଗଣେ
ଢେଗାକଣ୍ଠିକୁ ବିଲୋକନ୍ତି,
ହେ ନୀଳାଦ୍ରୀଶ !
ଢମକୁ ବରଜନ୍ତି ହେଲେ
ଢାଳେ ଚାହିଁବା ପୁଣ୍ୟ ବଳେ
ଢକା ପିଟିଣ ବାଇ ତଢ଼ାଉଗଣେ ରହି
ଆଢ଼କେ ବିଧି ବଖାଣନ୍ତି ॥୧୪॥

ଅର୍ଥାତ୍ : କବି କହୁଛନ୍ତି ଶ୍ରୀକ୍ଷେତ୍ରରେ ବସବାସ କରୁଥିବା ବ୍ୟକ୍ତିମାନେ ଆପଣଙ୍କର ଅଭୟ ଚରଣାରବିନ୍ଦରେ ନିଜକୁ ସମର୍ପଣ କରି ଧନ୍ୟ ମନେ କରିଥାନ୍ତି। ଆପଣଙ୍କୁ ନେଇ ବିବିଧ ଢଗଢମାଳିମାନ ଗାଇ ନିଜର ବାହାଦୁରିପଣିଆକୁ ସାବ୍ୟସ୍ତ କରିଥାନ୍ତି। ଏହି ସାତ୍ତ୍ୱିକ ଅହଂକାରୀ ବ୍ୟକ୍ତିମାନେ ମୋଟା ତୁଳସୀମାଳା କଣ୍ଠରେ ଧାରଣ କରିଥାନ୍ତି। ସେମାନେ ଅତ୍ୟନ୍ତ ଆଗ୍ରହରେ ସୁବର୍ଣ୍ଣ ନିର୍ମିତ ଢେଗା ବା ହରିଡ଼ାମାଳାର ଶୋଭା ଦେଖୁଥାନ୍ତି। ଯାହା ଫଳରେ ସେମାନେ ଅହଂଭାବ ତ୍ୟାଗକରି ପୁଣ୍ୟ ଅର୍ଜନ କରିଥାନ୍ତି। ଏହିପରି ଆପଣଙ୍କର ମହିମାଗାଥାକୁ ତଢ଼ାଉକରଣମାନେ ଆଢ଼କବିଧି ଅନୁସାରେ (ଲଗ୍ନତିଥି ଅନୁସାରେ) ଶ୍ରୀମନ୍ଦିରର ବିଧି ବିଧାନ ବଖାଣିଥାନ୍ତି।

ଅଣାକର ସ୍ୱରୂପ   ଅଣ ଅକ୍ଷର ରୂପ
ଅଣବର୍ଣ୍ଣରେ ପ୍ରକାଶିଲ
ଅଣସରରେ ଥାଇ   ଶବର ଭାବ ଧ୍ୟାୟି
ଅଣବେଦକୁ ଆଦରିଲ,
ହେ ନୀଳାଦ୍ରୀଶ !
ଅଣକୁଳିଆଗଣେ ପ୍ରୀତି
ଅଣସଜ୍ଜନଙ୍କର ରୀତି
ଅଣଭାଷ୍ୟ ପ୍ରବଳ   ଅଣାଚାରୀ ବହଳ
ଅଣଭକତେ ନ ଗମନ୍ତି ହେ ॥୧୫॥

ଅର୍ଥାତ୍ : କବିସମ୍ରାଟ କହୁଛନ୍ତି ଆପଣ ହେଉଛନ୍ତି ଅଣାକାର ସ୍ୱରୂପ। ଆପଣ ଅଣଅକ୍ଷର ରୂପ। ଆପଣ ଅଣବର୍ଣ୍ଣରେ ପ୍ରକାଶିତ। ଜ୍ୟେଷ୍ଠ ପୂର୍ଣ୍ଣିମାଠାରୁ ଆଷାଢ଼ ଅମାବାସ୍ୟା ପର୍ଯ୍ୟନ୍ତ ଆପଣ ଅଣସରରେ ରୁହନ୍ତି। ଏହି ସମୟରେ ଶବରପୂଜନ ବା ମୌଳିକ ଭାବମୟ ଉପାସନାକୁ ଭାବଦ୍ୱାରା ଗ୍ରହଣ କରନ୍ତି। ଆପଣଙ୍କର କୁଳ ମହତ ନାହିଁ। ଆପଣ ଅଣକୁଳୀଆ। ଆପଣ ରଥାରୂଢ଼ ଥିଲାବେଳେ ସମସ୍ତଙ୍କ ହସ୍ତରୁ ଭୋଜନ ଗ୍ରହଣ କରିଥାନ୍ତି। ଏହି ସମୟରେ ରଥରେ ପ୍ରବଳ ଭାବରେ ଅଣଭାଷ୍ୟ ବା ଅଶ୍ଳୀଳ ଭାଷା ପ୍ରୟୋଗ ହୋଇଥାଏ। ଯେଉଁମାନେ ଭକ୍ତ ନୁହନ୍ତି, ଅର୍ଥାତ୍ ଯେଉଁମାନେ ତୁଳସୀମାଳାର ମହତ୍ୱକୁ ବୁଝି ନ ଥା'ନ୍ତି ସେହି ଅଣଭକତମାନେ ଆପଣଙ୍କର ଗଭୀରତତ୍ତ୍ୱକୁ ବୁଝିପାରନ୍ତି ନାହିଁ। ଆପଣଙ୍କ କ୍ଷେତ୍ର ଛଡ଼ା ପୃଥିବୀରେ ଏପରି ସାର୍ବଜନୀନ ବିଚାରର କ୍ଷେତ୍ର ଅନ୍ୟତ୍ର ଦେଖାଯାଏ ନାହିଁ।

ତାପତ୍ରୟ ତାରକ ତ୍ରାଣପଣ ତିଳକ
ତୁଙ୍ଗରେ ତୁରୀୟ ପ୍ରକଟ
ତ୍ରିଧାତତ୍ତ୍ୱ ବିଦିତ ତରାଟ ତନୁଖ୍ୟାତ
ତୋରଣେ ରାସରସ ହାଟ,
ହେ ନୀଳାଦ୍ରୀଶ !
ତୁଳନା ତିନି ତଳେ କାହିଁ ?
ତୁମ୍ଭ ପରିତ ତୁମ୍ଭେ ହୋଇ
ତୀର୍ଥେ ଖ୍ୟାତ ଆପଣ ତଟସ୍ଥେ କର ତ୍ରାଣ
ତ୍ୟକ୍ତ ତୁଳସୀଦଳ ଦେଇ ହେ ॥୧୬॥

ଅର୍ଥାତ୍: କବିସମ୍ରାଟ କହୁଛନ୍ତି - ହେ ମହାପ୍ରଭୁ ! ଆପଣ ତାପତ୍ରୟ ତାରକ। ଅର୍ଥାତ୍ ଆଧିଭୌତିକ, ଆଧିଦୈବିକ ଏବଂ ଆଧ୍ୟାତ୍ମିକ ଏହି ତ୍ରିତାପକୁ ଆପଣ ବିନାଶ କରିଥାନ୍ତି। ଭକ୍ତଙ୍କୁ ଉଦ୍ଧାର କରିବା ପଣରେ ଆପଣ ହିଁ ତିଳକ ସ୍ୱରୂପ। ଆପଣଙ୍କର ଶିଖର ଦେଶରେ ତୂରୀୟାବସ୍ଥାର ସୂଚକ ନାଦବିନ୍ଦୁ ପରି ଶୋଭିତ। ଆପଣ ଆତ୍ମତତ୍ତ୍ୱ, ବିଦ୍ୟାତତ୍ତ୍ୱ ଏବଂ ପରାତତ୍ତ୍ୱ - ଏହି ତ୍ରିଧାତତ୍ତ୍ୱର ପ୍ରତୀକ। ଆପଣଙ୍କର ବିମାନ ଓ ମୁଖଶାଳାର ତୋରଣମାନଙ୍କରେ ଆକର୍ଷଣୀୟ କେଳିବନ୍ଧସମୂହର ଚିତ୍ର ରହି ଆପଣଙ୍କୁ ରାସରାସେଶ୍ୱର ବୋଲି ପ୍ରମାଣିତ କରୁଅଛି। ଏହି ତ୍ରିଲୋକରେ ଆପଣଙ୍କ ସମକକ୍ଷ କେହି ପ୍ରଭୁ ନାହାନ୍ତି। ଆପଣ ସ୍ୱୟଂ ପଞ୍ଚତୀର୍ଥ ମଧ୍ୟରେ ସାକ୍ଷାତ୍ ତୀର୍ଥେଶ୍ୱର। ଆପଣଙ୍କ ଶ୍ରୀଚରଣ ତୁଳସୀ ଦ୍ୱାରା ପୂଜିତ ହୋଇଥାଏ।

ଥରେ ପଥରେ ଥାଇ ଥଳ କମଳ ଚାହିଁ
ଥରଇ ପଥର ମରମ
ଥଳଥଳ ନୟନ ଥରଇ ଅପଘନ
ଥୋପରେ ଥାପିଣ ବହନ,
ହେ ନୀଳାଦ୍ରୀଶ !
ଥକାନ ମନ ଥକି ବସେ
ଥରକେ ପ୍ରଭୁପଣ କଷେ
ଥୟକରି ପ୍ରମାଣି ଥଳ ମୋକ୍ଷଦ ପାଣି
ଥୟରେ କିଙ୍କର ବିଶ୍ୱାସେ ହେ ॥୧୭॥

ଅର୍ଥାତ୍: କବି କହୁଛନ୍ତି ହେ ନୀଳାଦ୍ରୀଶ ! ଥରେଥରେ ପଥରେ ଥାଇ ଆପଣଙ୍କର ଦିବ୍ୟ ପଦ୍ମନେତ୍ରକୁ ଅବଲୋକନ କଲେ ଅତି ଦାରୁଣ ହୃଦୟ ମଧ୍ୟ କମ୍ପିଯାଏ। ଆପଣଙ୍କ ଥଳଥଳ ନୟନକୁ ନିରୀକ୍ଷଣ କଲେ ଶରୀର କମ୍ପିଯାଏ। ମନ ଫୁଲମଣ୍ଡା ତିଳକରେ ଶୀଘ୍ର ସ୍ଥିର ହୋଇଯାଏ। ଇତସ୍ତତଃ ମନ ଦିବ୍ୟସ୍ତରକୁ ଆସିଯାଏ ଏବଂ ଆପଣଙ୍କର ପ୍ରଭୁପଣକୁ ଥରକରେ ମାନିଯାଏ। ମଣିଷ ନିଜର ମନକୁ ଥୟ କରି ସ୍ଥିରଭାବରେ ଆପଣଙ୍କର ମୋକ୍ଷପଦ ସ୍ଥଳକୁ ଅବଗତ ହୋଇ କିଂକର ଭାବନାରେ ମନ ଡୁବିଯାଏ।

ଦକ୍ଷିଣ ସିନ୍ଧୁ କୂଳେ ଦରୀମୁଖ ବିବରେ
ଦମ୍ଭୀଙ୍କ ଦର୍ପ ନାଶ କର
ଦଣ୍ଡପାଣିର ପାଣି ଦ୍ରବଣ ବୋଲି ଜାଣି
ଦର୍ପରେ ଥାନ୍ତି ପରିକର,
ହେ ନୀଳାଦ୍ରୀଶ !
ଦମନ କଲ କାମ ଠାଣି
ଦମନ କରେ ପ୍ରୀତି ଆଣି
ଦଳି ସୁର ଦ୍ୱାରକ ଦୟଣା ଦଳ ଯାକ
ଦର୍ଶାଇ ମଣ୍ଡିଣ ଛନ୍ଦଣି ହେ ॥୧୮॥

ଅର୍ଥାତ୍ : କବି କହୁଛନ୍ତି ହେ ନୀଳାଦ୍ରୀଶ ! ଆପଣ ଦକ୍ଷିଣସିନ୍ଧୁ ତଟରେ ନୀଳାଚଳ ନାମକ ଗୁହାରେ ବିରାଜମାନ କରି ଦମ୍ଭୀଜନମାନଙ୍କର ପାପକୁ ନାଶ କରନ୍ତି । ଦଣ୍ଡପାଣି ଅର୍ଥାତ୍ ସ୍ୱୟଂ ଯମରାଜ ତାଙ୍କର ହାତରେ ଥିବା କ୍ଷମତାକୁ ପୁରୁଷୋତ୍ତମ କ୍ଷେତ୍ରରେ ଶିଥିଳ କରିଦିଅନ୍ତି । ସୁତରାଂ ଆପଣଙ୍କର ସେବକମାନେ ସର୍ବଦା ଦର୍ପିଷ୍ଠଭାବରେ କାଳାତିପାତ କରନ୍ତି । କବି ପୁନଶ୍ଚ କହୁଛନ୍ତି ଆପଣ ଧ୍ୱଜ କାମଦେବଙ୍କର ଦର୍ପକୁ ପଣ୍ଡକରି ଦମନକ (ଦୟଣା) ବୃକ୍ଷରେ ପ୍ରୀତିଭାବ ହେବାରୁ ଆପଣ ମନୋମୁଗ୍ଧକର ସୁଗନ୍ଧିଯୁକ୍ତ ଦୟଣାକଳିକାଯୁକ୍ତ ପତ୍ରରେ ମଣ୍ଡିତ ହୋଇ ଅତ୍ୟନ୍ତ ସୁନ୍ଦର ଦେଖାଯାନ୍ତି । (ସୂଚନା - ଚୈତ୍ରମାସ ଶୁକ୍ଳ ଚତୁର୍ଦ୍ଦଶୀ ଦିନ ଅର୍ଥାତ୍ ଦମନକ ଚତୁର୍ଦ୍ଦଶୀ ପର୍ବରେ ଏହିଲୀଳା ଅନୁଷ୍ଠିତ ହୁଏ ଏବଂ ମହାପ୍ରଭୁ ସୁଗନ୍ଧିଯୁକ୍ତ ଦୟଣାମାଳ ଧାରଣ କରି ଅତ୍ୟନ୍ତ ମନୋରମ ଦେଖାଯାନ୍ତି) ।

ଧରଣୀଧରାନୁଜ ଧରାତଳେ ତୋ ଧ୍ୱଜ
ଧରିଛି ଧୀରଜନ ଜ୍ୟୋତି
ଧୂଳି ଚରଣ ଜନେ ଧଣ୍ଡାମାଳିଆ ଧ୍ୟାନେ
ଧାଇଁବା ପୀଡ଼ା ବରଜନ୍ତି,
ହେ ନୀଳାଦ୍ରୀଶ !
ଧନ ଜଗିଆ ଶିବାଧବ
ଧର୍ମଧାତାଙ୍କୁ ବିଲୋଳିବ
ଧାଡ଼ି ଲଗାଇ ଧସି ଧୋକଡ଼ି ଦ୍ୱାରେ ପଶି
ଧନ୍ୟ ମଣନ୍ତି ଧୀର ଜନ ହେ ॥୧୯॥

ଅର୍ଥାତ୍ : କବି କହୁଛନ୍ତି - ହେ ନୀଳାଦ୍ରୀଶ ! ଧରଣୀକୁ ଧାରଣ କରିଥିବା ଅନନ୍ତଙ୍କର ଅନୁଜ ଆପଣଙ୍କର ଧ୍ୱଜ ଧୀରଜନ (ଯୋଗୀଜନ)ମାନଙ୍କର ଅନୁଭବ ଜ୍ୟୋତି ସ୍ୱରୂପ ଚନ୍ଦ୍ର ସୂର୍ଯ୍ୟ ଚିହ୍ନକୁ ଧାରଣ କରିଅଛି । ବହୁଦୂରରୁ ପଦବ୍ରଜରେ ଆସିଥିବା ଧୂଳିଧୂସରିତ ପାଦବିଶିଷ୍ଟ ଭକ୍ତଗଣ ଧଣ୍ଡାମାଳରେ ବିଭୂଷିତ ଆପଣଙ୍କୁ ଧ୍ୟାନ କରି ତାଙ୍କର ଧାଇଁବା ପୀଡ଼ାକୁ ଭୁଲିଯାଆନ୍ତି । ଆପଣଙ୍କର ଭଣ୍ଡାରରକ୍ଷକ ସ୍ୱୟଂ ଲୋକନାଥ ଅଟନ୍ତି । ଆପଣ ତ ଧର୍ମଧାରଣାର ମୂଳ ଅଟନ୍ତି । ଆପଣଙ୍କର ଦର୍ଶନ ଲାଭ ନିମନ୍ତେ ଭକ୍ତମାନେ ଧାଡ଼ି ଲମ୍ବାଇ ଧରି କରି ଆପଣଙ୍କ ମନ୍ଦିର ଭିତରକୁ ପଶି ଥାଆନ୍ତି ଏବଂ ଧୋକଡ଼ିନାମକ ଦ୍ୱାର ଦେଇ ପ୍ରସ୍ଥାନ କରିଥାନ୍ତି । ଆପଣଙ୍କର ଦର୍ଶନ ଲାଭ କରି ଧୀରଜନେ ନିଜକୁ ଧନ୍ୟ ମଣିଥାଆନ୍ତି ।

ନନ୍ଦାବରତେ ଥାଇ ନୟନ ନିରେଖଇ
ନନ୍ଦନନ୍ଦନ ତିନି ବର୍ଣ୍ଣ
ନକ୍ଷତ୍ର ଚନ୍ଦ୍ରାତାପ ନବଗ୍ରହ ପ୍ରଦୀପ
ନିଳୟ (ନିରତ) ନରକ ନାଶକ,
ହେ ନୀଳାଦ୍ରୀଶ !
ନିତ୍ୟ ନବୀନ ତନୁଧାରୀ
ନିଳାଦ୍ରିକନ୍ଦର କେଶରୀ
ନଖ ନ ଥାଇ ହରି ନରଅଘ ବିଦାରି
ନବ ଭକତି ଦିଅ ଭରି ହେ ॥୨୦॥

ଅର୍ଥାତ୍ : କବି କହୁଛନ୍ତି ଯେ ଆପଣଙ୍କ ଦର୍ଶନ ପାଇଁ ଗଲାବେଳେ ନନ୍ଦାବର୍ତ୍ତ (ମନ୍ଦିର ପ୍ରବେଶ ପଥର ଦୁଇ ଗୋଟି ସୋପାନର ନାମ) ଉପରୁ ନନ୍ଦନନ୍ଦନ ହଳାୟୁଧ, ବିଦ୍ୟୁତ୍‌କନ୍ୟା ସୁଭଦ୍ରା ଓ ସାକ୍ଷାତ କୃଷ୍ଣ - ଶୁକ୍ଳ ଅରୁଣ ଓ କୃଷ୍ଣ ବର୍ଣ୍ଣର ବିଗ୍ରହ ଦୃଷ୍ଟି ପଥାରୂଢ଼ ହୁଅନ୍ତି । ସେଠାରେ ନକ୍ଷତ୍ରମାନେ ଚନ୍ଦ୍ରାତାପ ରୂପରେ ବିରାଜିତ (ତିନି ବିଗ୍ରହଙ୍କ ଉପରେ ଦିଆଯାଇଥିବା ଚାନ୍ଦୁଆ ବଡ଼ ଓଡ଼ିଆ ମଠ ପକ୍ଷରୁ ଯୋଗାଇ ଦିଆଯାଇଥାଏ । ଏଥିରେ ୨୭ ଗୋଟି ଉଜ୍ଜ୍ୱଳ ରଙ୍ଗତାଦ୍ୱାରା ନକ୍ଷତ୍ରପୁଞ୍ଜ ଚିତ୍ରିତ ହୋଇଥାଆନ୍ତି । ଏହି ଚାନ୍ଦୁଆର ନାମ ନକ୍ଷତ୍ର ଚାନ୍ଦୁଆ ।) ସେଠାରେ ନବଗ୍ରହମାନେ ପ୍ରଦୀପ ଭାବରେ ପ୍ରଜ୍ଜ୍ୱଳିତ ହୋଇଥାଆନ୍ତି । (ଶ୍ରୀଜଗନ୍ନାଥଙ୍କ ରତ୍ନସିଂହାସନ ନିକଟରେ ନଅଗୋଟି ଅଖଣ୍ଡଦୀପ ଜଳୁଥାଆନ୍ତି ।) ଚିନ୍ତାମଣି ବିଜେ କରିଥିବା ସେହି ଚିନ୍ତାମଣି ଗୃହ ନରକ ଚିନ୍ତା ବିନାଶ କରିଥାଏ । ଆପଣଙ୍କର ବେଶ ନିତ୍ୟ ବଦଳୁଥାଏ । ଆପଣ ସ୍ୱୟଂ ନୀଳାଦ୍ରି କନ୍ଦରାର ସିଂହ । ଆପଣଙ୍କର ନଖ ନାହିଁ; କିନ୍ତୁ ନରସିଂହ ନଖଦ୍ୱାରା ହିରଣ୍ୟକଶ୍ୟପକୁ ବିଦାରଣ କଲାପରି ଆପଣ ନରଲୋକର ପାପ ସମୂହକୁ ଦୂରୀଭୂତ କରଦିଅନ୍ତି । ଆପଣ ଭକ୍ତଜନଙ୍କ ହୃଦୟରେ ନବଧା ଭକ୍ତି (ଯଥା- ଶ୍ରବଣ,କୀର୍ତ୍ତନ, ସ୍ମରଣ, ପାଦସେବନ, ଅର୍ଚ୍ଚନ, ବନ୍ଦନ, ଦାସ୍ୟ, ସଖ୍ୟ ଓ ଆତ୍ମନିବେଦନ) ଭରି ଦେଇଥାଆନ୍ତି ।

ପଙ୍କ ପ୍ରପଞ୍ଚେ ପଡ଼ି ପକ୍ଷକେ ପଥ ହୁଡ଼ି
ପଦ ପାଞ୍ଜି ପ୍ରମାଣ କଲି
ପଣ୍ଡିତ ପ୍ରୌଢ଼ି ତେଜି ପତାକା ପଣ ହେଜି
ପତିତଜନ ପଣ ନେଲି,
ହେ ନୀଳାଦ୍ରୀଶ !
ପଦପଙ୍କଜ ପ୍ରାନ୍ତେ ପଡ଼ି
ପିଚ୍ଛିଳ ପଥ ପରିହରି
ପରାବିଦ୍ୟା ପ୍ରଭାବେ ପୁରୁଷୋତ୍ତମେ ଭାବେ
ପୁରୁଷପଣକୁ ବିତରି ହେ ॥୨୧॥

ଅର୍ଥାତ୍: କବି କହୁଛନ୍ତି ଯେ, ସଂସାରରୂପକ ପଙ୍କ ପ୍ରପଞ୍ଚରେ ସେ ପଡ଼ି କାବ୍ୟ, କବିତା, ଛାନ୍ଦ ଲେଖିବାରେ ବ୍ୟାପୃତ ଥିଲେ; କିନ୍ତୁ ବର୍ତ୍ତମାନ ସେ ସେହି ପାଣ୍ଡିତ୍ୟ, ପ୍ରୌଢ଼ିକୁ ପରିତ୍ୟାଗ କରି ଜଣେ ପତିତଜନ ଭାବରେ ଶ୍ରୀଜଗନ୍ନାଥଙ୍କ ପତିତପାବନ ବାନାକୁ ଚାହିଁ ଚାହିଁ କବି ତାଙ୍କର ପାଦପଦ୍ମରେ ଆଶ୍ରୟ ନେଇଛନ୍ତି। ସେ ସଂସାରରୂପକ ପିଚ୍ଛିଳ ପଥ ପରିହାର କରି ପରାବିଦ୍ୟା ପ୍ରଭାବରେ ପୁରୁଷୋତ୍ତମ କ୍ଷେତ୍ରରେ ସେହି ପୁରୁଷୋତ୍ତମ ଜଗନ୍ନାଥଙ୍କର ଶରଣାପନ୍ନ ହୋଇଛନ୍ତି। କବିସମ୍ରାଟ କହୁଛନ୍ତି ଯେ, ଶ୍ରୀଜଗନ୍ନାଥ ହେଉଛନ୍ତି ଶ୍ରେଷ୍ଠପୁରୁଷ। କାରଣ ବୈଷ୍ଣବୀୟ ଭାବନାରେ ଭଗବାନ ହିଁ ଏକମାତ୍ର ପୁରୁଷ, ଅନ୍ୟ ସମସ୍ତେ ନାରୀ। ସୁତରାଂ ଭଞ୍ଜକବି ସେହି ଭାବନାରେ ଶ୍ରୀଜଗନ୍ନାଥଙ୍କର ଶରଣାପନ୍ନ ହୋଇଛନ୍ତି।

ଫଣିପତି ସ୍ତାବକ ଫଣିଫଣା ମର୍ଦ୍ଦକ
ଫର୍ପରୀକଙ୍କୁ ତେଜ୍ୟ କରି
ଫଳ ନ ଥିବା ତରୁ ଫଳକ ମହାମେରୁ
ଫଲଗୁ ଛଳପଣ ଧରି,
ହେ ନୀଳାଦ୍ରୀଶ !
ଫରଫରିଆ ବାନାମ୍ୱରେ
ଫଟ୍‌କାର ପୂଜାକି ଆଚରେ ?
ଫୁକକୁଳଙ୍କୁ ଧରି ଫିସାଦ ଅନୁସରି
ଫନ୍ଦି ଫାନ୍ଧିଛ ଫେଡ଼ିବାରେ ହେ ।।୨୨।।

ଅର୍ଥାତ୍ : କବି କହୁଛନ୍ତି ହେ ନୀଳାଦ୍ରୀଶ ! ଆପଣତ ଜଗତବନ୍ଦ୍ୟ, ତଥାପି ଆପଣ ଫଣିପତି ଅଗ୍ରଜ ବଳଭଦ୍ରଙ୍କର ଆଦରଣୀୟ କନିଷ୍ଠଭ୍ରାତା ରୂପରେ ତାଙ୍କର ସ୍ତାବକ ପାଲଟିଛନ୍ତି । ଆପଣ ଯେଉଁ ହସ୍ତରେ କାଳୀୟଦଳନ କରିଥିଲେ, ସେହି ହସ୍ତର ପାପୁଲିକୁ ଏବେ ବର୍ଜନ କରିଛନ୍ତି । ଅର୍ଥାତ୍ ଆପଣ ଏବେ ଐହିକ ଫଳ ନ ଦେବା ବୃକ୍ଷ ସଦୃଶ; କିନ୍ତୁ ଆପଣ ଏତେ ମହାନ୍ ଯେ, ଆପଣ ସ୍ୱୟଂ ମୋକ୍ଷ ପ୍ରଦାନ କରିପାରନ୍ତି । ତେଣୁ ଆପଣ ଫଲ୍‌ଗୁ ବା ମହାମେରୁ ବୋଲାଇଥାନ୍ତି । ହେ ମହାପ୍ରଭୁ ! ଆପଣଙ୍କର ବାନା (ଧ୍ୱଜା) ଗଗନମାର୍ଗରେ ଫରଫର ହୋଇ ଉଡୁଛନ୍ତି । ଗଗନ ମାର୍ଗରେ ପବନର ବେଗରେ ଫଟ୍‌ଫଟ୍ କରୁଥିବା ଏହି ବାନା ସତେ ଯେପରି ଫଟ୍‌କାର ମନ୍ତ୍ରଯୁକ୍ତ ହୋଇ ପୂଜା ଆଚରଣ କରୁଛନ୍ତି କି ? ଆପଣ ଶ୍ରୀମନ୍ଦିରରେ ଫୁକ (ପକ୍ଷୀ) ସମୂହକୁ ନେଇ (ପୁନଶ୍ଚ ଗରୁଡ଼, ଅରୁଣଙ୍କୁ ନେଇ) ବାସ କରୁଛନ୍ତି । ଆପଣ ଏକ ଛଳନାମୟ ରୀତିରେ ମାୟାମୟ ଫନ୍ଦି (ବିଷୟ) ସୃଷ୍ଟି କରିଛନ୍ତି ।

ବ୍ରହ୍ମ ବୋଲି ବ୍ରହ୍ମଙ୍କେ ବୋଲନ୍ତି ଭାବେ ବିଜ୍ଞେ
ବୁଧେ ବୋଲନ୍ତି ବୁଦ୍ଧ ବୋଲି
ବୁଦ୍ଧିରେ ବିଚାରଇ ବଲକ୍ଷାବଳି ଚାହିଁ
ବାହୁକବନ୍ଧୁ ବଡ଼ସାଇଁ,
ହେ ନୀଳାଦ୍ରୀଶ !
ବଇରାଗିଏ ଛନ୍ତି ବେଢ଼ି
ବିଦେହ ପୁରେ ଲୀଳା ବାଢ଼ି
ବିଭୀଷଣ ବନ୍ଦିତ ବିଦେହ ବାଳୀକାନ୍ତ
ବାନରପତି ଦଳେ ବେଢ଼ି ହେ ॥୨୩॥

ଅର୍ଥାତ୍ : ଉପେନ୍ଦ୍ର ଭଞ୍ଜ କହୁଛନ୍ତି – ହେ ନୀଳାଦ୍ରୀଶ ! ବ୍ରହ୍ମଜ୍ଞାନୀ ବ୍ୟକ୍ତିମାନେ ଆପଣଙ୍କୁ 'ବ୍ରହ୍ମ' ଭାବରେ ବିଚାର କରିଥା'ନ୍ତି। ବୁଧଗଣ (ପଣ୍ଡିତଗଣ) ଆପଣଙ୍କୁ 'ବୁଦ୍ଧ' ବୋଲି ବିଚାର କରିଥାଆନ୍ତି; କିନ୍ତୁ କବି ଉପେନ୍ଦ୍ର ନିଜର ବୁଦ୍ଧି ବଳରେ ଚିନ୍ତା କରୁଛନ୍ତି ଯେ, ଆପଣ ଦଣ୍ଡଛତ୍ର ଲାଗି ହେଉଥିବାରୁ ଆପଣ ବାହୁକ ଅର୍ଥାତ୍ ବାନର ଶ୍ରେଷ୍ଠଙ୍କର ବନ୍ଧୁ ଶ୍ରୀରାମଚନ୍ଦ୍ର ଅଟନ୍ତି। (ସୂଚନା – ଗୁରୁବାରରେ ପଡୁଥିବା ଏକାଦଶୀରେ ତଥା ବିଶେଷତଃ ରଘୁନାଥ ବେଶରେ ଶ୍ରୀଜଗନ୍ନାଥ ରୂପେଲି ଦଣ୍ଡଛତ୍ର ଧାରଣ କରନ୍ତି।) ଏହାର ପ୍ରମାଣ ହେଉଛି ଯେ, ରାମାନନ୍ଦୀ ବୈଷ୍ଣବ ମଠମାନ ଶ୍ରୀମନ୍ଦିରର ଚାରିପାର୍ଶ୍ୱରେ ରହିଛନ୍ତି। ପୁନଶ୍ଚ ବର୍ଷକେ ଥରେ ଆପଣ ଜନକପୁର (ଗୁଣ୍ଡିଚାଘର) ବିଜେ କରି ଲୀଳା କରୁଛନ୍ତି। ଗୁଣ୍ଡିଚାଯାତ୍ରାରେ ବିଭୀଷଣଙ୍କ ନାମରେ ସ୍ୱତନ୍ତ୍ର ଆଳତି କରାଯାଇଥାଏ। ଆପଣଙ୍କୁ ବାନରପତି ବେଢ଼ି ରହିଛନ୍ତି, ଯେପରି – ସିଂହଦ୍ୱାରରେ ସିଦ୍ଧ ଫତେହନୁମାନ, ଉତ୍ତର ଦ୍ୱାରରେ ତପସ୍ୱୀ ହନୁମାନ, ଦକ୍ଷିଣ ଦ୍ୱାରରେ ବାରଭାଇ ହନୁମାନ, ପଶ୍ଚିମ ଦ୍ୱାରରେ ବୀର ହନୁମାନ ଏବଂ ମନ୍ଦିର ଉପରେ କପିକେତନ ହନୁମାନ ରହିଥିବାରୁ ଏହା ପ୍ରମାଣିତ ହେଉଛି ଯେ ଆପଣ ସ୍ୱୟଂ ରାମଚନ୍ଦ୍ର।

ଭବଭୟ ଭଞ୍ଜନ ଭଙ୍ଗୁର ଭବେଜନ
ଭକତେ ଭାବେ ଭଜିଯାନ୍ତି
ଭୂତୀକୁ ଭୂତେ ଜାଣି ଭବ୍ୟ ଭବନ ମଣି
ଭବଭାରକୁ ଭୁଲିଥାନ୍ତି,
ହେ ନୀଳାଦ୍ରୀଶ !
ଭୋଳା ଯେ ଭୋଳଭାବ ଧାୟି
ଭୋଳ ନ ହୁଅ ଭାବଗ୍ରାହୀ
ଭବାନୀ ଭ୍ରମଣିକୁ ଭୁଲି ଭୋଗ ଭୋଗକୁ
ଭରସା କରି ଭାବେ ଥାଇ ॥୨୪॥

ଅର୍ଥାତ୍ : କବି କହୁଛନ୍ତି - ଆପଣ ଭବଭୟ ମୋଚନକାରୀ ଅଟନ୍ତି। ଏହି କ୍ଷଣଭଙ୍ଗୁର ଜଗତରେ ଲୋକମାନେ ଆପଣଙ୍କର ଭକ୍ତିରେ ଏକାନ୍ତ ଭାବରେ ନିୟୋଜିତ ରହି ଏହି କଥାକୁ ଭୁଲିଯାଆନ୍ତି। ଆପଣଙ୍କ ମହିମାକୁ ଜାଣି ମର୍ତ୍ତ୍ୟବାସୀମାନେ ଆପଣଙ୍କର ଶ୍ରୀମନ୍ଦିରକୁ ଭବ୍ୟସ୍ଥାନ ବୋଲି ଭାବି ସଂସାରର ଭାରକୁ ଭୁଲିଯାଆନ୍ତି। ହେ ନୀଳାଦ୍ରୀଶ ! ସ୍ୱୟଂ ଭୋଳାନାଥ ଆପଣଙ୍କର କୈବଲ୍ୟ ଭାବରେ ଭୋଳ ହୋଇଥାନ୍ତି। ଆପଣତ ଭାବଗ୍ରାହୀ, ତେଣୁ ଆପଣ ଭୋଳ ହୋଇ ଯାଆନ୍ତୁ ନାହିଁ। ଆଦ୍ୟାଶକ୍ତି ମା'ଭବାନୀ ନିଜର ଭ୍ରମଣ ତ୍ୟାଗ କରି ନିତ୍ୟ ଆପଣଙ୍କର ଭୋଗସେବନ ଆଶାରେ ଭାବମୟୀରୂପରେ ଭରସା କରି ରହିଛନ୍ତି। ଅର୍ଥାତ୍ ସ୍ୱୟଂ ଶିବଶଙ୍କର ମହାପ୍ରସାଦ ପାଇବା ପାଇଁ ଯେପରି ଆଶାୟୀ, ସେହିପରି ବିମଳା ଠାକୁରାଣୀ, ସେହି କୈବଲ୍ୟକୁ ସେବନ କରିବା ପାଇଁ ପୁରୁଷୋତ୍ତମ ଧାମରେ କ୍ଷେତ୍ରେଶ୍ୱରୀ ରୂପରେ ବିରାଜମାନ କରିଛନ୍ତି ।

ମର କେ ମନନରେ ମରମ ମଜ୍ଜିପାରେ
ଅମରେ ମର ମନାସନ୍ତି
ମଞ୍ଜୁଳ ମୁଖଶିରୀ ମହତ ମନେ ବାରି
ମଖକୁ ମାନ୍ୟ ନ ମଣନ୍ତି,
ହେ ନୀଳାଦ୍ରୀଶ !
ମୁନି ମାନସେ ଏହା ମାନି
ମହୀମନ୍ଦାରେ ଅବଧାନୀ
ମାଧବ ମଧୁହାରୀ ମନ୍ତ୍ର ମାଧୁରୀ ସ୍ମରି
ମଣ୍ଡଳମାନ ଆବରଣୀ ହେ ।।୨୫।।

ଅର୍ଥାତ୍ : କବିସମ୍ରାଟ କହୁଛନ୍ତି - କେଉଁ ମରଣଶୀଳ ମଣିଷ ମନନଦ୍ୱାରା ଆପଣଙ୍କର ମର୍ମକୁ ଭେଦ କରପାରିବ କି ? ସ୍ୱର୍ଗର ଦେବତାମାନେ ମର୍ତ୍ତ୍ୟମଣ୍ଡଳରେ ଜନ୍ମଗ୍ରହଣ କରି ମୃତ୍ୟୁଶୀଳ ଜୀବନ ବରଣ କରି ଆପଣଙ୍କର ସେବା କରିବା ପାଇଁ ମନାସିଥାନ୍ତି । ଆପଣଙ୍କର ମୁଖଶ୍ରୀ ଏତେ ମଞ୍ଜୁଳ ଯେ, ମହତ୍ ବ୍ୟକ୍ତିମାନେ ଯଜ୍ଞାଦିକର୍ମକୁ ଗୁରୁତ୍ୱ ପ୍ରଦାନ ନକରି ଆପଣଙ୍କର କଳାବଦନକୁ ଦେଖିବାକୁ ଶ୍ରେୟ ମଣିଥାଆନ୍ତି । ଆପଣଙ୍କ ମନ୍ଦାର (ପୁରୁଷୋତ୍ତମ) କ୍ଷେତ୍ରରେ ମୁନି, ଅର୍ଥାତ୍ ଅଙ୍ଗିରା, ମାର୍କଣ୍ଡେୟ, କଣ୍ଡୁ ଓ ଭୃଗୁ - ଏହି ଚାରିଜଣ ପ୍ରାଚୀନ ଋଷି ଅବଧାନୀ ଅର୍ଥାତ୍ 'ଧୂନୀ' ପ୍ରଜ୍ୱଳନ କରି ମାଧବ, ମଧୁସୂଦନାଦି ମନ୍ତ୍ର ଜପ କରି ଶ୍ରୀମନ୍ଦିରର ଚାରିଦିଗରେ ମଣ୍ଡଳ ବା ଆଶ୍ରମମାନଙ୍କର ପବିତ୍ର ସ୍ମୃତିକୁ ରକ୍ଷା କରିଛନ୍ତି ।

ଯମଯାତନା ଯାପ୍ୟ   ଯୋଗୀ ଯହିଁ ଯାମିକ
ଯାଚକ ପଣେ ଯଶ ଥାଉ
ଯାଜକ ନୋହେ ଯାଜୀ   ଯାଯଜୂକ ମୁଁ ସାଜି
ଯାମ ଯାମିନୀ ଯାକ ଯାଉ,
ହେ ନୀଳାଦ୍ରୀଶ !
ଯାମ୍ୟଯାନରେ ମୋର ମନ
ଯୋଗ ଯାଗକୁ ଅଭାଜନ
ଯୋନୀଯାତ୍ରା କାଳରେ   ଯଜ୍ଞାଗ୍ନି ଯାଚନାରେ
ଯଜ୍ଞେଶ ଯତ୍ନେ ଥାଉ ମନ ହେ ॥୨୬॥

ଅର୍ଥାତ୍: ଉପେନ୍ଦ୍ର ଭଞ୍ଜ କହୁଛନ୍ତି - ହେ ନୀଳାଦ୍ରୀଶ ! ଶ୍ରୀକ୍ଷେତ୍ରରେ ଯମଙ୍କର ଯନ୍ତ୍ରଣା ନାହିଁ, କାରଣ ଏହି ସ୍ଥାନକୁ ଯମରାଜଙ୍କର ପ୍ରବେଶାଧିକାର ନାହିଁ। ଏହି କ୍ଷେତ୍ରରେ ଯୋଗୀଶ୍ରେଷ୍ଠ ଶିବଶଙ୍କର ହେଉଛନ୍ତି କ୍ଷେତ୍ରପାଳ। ଏଠାରେ ଭିକାରି ହୋଇ ବଞ୍ଚିବାରେ ଅନେକ ଯଶ ଅଛି। (ଅର୍ଥାତ୍ ବଡ଼ଦାଣ୍ଡର ଭିକାରି ହେବାରେ ଗୌରବ ଅଛି)। କବିସମ୍ରାଟ କହୁଛନ୍ତି - ହେ ଯଜ୍ଞଦେବ ! ମୁଁ ଧର୍ମଜ୍ଞଯାଚକ ନୁହେଁ। ଏହି କ୍ଷେତ୍ରରେ ମୁଁ ଦିନରାତି ଭିକାରି ଭାବରେ ଦିନ କାଟିବାକୁ ଚାହୁଁଛି। ମୁଁ ତ ଯୋଗଯାଗ କରିନାହିଁ। ଯୋନିଯାତ୍ରା କାଳରେ, ଅର୍ଥାତ୍ ମୋର ଅନ୍ତିମ କାଳରେ କିପରି ବୈଷ୍ଣବାଗ୍ନିରେ ମୋର ଶରୀର ଦହନ ହେବ, ଏହାହିଁ ମୋର କାମନା। ହେ ଯଜ୍ଞପୁରୁଷ ! ଏହି ଦିଗରେ ମୋର ଯତ୍ନ ରହୁ।

ରସିକ ରସେ ରତ ରସିକରେ ରହିତ
ରମାରମଣ ରମଣୀୟ
ରାହୁ ରେଖରତନ ରେଖରେ ଗୋରଚନ
ରାହାକୁ ହେରି କଲି ଥୟ,
ହେ ନୀଳାଦ୍ରୀଶ !
ରଞ୍ଜକ ରତି ଅଙ୍ଗ କଲା
ରଥେ ରଥାଙ୍ଗ ଆରୋପିଲା
ରକ୍ଷକ ଶିରୋମଣି ରୀତି ରୁଚିର ମଣି
ରସାରେ ମାନ ପରଶିଲା ହେ ॥୨୭॥

ଅର୍ଥାତ୍ : କବିସମ୍ରାଟ କହୁଛନ୍ତି, ହେ ନୀଳାଦ୍ରୀଶ ! ଆପଣ ରସିକ ବ୍ୟକ୍ତିମାନଙ୍କର ରସ ବା ମହାଭାବରେ ମୋହିତ । ରସିକ ନାମକ ଡୋରରେ ଆପଣ ରୁନ୍ଧା ହୋଇ ସ୍ଥିର ହୁଅନ୍ତି । ଆପଣ ରମାରମଣ ଏବଂ ସ୍ୱାଭାବତଃ ଅତୀବ ରମଣୀୟ । ଆପଣଙ୍କର ମସ୍ତକରେ ଝଲକୁ ଥିବା ରାହୁରେଖା ଏବଂ ରେଖାକୃତ ଗୋରଚନା ତିଳକ ଦର୍ଶନ କରି ମୋର ଜୀବନର ରାହାକୁ ମୁଁ ସ୍ଥିର କରିନେଲି । ସେହି ଚିତ୍ରକାର ଧନ୍ୟ ଯେ କି ଆପଣଙ୍କ ବିଗ୍ରହରେ ରତିରଙ୍ଗ, ଅର୍ଥାତ୍ ଭାବର ମିଳନାତ୍ମକ ରଙ୍ଗ ବ୍ୟବହାର କରିବା ଫଳରେ ଆପଣଙ୍କ ବିଗ୍ରହର ନିମ୍ନରେ ଶୁକ୍ଳବର୍ଣ୍ଣ ଏବଂ ଊର୍ଦ୍ଧ୍ୱରେ କୃଷ୍ଣବର୍ଣ୍ଣ ରଙ୍ଗ ଦେଇ ରାଧା ଓ କୃଷ୍ଣଙ୍କର ମିଳନାତ୍ମକ ବିଗ୍ରହ ନିର୍ମାଣ କଲେ । ପୁନଶ୍ଚ ଧନ୍ୟସେହି ଚିତ୍ରକାର, ଯିଏ ରଥ ଅର୍ଥାତ୍ ମନ୍ଦିରର ଶୀର୍ଷରେ ରଥାଙ୍ଗ ସ୍ଥାପନ କଲେ, ଯାହାକି ଆପଣଙ୍କୁ ରକ୍ଷକ ଶିରୋମଣି ବୋଲି ପ୍ରତିପାଦନ କରୁଛନ୍ତି । ଯଦ୍ୱାରା କି ପୃଥିବୀରେ ଆପଣଙ୍କର ମାନ ପ୍ରକାଶିଲା ଯେ ଆପଣ ଏକମାତ୍ର ମାନବ ଅଟନ୍ତି ଯେ କି ଅକିଞ୍ଚନମାନଙ୍କୁ ଉଚ୍ଚ ସ୍ଥାନ ଦେଇ ଆପଣାକୁ ପ୍ରଚ୍ଛନ୍ନ ରଖି ଆତ୍ମସୁଖ ଅନୁଭବ କରନ୍ତି ।

ଲବଣ ସିନ୍ଧୁ ଲବେ ଲଂଘି ଲମ୍ବନ ଲାଗେ
ଲଳନ୍ତେ ଲାଙ୍ଗୁଡ଼େ ଲାଞ୍ଛିତ
'ଲ' ଭାବ ନ ସହିଲ ଲହଡ଼ି ଲଘୁ କଲ
ଲଳନା ଲାଞ୍ଛନା ସହିତ,
ହେ ନୀଳାଦ୍ରୀଶ !
ଲାବଣ୍ୟ ଲପନ ଲୋକନ
ଲଳିତ ଯାତ୍ରାକୁ ବିଧାନ
ଲୟ ରଖି ଲାଳସା ଲବେ ପୂରାଅ ଆଶା
ଲୟ ମୋ ଲାଘବ ନ ମଣ ହେ ॥୨୮॥

ଅର୍ଥାତ୍ : କବିସମ୍ରାଟ କହୁଛନ୍ତି - ଏକଦା ଲବଣସିନ୍ଧୁ ତାଙ୍କର କୂଳକୁ ଅତିକ୍ରମ କରି 'ଲମ୍ବନ', ଅର୍ଥାତ୍ ଲୋକନାଥ ଶିବଙ୍କ ପର୍ଯ୍ୟନ୍ତ ମାଡ଼ିଗଲେ। ମହୋଦଧିଙ୍କର ଏହି କୂଳଲଙ୍ଘିବା ଘଟଣାରେ ଆପଣ ଶ୍ରୀହନୁମାନଙ୍କୁ ଆଦେଶ ଦେଇ ତାଙ୍କର ପରାକ୍ରମରେ ବରୁଣ ରାଜାଙ୍କୁ ଭର୍ତ୍ସନା କଲେ । ଏବେ ବି ଶ୍ରୀହନୁମାନ ସିନ୍ଧୁ ଲହଡ଼ିକୁ ପରାହତ କରିବା ନିମନ୍ତେ ସେଠାରେ ବିଦ୍ୟମାନ। ତାହାଙ୍କର ଏହି କାର୍ଯ୍ୟ ସମ୍ପାଦନ ନିମିତ୍ତ ତାଙ୍କୁ 'ଦରିଆ ହନୁମାନ' ବୋଲି କୁହାଯାଉଛି। ଆପଣ ବରୁଣଙ୍କର 'ଲ' ଭାବ ବା ଇନ୍ଦ୍ରତ୍ୱ ପଣିଆକୁ ସହ୍ୟ ନକରି ତାଙ୍କର ଲହଡିକି କ୍ଷୁଦ୍ର କରାଇଲେ; ମାତ୍ର ସାଗର ଦୁଲଣୀ ମହାଲକ୍ଷ୍ମୀ ଆପଣଙ୍କୁ ଏଥିପାଇଁ ଲାଞ୍ଛନା ଦେବାରୁ ଆପଣଙ୍କର ଲାବଣ୍ୟ ମୁଖ ଦର୍ଶନମୂଳକ ଲଳିତ ଯାତ୍ରାର ବିଧାନ କଲେ। (ଅର୍ଥାତ୍ ପ୍ରତି ଅମାବାସ୍ୟା ତିଥିରେ ଆପଣଙ୍କର ଆନନ୍ଦବର୍ଦ୍ଧନ ଏବଂ ବରୁଣ ରାଜାଙ୍କୁ ଦର୍ଶନ ଦେବା ନିମନ୍ତେ ସମୁଦ୍ର କୂଳକୁ ବିଜେ ହୋଇ ତାହାଙ୍କର ସନ୍ତୋଷ ବିଧାନ କରାଇଲେ।) କବିସମ୍ରାଟ କହୁଛନ୍ତି ଯେ ବରୁଣ ରାଜା ଲାଳସାଯୁକ୍ତ ଲୟ ରଖିଲେ ବୋଲି ଲବମାତ୍ରକେ ଆପଣ ତାଙ୍କର ଆଶାପୂରଣ କଲେ। କବିଙ୍କର ନିବେଦନ ହେଉଛି - ଆପଣଙ୍କର ଚରଣାରବିନ୍ଦରେ ମୋର ଲୟକୁ ଆପଣ ଲଘୁ ବୋଲି ମଣନ୍ତୁ ନାହିଁ।

ବରିଷ୍ଠ ବଟବାସୀ ବିଚାରେ ବାସେ ବସି
ବନ୍ଦାରେ କି ବାଗେ ବନ୍ଦିବି ?
ବଲ୍‌ଗୁ ବଳୟ ଘେନି, ବଲ୍ଲଭ ଭାବ ଆଣି
ବଡ଼ଭେ ବିଭୁ ବିଲୋକିବି,
ହେ ନୀଳାଦ୍ରୀଶ !
ବୀକ୍ଷଣେ ବାରିସୁତା ବାରି
ବାହୁଡ଼ି ବଶା ଦଶା ଧରି
ବାଚକ ପଣ ବରି ବାଗ୍‌ବାଦିନୀ ହେରି
ବଚନ ବିବୃତି ବିସୋରି ହେ ॥୨୯॥

ଅର୍ଥାତ୍: କବିସମ୍ରାଟ କହୁଛନ୍ତି - ହେ ନୀଳାଦ୍ରୀଶ ! ଆପଣ କଳ୍ପବଟ ନିବାସୀ। ମୁଁ ବାସଗୃହରେ ରହି ଭାବନା କରୁଛି ଯେ, କେଉଁପରି ଆପଣଙ୍କୁ ବନ୍ଦନା କରିବି ବା କ'ଣ ଘେନି ଭେଟିବି ? ସୁନ୍ଦର ସୁବର୍ଣ୍ଣ କଙ୍କଣଟିଏ ଅତି ଆଦରରେ ଘେନି ବଡ଼ଦେଉଳ ଭିତରେ ଆପଣଙ୍କୁ ଭେଟିବାକୁ ଯାଇ ଦେଖିଲି ଯେ ବାରିସୁତା (ମହାଲକ୍ଷ୍ମୀ)ଙ୍କୁ ଆପଣ ସ୍ୱୟଂ ଅଙ୍କରେ ଧରି ବରାଜିତ। ତେଣୁ ଲଜ୍ଜାଶୀଳା ନାରୀ ପରି ମୁଁ ସେଠାରୁ ବାହୁଡ଼ି ଆସିଲି। ପୁଣି କବିପଣରେ ଶ୍ରେଷ୍ଠ ହୋଇ କବିତା ମାଧ୍ୟମରେ ବନ୍ଦନା କରିବା ଲାଗି ଭାବିଲି । ବାଗ୍‌ବାଦିନୀ ସରସ୍ୱତୀ ମଧ୍ୟ ଏକ ପାର୍ଶ୍ୱରେ ବିରାଜିତା। ଏହା ଦେଖି ମୋର ବାଣୀ ପରାହତ ହେଲା ମହାପ୍ରଭୁ !

ଶ୍ରଦ୍ଧାରେ ଶୋଣମଣି ଶଂକୋଚେ ଭେଟମଣି
ଶ୍ୟାମ ଶଇଳପୁରେ ଗଲି
ଶିରରେ ଶଶିସମ ଶାଶ୍ୱତ ମଣିଧାମ
ଶଙ୍କାରେ ଦେଖି ଶୁଖିଗଲି,
ହେ ନୀଳାଦ୍ରୀଶ !
ସଂଶନ ରତ ଶକ୍ରଶିବ,
ଶରଣ ଶ୍ରେୟ ଏହିଠାବ,
ଶେଷରେ ମୁଁ ଶରଣ ଶେଷଈଶ ଚରଣ
ପଶିବା କଲି ଶ୍ରେୟ ଶିବ ହେ ॥୩୦॥

ଅର୍ଥାତ୍ : କବିସମ୍ରାଟ କହୁଛନ୍ତି ଯେ - ଏକ ମାଣିକ୍ୟ ଥିବାରୁ ଶ୍ରଦ୍ଧାରେ ଏବଂ ସଙ୍କୋଚ ଭାବରେ ନେଇ ଭେଟିଦେବା ନିମନ୍ତେ ମୁଁ ନୀଳଶୈଳ ଭବନକୁ ଗଲି; ମାତ୍ର ମହାପ୍ରଭୁଙ୍କର ମସ୍ତକରେ ଚନ୍ଦ୍ରପରି ତେଜୋଦୀପ୍ତ ହୀରାଚିତା ଦେଖି ମୁଁ ଶଙ୍କାରେ ଶୁଖିଗଲି । ଯେଉଁଠାରେ ସ୍ୱୟଂ ଇନ୍ଦ୍ର ଏବଂ ଶିବ ମହାପ୍ରଭୁଙ୍କର ସ୍ତବଗାନ କରିବାରେ ବ୍ୟସ୍ତ, ସେଠାରେ କବି ବିଚାର କରୁଛନ୍ତି ଯେ ପ୍ରଭୁଙ୍କଠାରେ ଶରଣ ହିଁ ଏକମାତ୍ର ଶ୍ରେୟ । ତେଣୁ କବି କହୁଛନ୍ତି - ହେ ଶେଷଦେବଙ୍କର ବନ୍ଦିତ ସ୍ୱାମୀ ! ଆପଣଙ୍କର ମଙ୍ଗଳମୟ ଚରଣପଙ୍କଜରେ ଶରଣ ପଶିବା ଅତ୍ୟନ୍ତ ଶ୍ରେୟ ବୋଲି ମୁଁ ସ୍ଥିର କରିନେଲି । (ଏହା ବ୍ୟତୀତ ଆଉ ଦ୍ୱିତୀୟ ପନ୍ଥା ନାହିଁ)

ଷଡ଼୍‌ଛନ୍ଦ ବନ୍ଧନ ଷଡ୍‌ଚକ୍ରଭେଦନ
ଷୋଢ଼ା - ସାଧନେ ହୀନ ଜ୍ଞାନ
ଷୋଡ଼ଶ ଉପଚାର ଷଡ଼ଙ୍ଗର ବିଚାର
ଷଟକର୍ମେ ମୁଁ ଯେ ସଦା ହୀନ,
ହେ ନୀଳାଦ୍ରୀଶ !
ଷୋହଳ ଖମ୍ଭେ ଦେଇ ଶିର
ଷୋଡ଼ଶ କଳାଘାଟ ଦ୍ୱାର
ଷଡ଼ପଦ ପ୍ରମାଣେ ଭେଦି ଷୋଡ଼ଶ ଗାନେ
ଷଡ୍‌ବର୍ଗ ଜିଣିବା ହିଁ ସାର ହେ ।।୩୧।।

ଅର୍ଥାତ୍ : କବି ଏଠାରେ କହୁଛନ୍ତି କି, ସେ ଷଡ଼୍‌ଛନ୍ଦ ବନ୍ଧନ ଅର୍ଥାତ୍ ଚକ୍ଷୁ, ନାସା, କର୍ଣ୍ଣ, ଚର୍ମ ଓ ମନ - ଏହି ଷଡ଼୍‌ଇନ୍ଦ୍ରିୟକୁ ବନ୍ଧନ କରିପାରିନାହାନ୍ତି । ସେହିପରି ମୂଳାଧାର, ସ୍ୱାଧିଷ୍ଠାନ, ମଣିପୁର, ଅନାହତ, ବିଶୁଦ୍ଧଚକ୍ର ଓ ଆଜ୍ଞାଚକ୍ର - ଏହି ଷଡ଼୍‌ଚକ୍ରକୁ ଭେଦ କରିପାରିନାହାନ୍ତି । ଏହା ବ୍ୟତୀତ ତନ୍ତ୍ର ବିଚାରର ଷୋଢ଼ାନ୍ୟାସାଦି ମନ୍ତ୍ର ସାଧନରେ ମଧ୍ୟ ଅତ୍ୟନ୍ତ ଜ୍ଞାନହୀନ । ଆସନ, ପାଦାସନ, ପାଦ୍ୟାର୍ଘାଦି ଷୋଡ଼ଶ ଉପଚାର, ଯେଉଁଥିରେ କି ଆପଣ ନିତ୍ୟପୂଜିତ ହୁଅନ୍ତି, ତାହା ମଧ୍ୟ ମୁଁ ଜାଣିନାହିଁ । ପୁନଶ୍ଚ ଶିକ୍ଷା, କଳ୍ପ, ବ୍ୟାକରଣ, ନିରୁକ୍ତ, ଛାନ୍ଦ ଓ ଜ୍ୟୋତିଷ - ଏହି ଷଟ୍ ଅଙ୍ଗ ଏବଂ ଯଜନ - ଯାଜନ - ଦାନ - ପ୍ରତିଦାନ - ଅଧ୍ୟୟନ - ଅଧ୍ୟାପନା - ଏହି ଷଟ୍ କର୍ମରେ ମୁଁ ହୀନ ଅଟେ । କବି କହୁଛନ୍ତି ଯେ, ସେ କେବଳ ଷୋହଳ ଖମ୍ଭ ଅର୍ଥାତ୍ ଜଗମୋହନ ନିକଟରେ ଶିର ଲଗାଇ ନମସ୍କାର କରି ଷୋଳକଳାରେ ପରିପୂର୍ଣ୍ଣ କଳାହାଟ ଦ୍ୱାର ସମ୍ମୁଖରେ ଥାଇ ଷୋଢ଼ାଶାକ୍ଷର 'ହରେକୃଷ୍ଣ ହରେ ରାମାଦି' ଗାନ କରି କାମ, କ୍ରୋଧ, ଲୋଭ, ମୋହ, ମଦ ଓ ମାତ୍ସର୍ଯ୍ୟ- ଏହି ଷଡ଼୍ ଅପକର୍ମକୁ ଜିଣିବା ହେଉଛି ଶ୍ରେଷ୍ଠ ସାଧନା ।

ସମ୍ବିଦ ଶଂସିତରେ ସମର୍ପଣ ସଂସ୍କାରେ
ସକୃତେ ସକାମ ସହିତ
ସହସ୍ର ସାରସ୍ୱତ ସାୟୁଜ୍ୟଦ ସରିତ
ସରୋଜ ଚରଣେ ଅର୍ପିତ,
ହେ ନୀଳାଦ୍ରୀଶ !
ସାର୍ଥକ ସାଧନ ମୋ ଆଜ
ସୁକୃତ ସନାତନ ସଜ
ସେତୁ ସଂସାର ବାରି ସୁମରି ଅନୁସରି
ସ୍ତମ୍ଭ ସନ୍ନିଧେ ସୁରରାଜ ହେ ।।୩୨।।

ଅର୍ଥାତ୍: କବିସମ୍ରାଟ କହୁଛନ୍ତି - ଶୁଦ୍ଧଜ୍ଞାନ ବିଚାରରେ କାମନା ରଖି ସାୟୁଜ୍ୟ ମୁକ୍ତି ପ୍ରଦାୟିନୀ ଗଙ୍ଗାନଦୀ ତୁଲ୍ୟ ମୋ ସହସ୍ର ସାରସ୍ୱତ କୃତିରାଜିକୁ ସମର୍ପଣ ସଂସ୍କାରରେ ଆପଣଙ୍କର ଚରଣପଙ୍କଜରେ ଅର୍ପଣ କଲି । ମୋର ସମସ୍ତ ସାଧନା ଆଜି ସାର୍ଥକ ହୋଇଛି, କାରଣ ଏହି ରଚନାଗୁଡ଼ିକ ଶୁଦ୍ଧ, ସନାତନ ଓ ସତେଜ ତଥା ଜୀବନ୍ତ । କବି କହୁଛନ୍ତି - ହେ ସୁରଶ୍ରେଷ୍ଠ ! ମୋର ନୈଷ୍ଠିକ ଭକ୍ତି ଦ୍ୱାରା ଗରୁଡ଼ସ୍ତମ୍ଭ ସନ୍ନିଧାନରେ ଦଣ୍ଡାୟମାନ ହୋଇ ଭବଜଳଧି - ସେତୁ ସ୍ୱରୂପ ଆପଣ ଦାରୁବ୍ରହ୍ମଙ୍କୁ ଏହିସବୁ ସାରସ୍ୱତ କୃତିକୁ ସମର୍ପଣ କରୁଅଛି ।

ହଂସାରୁ ଅହଂକାର ହରି ହାଟକ କଲ
ହସଂ ଦୀକ୍ଷାକୁ ହାର କଲି
ହଳାହଳ ବିଷାଦ ହେରି ତୋ ହଂସପାଦ
ହରାଇ ହଂସ ପ୍ରାୟ ହେଲି,
ହେ ନୀଳାଦ୍ରୀଶ !
ହଂସ ପରମ ଆପଣତ
ହଂସଚକ୍ରରେ ବିରାଜିତ
ହର ହଳୀ ହରିଣୀ ହଟିବା ହେତୁ ଜାଣି
ହଠେ ହୁବକୁ କଲି ହତ ହେ ॥୩୩॥

ଅର୍ଥାତ୍ : କବି କହୁଛନ୍ତି ! ହେ ନୀଳାଦ୍ରୀଶ ! ହଂସ ଅର୍ଥାତ୍ ଜୀବ ମଧ୍ୟରୁ ଅହଂକାରକୁ ହରଣ କରି ଆପଣ ଶୁଦ୍ଧସୁବର୍ଣ୍ଣରେ ରୂପାନ୍ତରିତ କରିଦେଲେ। ପୁନଶ୍ଚ ମୁଁ ହଂସ ଦୀକ୍ଷାକୁ ଗ୍ରହଣ କଲି। (ଅର୍ଥାତ୍‌ହଂସ କ୍ଷୀରକୁଗ୍ରହଣ କରି ନୀରକୁ ତ୍ୟାଗ କରେ, ସାରବସ୍ତୁକୁ ଗ୍ରହଣ କରି ଅସାର ବସ୍ତୁକୁ ତ୍ୟାଗ କରେ।) ଆପଣଙ୍କର ପରମହଂସ ପଦକୁ ସ୍ମରଣ କରି ସାଂସାରିକ ଜଞ୍ଜାଳଜନିତ ହଳାହଳ ବିଷାଦକୁ ଦୂରୀଭୂତ କରି ପରମଶାନ୍ତି ପ୍ରାପ୍ତି ଲକ୍ଷ୍ୟରେ ହଂସଭଳି ଆଚରଣ ପ୍ରକଟ କଲି। ଆପଣ ତ ସ୍ୱୟଂ ପରମହଂସ ଏବଂ ଯୋଗୀମାନଙ୍କର ସାଧନାମଣ୍ଡଳୀରେ ବିରାଜିତ (ଅର୍ଥାତ୍ ଅଙ୍ଗିରା, କଣ୍ଡୁ, ମାର୍କଣ୍ଡେୟ, ଭୃଗୁ, ନାରଦ, ବାମଦେବ, ଦୀର୍ଘତମା, ମୃଦୁଗଲ୍ୟାଦି, ଅଷ୍ଟସିଦ୍ଧଗଣ ଆପଣଙ୍କ ନିତ୍ୟପୂଜାର ପ୍ରସାଦପ୍ରାପ୍ତ ହୋଇଥାନ୍ତି।) ଏହା ସହିତ ହରହର ମହାଦେବ, ହଳଧାରଣ କରିଥିବା ବଳଭଦ୍ର ଏବଂ ହରିଣୀ ଅର୍ଥାତ୍ ଲକ୍ଷ୍ମୀ - ଏମାନେ ଅହଂକାର କରି ଆପଣଙ୍କ ନିକଟରେ ପରାହତ ହୋଇଛନ୍ତି। ବଳଭଦ୍ର ଠାକୁର ଅହଂକାର କରି ବହୁ କଷ୍ଟ ଭୋଗିଛନ୍ତି ଏବଂ ମହାଲକ୍ଷ୍ମୀ ଅହଂଭାବର ପରିଚୟ ଦେଇଥିବାରୁ ସେ (ରଥଯାତ୍ରା ସମୟରେ) ନବଦିନ ଯାତ୍ରାରୁ ବଞ୍ଚିତା ହୋଇଛନ୍ତି। ଶିବଶଙ୍କର ଅହଂକାର କରିଥିବାରୁ ଆପଣଙ୍କ ଗରୁଡ଼ସ୍ତମ୍ଭ ପଛରେ ରହି ଆପଣଙ୍କୁ ସ୍ତୁତି କରୁଛନ୍ତି। ଏହି ଦୃଷ୍ଟାନ୍ତ ସବୁ ଦେଖି 'ହଠ' ଅର୍ଥାତ୍ ଅହଂକାର 'ହୁବ' ବା ବଳକୁ ବିନାଶ କଲି। ଅର୍ଥାତ୍ କବି ଅହଂକାର ବିବର୍ଜିତ ହେଲେ।

କ୍ଷମାନିଧିଙ୍କ ବାରେ କ୍ଷମ ମୁଁ ଦଶର୍ନରେ
କ୍ଷିତି ଖ୍ୟାତିକୁ ସମର୍ପିଲି
କ୍ଷମ ମୋ ଅପରାଧ କ୍ଷମ ମୋ ଜୀବସାଧ
ଖ୍ୟାତ ଚରଣତଳେ ଦେଲି,
ହେ ନୀଳାଦ୍ରୀଶ !
କ୍ଷୟତ ହେଲାଣି ଏ ପିଣ୍ଡ
କ୍ଷାଳ ଏ ଜଂଜାଳର ଦଣ୍ଡ
ଖ୍ୟାତି ଏ ଉପେନ୍ଦ୍ରର କ୍ଷାତ୍ର କୁଳ ବେଭାର
କ୍ଷେମ ଚରଣ ତଳେ ହେଉ ରୁଣ୍ଡ ହେ ।।୩୪।।

ଅର୍ଥାତ୍ : କବିସମ୍ରାଟ କହୁଛନ୍ତି - ଆପଣ ସ୍ୱୟଂ କ୍ଷମାନିଧି, ଆପଣଙ୍କ ଦର୍ଶନ କାଳରେ ସଂସାରରେ ଅର୍ଜିତ ସମସ୍ତ ଖ୍ୟାତିକୁ ଆପଣଙ୍କ ନିକଟରେ ସମର୍ପଣ କଲି। ମୋ ଅପରାଧ କ୍ଷମା କରନ୍ତୁ ନୀଳାଦ୍ରୀଶ ! ମୋର ଜୀବନର ଲକ୍ଷ୍ୟକୁ ପରିପୂର୍ଣ୍ଣ କରିବାକୁ ମୁଁ ଆପଣଙ୍କର ସୁବିଦିତ ଶ୍ରୀଚରଣରେ ସମର୍ପଣ କରୁଅଛି। ହେ ନୀଳାଦ୍ରୀଶ ! ମୋର ଶରୀର ତ କ୍ଷୟ ହେବାକୁ ବସିଲାଣି। ମୋତେ ଜାଗତିକ ଜଞ୍ଜାରୁ ମୁକ୍ତି ଦିଅନ୍ତୁ। ହେ ନୀଳାଦ୍ରୀଶ ! କବି ଉପେନ୍ଦ୍ରର ସମସ୍ତ ଖ୍ୟାତି ଏବଂ ତାଙ୍କ ଭଞ୍ଜବଂଶର ମର୍ଯ୍ୟାଦା ଆପଣଙ୍କର କ୍ଷମାମୟ ଶ୍ରୀଚରଣରେ ରୁଣ୍ଡ ହେଉ ହେ ମହାପ୍ରଭୁ !

ଦ୍ୱିତୀୟ ଅଧ୍ୟାୟ :
କବିସମ୍ରାଟ ଉପେନ୍ଦ୍ର ଭଞ୍ଜଙ୍କ ସାରସ୍ୱତ ଜୀବନୀ

"ବୀରବର ପଦ ଉପଇନ୍ଦ୍ର ମୋ ନାମ
ବାରେ ବାରେ ସେବାରେ ମନାଇ ସୀତାରାମ ଯେ ।
ବିଚିତ୍ର କବିତ୍ୱ ମାର୍ଗେ ପ୍ରସରିଲା ବୁଦ୍ଧି
ବିରଚିଲି ରାମାୟଣ ଏ ମୋ ବଡ଼ ସିଦ୍ଧିଯେ ।" (ବୈ.ବି.)

ବିଚିତ୍ର କବିତ୍ୱର ଅଧିକାରୀ, କାବ୍ୟବୀରବର କବିସମ୍ରାଟ ଉପେନ୍ଦ୍ର ଭଞ୍ଜ ଓଡ଼ିଆ ସାହିତ୍ୟର ବିସ୍ମୟ । ଉପେନ୍ଦ୍ର ଭଞ୍ଜ ଓଡ଼ିଆ କାବ୍ୟ ଯୁଗର ଅନନ୍ୟ ଓ ଅଦ୍ୱିତୀୟ କାବ୍ୟଶିଳ୍ପୀ। ସେ ରୀତିଯୁଗର ଶ୍ରେଷ୍ଠ ପ୍ରତିନିଧି। ସେ ରୀତିକବି, ଆଳଙ୍କାରିକ କବି, ରସିକ କବି, ଶୃଙ୍ଗାରୀ କବି ଏବଂ ବିଦଗ୍ଧ କବି। ସେ ଜୀବନ ଓ ଯୌବନର କବି। ସେ ରୀତିଯୁଗୀୟ କବିମାନଙ୍କ ମଧ୍ୟରେ ସର୍ବୋତ୍ତମ, ସର୍ବ ପ୍ରଧାନ ଓ ଶ୍ରେଷ୍ଠ କାବ୍ୟକାର ଅଟନ୍ତି। ମନୋମୁଗ୍ଧକର, ରସାଳ, ଭଞ୍ଜୀୟ ମଧୁକୋଷ ସୃଷ୍ଟି କରି ତହିଁରୁ ଅପୂର୍ବ କାବ୍ୟରସ ଆସ୍ୱାଦନ କରିବା ପାଇଁ ସେ ଦେଇଛନ୍ତି ଶାଶ୍ୱତ ପ୍ରେରଣା। ଅପାର କାବ୍ୟସଂସାର ସୃଷ୍ଟି କରି ସେ ପ୍ରଜାପତି ଆସନରେ ଆସୀନ। କାବ୍ୟରେ ଚମତ୍କାରିତା ସୃଷ୍ଟି କରି କବିଗୁରୁ ଉପେନ୍ଦ୍ର ମହୀୟାନ କାବ୍ୟଶିଳ୍ପର ଗୌରବରେ ଭାସ୍ୱର। ଉପେନ୍ଦ୍ର ଭଞ୍ଜ ସିଦ୍ଧପୁରୁଷ ଓ ଦେବଦୁର୍ଲ୍ଲଭ କବିତ୍ୱ ଶକ୍ତିର ଅଧିକାରୀ। ତାଙ୍କର ସୃଜନଶୀଳ କାବ୍ୟମାନସ ବିଚିତ୍ରବର୍ଣ୍ଣା। କାବ୍ୟ ସୃଜନରେ ଅନେକ ପରୀକ୍ଷାନିରୀକ୍ଷା କରି ସେ ସମଯୁଗୀୟ ପ୍ରମୁଖ କାବ୍ୟକାର ଦୀନକୃଷ୍ଣ ଦାସ, ଅଭିମନ୍ୟୁ ସାମନ୍ତସିଂହାର, କବିସୂର୍ଯ୍ୟ ବଳଦେବ ରଥ, ସଦାନନ୍ଦ କବିସୂର୍ଯ୍ୟ ବ୍ରହ୍ମା, ବ୍ରଜନାଥ ବଡ଼ଜେନା, ଯଦୁମଣି ମହାପାତ୍ର ପ୍ରଭୃତି ଅତିକ୍ରମ କରି ଯାଇଛନ୍ତି। ବାସ୍ତବିକ ଉତ୍କଳୀୟ ସାରସ୍ୱତ ଜଗତରେ ଉପେନ୍ଦ୍ର ଭଞ୍ଜ କ୍ରାନ୍ତିକାରୀ ସ୍ରଷ୍ଟା।

ବଂଶ ପରିଚୟ:

ଉପେନ୍ଦ୍ର ଭଞ୍ଜ ଘୁମୁସର ରାଜବଂଶଜ। ଘୁମୁସର ଭଞ୍ଜ ରାଜବଂଶର ସ୍ୱନାମଧନ୍ୟ ରାଜକବି ପ୍ରତାପ ଧନଞ୍ଜୟ ଭଞ୍ଜଙ୍କର ସେ ପୌତ୍ର ଏବଂ ତାଙ୍କର ପୁତ୍ର ନରେଶ ନୀଳକଣ୍ଠ ଭଞ୍ଜଙ୍କର ସେ ଜ୍ୟେଷ୍ଠପୁତ୍ର ଥିଲେ। ଉପେନ୍ଦ୍ର ଭଞ୍ଜଙ୍କ ପିତା ନୀଳକଣ୍ଠ ଭଞ୍ଜ ରାଜା ଧନଞ୍ଜୟ ଭଞ୍ଜଙ୍କର ଚତୁର୍ଥ ପୁତ୍ର ଥିଲେ। ଗଙ୍ଗାଧର ଭଞ୍ଜ ଥିଲେ ଧନଞ୍ଜୟ ଭଞ୍ଜଙ୍କର ଜ୍ୟେଷ୍ଠ ପୁତ୍ର। ସେହିପରି ଉପେନ୍ଦ୍ର ଭଞ୍ଜ ନୀଳକଣ୍ଠ ଭଞ୍ଜଙ୍କର ଜ୍ୟେଷ୍ଠ ପୁତ୍ର ଥିଲେ ଏବଂ ସେ ରାଣୀ ରତ୍ନାବତୀ (ପକ୍ଷାନ୍ତର ହାଡୁଦେଈ)ଙ୍କ ଗର୍ଭରୁ ଜନ୍ମ ହୋଇଥିଲେ।

ଉପେନ୍ଦ୍ର ନିଜର ବଂଶ ପରିଚୟ ଦେଇ ଲେଖିଛନ୍ତି -

"ଯେ ବଂଶେ ଇଷ୍ଟ ଦୁର୍ଗାଦେବୀ। ବରହି କୋଷରୁ ସମ୍ଭବି ॥
ମନୁଷ୍ୟ ଏହି ଅଦଭୁତ। ଭଞ୍ଜାନୁଭଞ୍ଜ ନାମ ସତ ॥
ବିଶିଷ୍ଟ ବଶିଷ୍ଠ ପାଳକା। ଶ୍ରୀରାମଦତ୍ତ ରାଜଟୀକା ॥
ସେ କୁଳେ ରାଜା ଧନଞ୍ଜୟ। ସମସ୍ତ ଗୁଣର ନିଳୟ ॥
ଘୁମୁସର ଅଧିପ ପଣେ। ଲୋକେ ବିଖ୍ୟାତ କବିଗୁଣେ ॥
ତଦ୍‌ବତ ତାହାଙ୍କ ତନୁଜ। ନରେଶ ନୀଳକଣ୍ଠ ଭଞ୍ଜ ॥
ତାହାଙ୍କ ଜ୍ୟେଷ୍ଠ ସୁତ ମୁହିଁ। ଉପେନ୍ଦ୍ର ଭଞ୍ଜ ନାମ ବହି ॥"

- ଲାବଣ୍ୟବତୀ / ୧୬ ଛାନ୍ଦ

କବି ଉପେନ୍ଦ୍ର ଅନ୍ୟତ୍ର ମଧ୍ୟ ଲେଖିଛନ୍ତି -

"ବରହି ବଂଶେ ଉଭବ ନୃପ ଧନଞ୍ଜୟ
ବିଶିଷ୍ଟେ ଘୁମୁସର ଅଧିପ ଗୁଣାଳୟ ଯେ।
ବେନି ଅର୍ଥେ ସେ କବି ଗଣେଶ ବୋଲି ଜାଣ
ବନ୍ଦନ ତଦ୍‌ବତ ତାଙ୍କ ନନ୍ଦନ ପ୍ରମାଣ ଯେ।
ବସୁଧାପତି ଯେ ନୀଳକଣ୍ଠ ନାମେ ଖ୍ୟାତ
ବିଧାନରେ ମୁହିଁ ତାହାଙ୍କର ଜ୍ୟେଷ୍ଠ ସୁତ ଯେ।"

- ବୈଦେହୀଶ ବିଳାସ / ୫୨ଶ ଛାନ୍ଦ

'ଚିତ୍ରଲେଖା' କାବ୍ୟରେ କବିଙ୍କର ସ୍ୱୀକାରୋକ୍ତି -

"ହସବଂଶ ଅବତଂସ ଧନଞ୍ଜୟ
ଭଞ୍ଜ ନୃପତି ଚୂଡ଼ାମଣି
ତାଙ୍କ ସୁତ ନୀଳକଣ୍ଠ ଭଞ୍ଜ ନୃପ
କୁଳ କମଳ ଦିନମଣି
ତାହାଙ୍କ। ନନ୍ଦନ କବି ସିନ୍ଧୁଚନ୍ଦ୍ର
କହେ ଉପଇନ୍ଦ୍ର ଭଞ୍ଜ ମଙ୍ଗରାଜ
ମାନସେ ଚିନ୍ତି ରାମଚନ୍ଦ୍ର।"

(ଚିତ୍ରଲେଖା - ଏକବିଂଶତି ଛାନ୍ଦ)

'ରସପଞ୍ଚକ'ରେ କବି ସ୍ୱୟଂ ବଂଶ ପରିଚୟ ଦେଇ ଲେଖିଛନ୍ତି -

"କଞ୍ଜେଶ ବଂଶ ହୋଇ ପ୍ରକାଶ
କ୍ରମେ ଘୁମୁସରେ ହେଲେ ନରେଶ।
କୁନ୍ଦେନ୍ଦୁ କୀର୍ତ୍ତିଗଣ ରଣ କାନ୍ତି
ରଣେଶ୍ୱର ରଣଭଞ୍ଜ ନୃପତି।
କୃଶାନୁତେଜ ତାଙ୍କ ତନୁଜ
କୃତରୁ ପ୍ରାପତ ପ୍ରତାପ ଭଞ୍ଜ।
କନିଷ୍ଠ ସୁତ ତାଙ୍କ ଭୂଭୃତ
କବି ଗୋପୀନାଥ ନାମ ବିଦିତ।
କବି ନୃପବର ତାଙ୍କ କୁମର
କବି ଧନଞ୍ଜୟ ନାମ ତାଙ୍କର।
କାଶ୍ୟପୀକାନ୍ତ ତାହାଙ୍କ ସୁତ
କୃତଜ୍ଞ ନୀଳକଣ୍ଠ ଭଞ୍ଜ ସୁତ।
କୁମର ଜ୍ୟେଷ୍ଠ ତାଙ୍କର ଶ୍ରେଷ୍ଠ
କବି ପଣରେ ଅତି ପରିନିଷ୍ଠ।"

(ରସପଞ୍ଚକ - ଅନୁକ୍ରମଣି ଛାନ୍ଦ)

'ରସପଞ୍ଚକ' ଗ୍ରନ୍ଥ ଅନୁସାରେ କବିଙ୍କର ବଂଶଲତା ହେଉଛି -

ରଣ ଭଞ୍ଜ
↓
ପ୍ରତାପ ଭଞ୍ଜ
↓
ଗୋପୀନାଥ ଭଞ୍ଜ
↓
ଧନଞ୍ଜୟ ଭଞ୍ଜ
↓
ନୀଳକଣ୍ଠ ଭଞ୍ଜ
↓
ଉପେନ୍ଦ୍ର ଭଞ୍ଜ

ଉପର୍ଯ୍ୟୁକ୍ତ ଉଦ୍ଧୃତିଗୁଡ଼ିକରୁ ଜଣାପଡ଼େ ଯେ କବି ଉପେନ୍ଦ୍ର ଘୁମୁସର ରାଜବଂଶର ସୁଯୋଗ୍ୟ ଦାୟାଦ। ଉପେନ୍ଦ୍ରଙ୍କ ପିତା ଓ ପିତାମହ ପ୍ରଭୃତି ସୂର୍ଯ୍ୟବଂଶୀ କ୍ଷତ୍ରିୟ। ଏହି ବଂଶର ଇଷ୍ଟଦେବୀ ବ୍ୟାଘ୍ରଦେବୀ। ଘୁମୁସର ଭଞ୍ଜ ରାଜବଂଶର ଖ୍ୟାତି ରହିଥିଲା। ଉପେନ୍ଦ୍ରଙ୍କର ପିତା ନୀଳକଣ୍ଠ ଭଞ୍ଜ, ପିତାମହ ଧନଞ୍ଜୟ ଭଞ୍ଜ ଓ ପ୍ରପିତାମହ ଗୋପୀନାଥ ଭଞ୍ଜ କବିପଣରେ ଖ୍ୟାତି ଅର୍ଜନ କରିଥିଲେ। ପିତା ନୀଳକଣ୍ଠ ଭଞ୍ଜଙ୍କ ନାମରେ ଏଯାବତ୍ କୌଣସି କାବ୍ୟଗ୍ରନ୍ଥ ମିଳିନାହିଁ। ତେବେ ସେ ଦୁଇଗୋଟି ଶୃଙ୍ଗାରଭିତ୍ତିକ କବିତା ରଚନା କରିଥିବାର ପ୍ରମାଣ ମିଳୁଅଛି। ତାହା ହେଉଛି 'ପରକୀୟା ନାୟିକା ଦର୍ଶନେ ନାୟକ' ୧ମ ଓ ୨ୟ ଶୀର୍ଷକ ଦୁଇଗୋଟି ମାନବୀୟ ପ୍ରେମଭିତ୍ତିକ ରଚନା। ଦୃଷ୍ଟାନ୍ତସ୍ୱରୂପ, ଗୋଟିଏ କବିତାକୁ ଏଠାରେ ଉଲ୍ଲେଖ କରାଗଲା -

"ପ୍ରାଣ ବାନ୍ଧବୀ ଦିନେ ପ୍ରାଙ୍ଗଣ ପରେ
କର ଦେଇଣ ଥିଲା ଥୋର ହସ୍ତରେ
ସେ ମୋ ଚମ୍ପକ ଗୋରୀ
ଧନ୍ୟ ଧନ୍ୟ ତାହାର ଶୋଭା ଚାତୁରୀ ॥୧॥
ଜୁଡ଼ାରେ ଥିଲା ତା'ର କିଆ ପାଖୁଡ଼ା
ତା' ଦେଖି ଅଙ୍ଗେ ହେଲା ମଦନ ପୀଡ଼ା ॥୨॥

ଲଲାଟେ ଥିଲା ତା'ର ସିନ୍ଦୂର ବିନ୍ଦୁ
ତା' ଦେଖି ବଢ଼ିଲା ଯେ ଆନନ୍ଦ ସିନ୍ଧୁ ।।୩।।
ଗଇରିକର ଚିତା ଅଙ୍ଗେ ଶୋଭିତ
ତା' ଦେଖି ଧୈର୍ଯ୍ୟ ମୋର ହୋଇଲା ହତ ।।୪।।
ପିନ୍ଧିଣ ଥିଲା ନୀଳ ଝୀନ ବସନ
ଫୁଟିଣ ଦିଶୁଥିଲା ଘନ ଜଘନ ।।୫।।
ଭଲା ଭାଗ୍ୟରେ ଶୋଭା ଦେଖିଲି ମୁହିଁ
ଦେଖି ମୋତେ ଲୁଚିଲା ବନଜ ମୁହିଁ ।।୬।।
ଭଣିଲେ ନୀଳକଣ୍ଠ ନୃପତି ବର,
ରମଣୀଙ୍କି ପାଇଲେ କରନ୍ତି ହାର ।।୭।।"

ଉପେନ୍ଦ୍ରଙ୍କ ପିତାମହ ଧନଞ୍ଜୟ ଭଞ୍ଜ ମଧ୍ୟ ଥିଲେ ଉଚ୍ଚକୋଟୀର କବି । ସେ ପାଞ୍ଚଗୋଟି କାବ୍ୟ ରଚନା କରିଥିଲେ । ସେଗୁଡ଼ିକ ହେଉଛି 'ଇଚ୍ଛାବତୀ', 'ଅନଙ୍ଗରେଖା', 'ତ୍ରିପୁରମୋହିନୀ', 'ମଦନମଞ୍ଜରୀ', 'ଶ୍ରୀରାମ ବିଳାସ' (ରଘୁନାଥ ବିଳାସ) । ଏହା ବ୍ୟତୀତ ସେ ଅନେକ ଚଉପଦୀ ଓ ପ୍ରେମାନୁଭୂତି ସମ୍ବଳିତ କବିତା ରଚନା କରିଛନ୍ତି । ଧନଞ୍ଜୟ ଭଞ୍ଜଙ୍କର ଏକ ସମୃଦ୍ଧ ପଣ୍ଡିତସଭା ଥିଲା । ସେହି ସମୟରେ ଘୁମୁସର ରାଜଦରବାର ସାହିତ୍ୟଚର୍ଚ୍ଚାର ଅନ୍ୟତମ ପ୍ରଧାନ ପୀଠ ଥିଲା । ଏହିପରି ଜଣାଯାଏ ଯେ ଉପେନ୍ଦ୍ର ଘୁମୁସର ଖ୍ୟାତି ସମ୍ପନ୍ନ ରାଜବଂଶରେ ଜନ୍ମଲାଭ କରି ପିତା ଓ ପିତାମହଙ୍କର ସାରସ୍ୱତ ସାଧନାକୁ ଅତିକ୍ରମ କରି ଉତ୍କଳୀୟ ସାହିତ୍ୟ ଜଗତରେ ମହାକବି ଆସନରେ ଆସୀନ ।

ଉପେନ୍ଦ୍ର ପ୍ରତିଭାବାନ ସ୍ରଷ୍ଟା । ସେ ଅଭୂତପୂର୍ବ କାବ୍ୟିକ ପ୍ରତିଭାର ଅଧିକାରୀ । ପ୍ରଜ୍ଞା ହିଁ ପ୍ରତିଭା । ଉପେନ୍ଦ୍ର ନବନବ ଉନ୍ମେଷଶାଳିନୀ ପ୍ରଜ୍ଞାର ଅଧିକାରୀ ଥିଲେ । ପ୍ରତିଭା ସମ୍ପର୍କରେ କୁହାଯାଇଛି –

"ବୃଦ୍ଧିସ୍ତାତ୍‌କାଳିନୀ ଜ୍ଞେୟା ପ୍ରଜ୍ଞା ତ୍ରୈକାଲ୍ୟ
ନବ ନବୋନ୍ମେଷଶାଳିନୀଂ ପ୍ରଜ୍ଞା ପ୍ରତିଭାଂ ବିଦୁଃ ।"

ଏହାର ମର୍ମାର୍ଥ ବୁଝାଇବାକୁ ଯାଇ ପ୍ରଫେସର ଆର୍ତ୍ତବଲ୍ଲଭ ମହାନ୍ତି ଲେଖିଛନ୍ତି - "ଯେଉଁ ଶକ୍ତିଦ୍ୱାରା ଦର୍ଶନମାତ୍ରେ ପଦାର୍ଥ ବିଶେଷର ଜ୍ଞାନଜନ୍ମେ, ତାହା ବୁଦ୍ଧି(Intelligence), ଯେଉଁ ଶକ୍ତିଦ୍ୱାରା ପଦାର୍ଥ ବିଶେଷର ତ୍ରିକାଳଗତ ଜ୍ଞାନ ହୁଏ, ତାହା ପ୍ରଜ୍ଞା (Wisdom), କଳ୍ପନା ପ୍ରଜ୍ଞାର ଅନ୍ତର୍ଗତ। ଯେଉଁ ପ୍ରଜ୍ଞା ପଦାର୍ଥ ବିଶେଷର ପ୍ରଚ୍ଛନ୍ନ, ଅର୍ଥାତ୍ ଏଯାବତ୍ ଅଜ୍ଞାତଥିବା ବିଶେଷତ୍ୱ ବା ବିଶେଷଧର୍ମକୁ ନୂତନ ନୂତନ ଭାବେ ପ୍ରକାଶ କରେ, ତାହା ପ୍ରତିଭା ନାମରେ ଜ୍ଞାତ।"

ପ୍ରତିଭାବାନ ସାହିତ୍ୟ ସୃଷ୍ଟି କରେ। ପ୍ରତିଭାବଳରେ ଯେଉଁ ସାହିତ୍ୟ ସୃଷ୍ଟି ହୁଏ, ତାହା ଆନନ୍ଦ ଦିଏ। ରମ୍ୟବୋଧ ଓ ରସବୋଧରେ ତାହା ବିଦଗ୍ଧ ପାଠକର ହୃଦୟକୁ ଦ୍ରବୀଭୂତ କରେ। ଉପେନ୍ଦ୍ର ଉଭୟ ସହଜାତ ଓ ଉତ୍ପାଦ୍ୟା ପ୍ରତିଭା ବଳରେ ବିଶାଳ ଓ ରସାଳ କାବ୍ୟ ସଂସାର ସୃଷ୍ଟିକରି ଅପୂର୍ବ ସୃଜନଶୀଳତାର ପରିଚୟ ଦେଇଛନ୍ତି। କବି ଉପେନ୍ଦ୍ର ନିଜର ଜୀବନ ଓ ଜଗତ ସମ୍ପର୍କିତ ଅନୁଭୂତି, ଅପୂର୍ବ ଧୀଶକ୍ତି, ଦିବ୍ୟପ୍ରେରଣା, ଆଧ୍ୟାତ୍ମିକତା, ଗଭୀର ଶାସ୍ତ୍ରାନୁଶୀଳନ ଦୁର୍ଲ୍ଲଭ କବିତ୍ୱଶକ୍ତି ବଳରେ ଯେଉଁ କାଳଜୟୀ ରସବ୍ୟଞ୍ଜିତ କବିକର୍ମ ସୃଷ୍ଟି କରି ଯାଇଛନ୍ତି, ତାହାର ତୁଳନା ନାହିଁ। ଉପମା ଓ ଅଳଙ୍କାର ପ୍ରୟୋଗରେ କବି ଉପେନ୍ଦ୍ର ସମଗ୍ର ଭାରତୀୟ ସାହିତ୍ୟରେ ଅନନ୍ୟ ଓ ଅସାଧାରଣ। ଉପେନ୍ଦ୍ର ଶ୍ରେଷ୍ଠ ଆଳଙ୍କାରିକ କବି। ଅଳଙ୍କାର ଓ ଉପମା ପ୍ରୟୋଗରେ ସେ ମହାନ୍ କାଳଜୟୀ କବି କାଳିଦାସଙ୍କୁ ଅତିକ୍ରମ କରିଯାଇଛନ୍ତି। ରାଜଶେଖର କବି ମାନଙ୍କୁ ଆଠଭାଗରେ ବିଭକ୍ତ କରିଛନ୍ତି, ଯଥା ରଚନା କବି (ଯିଏ ପଦ ସଂଯୋଜନାରେ ନିପୁଣ), ଅର୍ଥ କବି (ବିଶେଷ ଅର୍ଥ ସୌନ୍ଦର୍ଯ୍ୟରେ ବିଶ୍ୱାସୀ), ଭକ୍ତ କବି (ଯାହାର ଭକ୍ତି ବିଶେଷ ଚମତ୍କାର), ମାର୍ଗ କବି (ରୀତି ପ୍ରୟୋଗରେ କୁଶଳ), ଶବ୍ଦ କବି (ଶବ୍ଦ ପ୍ରୟୋଗରେ ନିପୁଣ), ଅଳଙ୍କାର କବି (ଅଳଙ୍କାର ପ୍ରୟୋଗରେ ନିପୁଣ), ରସକବି (ରସ ପରିବେଷଣରେ ଚମତ୍କାର), ଶାସ୍ତ୍ରାର୍ଥକବି (ନିଜ କାବ୍ୟଶାସ୍ତ୍ରରେ ଅର୍ଥ ପ୍ରୟୋଗ କରିବାର ନିପୁଣ)। ଏହା ସତ୍ୟ ଯେ ଉପେନ୍ଦ୍ର ଏହି ଆଠପ୍ରକାର କବିମାନଙ୍କର ଏକ ଅପୂର୍ବ ସମନ୍ୱୟ। ବାଣୀପୁତ୍ର ଉପେନ୍ଦ୍ର ରୀତି ଚେତନାର ଶ୍ରେଷ୍ଠ ପ୍ରତିଭୂ।

କବିସମ୍ରାଟଙ୍କ ଜନ୍ମ ଓ ଜାତକ:

ଉପେନ୍ଦ୍ର ଭଞ୍ଜ କୁଳାଗଡ଼ରେ ଜନ୍ମ ଗ୍ରହଣ କରିଥିଲେ; କିନ୍ତୁ ତାଙ୍କର ଜୀବନକାଳ ଏ ପର୍ଯ୍ୟନ୍ତ ସଠିକ ଭାବରେ ନିରୂପିତ ହୋଇପାରିନାହିଁ। ସପ୍ତଦଶ ଶତାବ୍ଦୀର ଦ୍ୱିତୀୟାର୍ଦ୍ଧ ଓ ଅଷ୍ଟାଦଶ ଶତାବ୍ଦୀର ପ୍ରଥମାର୍ଦ୍ଧରେ ସେ ଆବିର୍ଭୂତ ହୋଇଥିଲେ। ଉପେନ୍ଦ୍ରଙ୍କର ଜୀବନକାଳ ନିରୂପଣ କରି ବିଦ୍ୱାନମଣ୍ଡଳୀ ନିମ୍ନମତେ ମତ ପ୍ରଦାନ କରିଛନ୍ତି।

(୧) **ଅନନ୍ତ ପଦ୍ମନାଭ ପଟ୍ଟନାୟକ** - "ଉପେନ୍ଦ୍ର ଭଞ୍ଜ ୧୬୭୦ ଖ୍ରୀଷ୍ଟାବ୍ଦରେ କୁଳାଡ଼ଗଡ଼ରେ ଜନ୍ମ ଗ୍ରହଣ କରିଥିଲେ। ସେ ୫୦ ବର୍ଷ ବୟସରେ ୧୭୨୦ ସାଲରେ ମାନବଲୀଳା ସମ୍ବରଣ କଲେ।

(୨) **ଡକ୍ଟର ଆର୍ତ୍ତବଲ୍ଲଭ ମହାନ୍ତି** - "ଉପେନ୍ଦ୍ର ସମ୍ଭବତଃ ୧୬୭୦ ଖ୍ରୀଷ୍ଟାବ୍ଦରୁ ୧୭୨୦ ପର୍ଯ୍ୟନ୍ତ ଜୀବିତ ଥିଲେ ।"

(୩) **ତାରିଣୀ ଚରଣ ରଥ** - "ସମ୍ଭବତଃ ଉପେନ୍ଦ୍ର ଭଞ୍ଜ ୧୬୮୫ ଖ୍ରୀଷ୍ଟାବ୍ଦରେ ଜନ୍ମ ଗ୍ରହଣ କରିଥିଲେ।"

(୪) **ପଣ୍ଡିତ ଶ୍ରୀଧର ଶତପଥୀ** - "ରତ୍ନାବତୀଙ୍କ ଗର୍ଭରୁ ପ୍ରଥମ ପୁତ୍ର ରୂପେ ୧୫୯୮ ଶକାବ୍ଦ, ଅର୍ଥାତ୍ ୧୬୭୪ ଖ୍ରୀଷ୍ଟାବ୍ଦ ମାଘ ଶୁକ୍ଳପଞ୍ଚମୀ ତିଥିରେ ଉପେନ୍ଦ୍ର ଜନ୍ମଗ୍ରହଣ କରିଥିଲେ।"

(୫) **ଦାମୋଦର ଦାସ କହନ୍ତି** - "ଜନ୍ମକାଳ ୧୬୭୦ ସାଲ ଧରାଗଲେ ଅଷ୍ଟବିଂଶ ବୟସ ସମୟରେ ବୈଦେହୀଶ ବିଳାସ ପରି ମହାକାବ୍ୟ ରଚନା ହୋଇଥିବା ତାତ୍ପର୍ଯ୍ୟପୂର୍ଣ୍ଣ।"

(୬) **କେଦାରନାଥ ମହାପାତ୍ର** - "ଉପେନ୍ଦ୍ର ପ୍ରାୟ ୧୬୭୧ ଖ୍ରୀଷ୍ଟାବ୍ଦରେ ଜନ୍ମ ଗ୍ରହଣ କରିଥିବେ।"

(୭) **ଡକ୍ଟର ହରେକୃଷ୍ଣ ମହତାବ** - "ଉପେନ୍ଦ୍ରଙ୍କ ଆନୁମାନିକ ସମୟ ୧୬୮୫ - ୧୭୨୦ ଖ୍ରୀଷ୍ଟାବ୍ଦ।"

(୮) **ଗୌରୀ କୁମାର ବ୍ରହ୍ମା** - "ବିଭିନ୍ନ ଯୁକ୍ତିର ବହୁ ଆଲୋଚନା କରି ମୁଁ ଉପଲବ୍ଧି କରିଛି ଯେ ୧୬୭୫ / ୭୬ ପାଖାପାଖି ଭଞ୍ଜେ ଜନ୍ମ ଗ୍ରହଣ କରିଥିଲେ।

ମୋର ବିଶ୍ୱାସ, ଏହି ଅବ୍ଦ ଅତିବେଶି ହେଲେ ଦୁଇବର୍ଷ ଆଗକୁ କିମ୍ବା ଦୁଇ ବର୍ଷ ପଛକୁ ନିଆଯାଇପାରେ।"

(୯) **ଦୁଃଖୀଶ୍ୟାମ ପଟ୍ଟନାୟକ** – "ମହାକବି ଉପେନ୍ଦ୍ର ଭଞ୍ଜ ଜନ୍ମ ଗ୍ରହଣ କରିଥିଲେ ଖ୍ରୀ. ୧୬୭୭ରେ xxx ଏବଂ ପରଲୋକ ହୋଇଥିଲେ ଖ୍ରୀ. ୧୭୫୦ରେ।

(୧୦) **ଡକ୍ଟର ବିଚିତ୍ରାନନ୍ଦ ମହାନ୍ତିଙ୍କ ମତରେ** – "ତାଙ୍କର ଜୀବନକାଳ ଖ୍ରୀ. ୧୬୮୫ – ୧୭୫୦ ମଧ୍ୟରେ ବୋଲି ଧରାଯାଇପାରେ।"

(୧୧) **ପ୍ରଫେସର ଡକ୍ଟର କୃଷ୍ଣଚରଣ ସାହୁଙ୍କ ମତରେ** – "ଉପେନ୍ଦ୍ରଙ୍କ ଆନୁମାନିକ ସମୟ ୧୬୭୦-୧୭୪୦ ଖ୍ରୀଷ୍ଟାବ୍ଦ।"

(୧୨) **ଡକ୍ଟର ଦଣ୍ଡପାଣି ବେହେରା** – "ଉପେନ୍ଦ୍ର ଭଞ୍ଜ ୧୭୦୩ରେ ଧରାକୋଟଠାରେ ଜନ୍ମଲାଭ କରିଥିଲେ। ପଚାଶ ବର୍ଷ ବଞ୍ଚିବା ପରେ ୧୭୫୩ ସାଲରେ ଇହଧାମ ତ୍ୟାଗ କରିଥିଲେ।"

(୧୩) **ଜ୍ୟୋତିର୍ବିଦ୍ୟାବାଚସ୍ପତି ଶ୍ରୀ ଦଣ୍ଡପାଣି ପଣ୍ଡା** – ଉପେନ୍ଦ୍ର ଭଞ୍ଜଙ୍କ ଜାତକ ଓ ଜୀବନକାଳ ପ୍ରସ୍ତୁତ କରି ନିମ୍ନ ଭାବରେ ଉପସ୍ଥାପିତ କରିଛନ୍ତି –

ଆବିର୍ଭାବ –ଖ୍ରୀଷ୍ଟାବ୍ଦ ୧୬୭୭, ଶକାବ୍ଦ ୧୫୧୮, ମାଘ ଶୁକ୍ଳ
  ପଞ୍ଚମୀ ରାତ୍ରି ଦୁଇ ଦଣ୍ଡ

ତିରୋଭାବ –   ୧୭୨୫ ଖ୍ରୀଷ୍ଟାବ୍ଦ

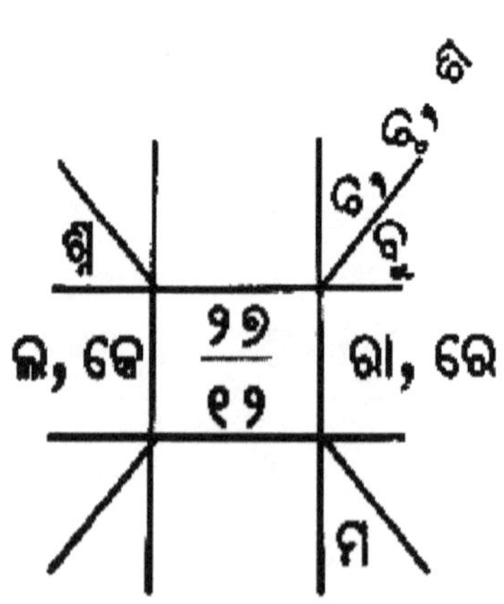

ଦଣ୍ଡପାଣି ପଣ୍ଡା ପୁନଶ୍ଚ ଲେଖିଛନ୍ତି – "ଉପେନ୍ଦ୍ର ଭଞ୍ଜଙ୍କର କର୍କଟ ଲଗ୍ନ ଓ ମୀନ ରାଶି। କର୍କଟ ଲଗ୍ନ ବ୍ୟକ୍ତିଙ୍କ ଶରୀର ସୁନ୍ଦର ଓ ଆକର୍ଷଣୀୟ। ଏମାନେ ସମ୍ମାନ ଓ ପ୍ରତିଷ୍ଠା ଲାଭ କରନ୍ତି। ନିଜର ଜନ୍ମଭୂମି ଛାଡ଼ି ଅନ୍ୟତ୍ର ବାସ କରନ୍ତି। ଏମାନଙ୍କର ପାରିବାରିକ ଜୀବନ ଦୁଃଖପୂର୍ଣ୍ଣ ହୁଏ। ମୀନ ରାଶି ବ୍ୟକ୍ତି ବିଦ୍ୱାନ, ପଣ୍ଡିତ, ଶାସ୍ତ୍ରଜ୍ଞ, ଧାର୍ମିକ, ପରୋପକାରୀ ହୁଅନ୍ତି। ଭଞ୍ଜଙ୍କର ଏହି ସବୁ ଗୁଣ ଥିଲା।"

(୧୪) **ବିଚ୍ଛନ୍ଦଚରଣ ପଟ୍ଟନାୟକ** – "ଆଜକୁ ୨୬୮ ବର୍ଷ ତଳେ ଅର୍ଥାତ୍ ୧୬୮୫ ଖ୍ରୀଷ୍ଟାବ୍ଦରେ ଗଞ୍ଜାମ ଜିଲ୍ଲାର ନିଖିଳ – ନିସର୍ଗ – ଲାବଣ୍ୟ – ମଣ୍ଡିତ ଘୁମୁସର ରାଜ୍ୟର କୁଲାଡ ଦୁର୍ଗରେ କଳିଙ୍ଗ – ମଉଡ଼ମଣି କବିସାର୍ବଭୌମ କବିସମ୍ରାଟ ଉପେନ୍ଦ୍ର ଭଞ୍ଜଙ୍କ ଆବିର୍ଭାବ ହୋଇଥିଲା।"

(୧୫) **ଡଃ ଆର୍ତ୍ତବଲ୍ଲଭ ମହାନ୍ତି** – "ଉପେନ୍ଦ୍ର ସ୍ୱକୃତ ରସଲେଖା କାବ୍ୟର ଉପସଂହାରରେ ଲେଖିଅଛନ୍ତି "ଦିବ୍ୟସିଂହ ଗଜପତି ଅଙ୍କ ସପତ ବିଂଶତି ଶେଷଦିନେ ଶେଷ ଏହୁ ଗୀତ'। ଦିବ୍ୟସିଂହ ଦେବ ପ୍ରାୟ ୧୬୯୨–୧୭୧୮ ଖ୍ରୀଷ୍ଟାବ୍ଦ ପର୍ଯ୍ୟନ୍ତ ଉତ୍କଳ ଧରାମଣ୍ଡଳର ଅଧୀଶ୍ୱର ଥିଲେ। ୧୭୧୪ ଖ୍ରୀଷ୍ଟାବ୍ଦରେ ରସଲେଖା ଗ୍ରନ୍ଥର ରଚନା ଶେଷ ହୋଇଥିବା ହେତୁ ଉପେନ୍ଦ୍ର ସମ୍ଭବତଃ ୧୬୭୦ ଖ୍ରୀଷ୍ଟାବ୍ଦରୁ ୧୭୨୦ ଖ୍ରୀଷ୍ଟାବ୍ଦ ପର୍ଯ୍ୟନ୍ତ ଜୀବିତ ଥିଲେ।"

ଉପଯୁକ୍ତ ମତାମତରୁ ଜଣାଯାଏ ଯେ ଉପେନ୍ଦ୍ର ଭଞ୍ଜ ସପ୍ତଦଶଶତାବ୍ଦୀର ଅଷ୍ଟମ ଦଶନ୍ଧିରେ ଜନ୍ମ ଗ୍ରହଣ କରିଥିଲେ। ଉପେନ୍ଦ୍ର ପୁରୀ ଗଜପତି ଦିବ୍ୟସିଂହ ଦେବଙ୍କ ସମସାମୟିକ ଥିଲେ। 'ରସଲେଖା' କାବ୍ୟରେ କବି ଲେଖିଛନ୍ତି –

"ଦିବ୍ୟସିଂହ ଗଜପତି ଅଙ୍କ ସପତବିଂଶତି
ଶେଷ ଦିନେ ଶେଷ ଏହୁ ଗୀତ,
ଦେଶେ ଦେଶେ ହେଉ ଖ୍ୟାତ ମୋହୁ ଏ ରସିକ ଚିତ୍ତ
ହରିହର କରନ୍ତୁ ଏମନ୍ତ ହେ।"

ଗଜପତି ଦିବ୍ୟସିଂହ ଦେବଙ୍କ ସପ୍ତବିଂଶତି ଅଙ୍କ ତା ୨୩/୦୮/୧୭୧୦ରେ ଶେଷ ହୋଇଛି। ସୁତରାଂ 'ରସଲେଖା' କାବ୍ୟଟି ୧୭୧୦ ଖ୍ରୀଷ୍ଟାବ୍ଦରେ ସମାପ୍ତ ହୋଇଥିଲା ।

ଉପେନ୍ଦ୍ରଙ୍କ ବାଲ୍ୟକାଳ ଓ ଶିକ୍ଷା :

ଉପେନ୍ଦ୍ରଙ୍କ ବାଲ୍ୟକାଳ ରାଜକୀୟ ବିଳାସର ସମସ୍ତ ଆଡମ୍ବର ଭିତରେ ଅତିବାହିତ ହୋଇଥିଲା। ରାଜା ଧନଞ୍ଜୟ ଭଞ୍ଜଙ୍କର ପ୍ରିୟତମା ପତ୍ନୀ ମଣ୍ଡାଦେବୀଙ୍କ ପୁତ୍ର ନୀଳକଣ୍ଠଙ୍କ ସନ୍ତାନ ହୋଇଥିବାରୁ ଉପେନ୍ଦ୍ର ପିତାମହ ଧନଞ୍ଜୟ ଭଞ୍ଜଙ୍କ ପ୍ରିୟଭାଜନ ହୋଇଥିଲେ। ତେଣୁ ଉପେନ୍ଦ୍ରଙ୍କ ବାଲ୍ୟଜୀବନ ସୁଖମୟ ଥିଲା। ଉପେନ୍ଦ୍ର ଉପଯୁକ୍ତ ବୟସରେ ବିଦ୍ୟାରମ୍ଭ କରିଥିଲେ। ରାମଚନ୍ଦ୍ର ରାଜଗୁରୁ ତାଙ୍କର ଶିକ୍ଷାଗୁରୁ ଥିଲେ। ଏହାବ୍ୟତୀତ ଘୁମୁସର ରାଜଦରବାରରେ କେତେଜଣ ପଣ୍ଡିତଙ୍କ ଉପରେ ଉପେନ୍ଦ୍ରଙ୍କ ଶିକ୍ଷାଭାର ନ୍ୟସ୍ତ ଥିଲା। ବୟସର ଅଭିବୃଦ୍ଧି ସଙ୍ଗେ ସଙ୍ଗେ ଉପେନ୍ଦ୍ର ସକଳଶାସ୍ତ୍ରରେ ପାଣ୍ଡିତ୍ୟ ଅର୍ଜନ କରିଥିଲେ। ସେ ସଂସ୍କୃତ କାବ୍ୟ, ପୁରାଣ, ନାଟକ, ଇତିହାସ, ଜ୍ୟୋତିଷ, ଆୟୁର୍ବେଦ, ଧନୁର୍ବେଦ, ତନ୍ତ୍ର, ଅଭିଧାନ, ଛାନ୍ଦ, ଅଳଙ୍କାର, ବ୍ୟାକରଣ, କାମସୂତ୍ର, କଳାବିଦ୍ୟା, ଦଣ୍ଡନୀତି, ରାଜନୀତି, ସ୍ମୃତି, ଦର୍ଶନ, ଭୂଗୋଳ, ସାହିତ୍ୟଦର୍ପଣ, ଷଟ୍‌କୋଷ, ଷଟ୍‌କାବ୍ୟ, ଷଟ୍‌ଦର୍ଶନ, ଓଡ଼ିଆକାବ୍ୟ, ପୁରାଣ ଇତ୍ୟାଦି ଅଧ୍ୟୟନ କରି ପାଣ୍ଡିତ୍ୟ ଲାଭ କରିଥିଲେ। ଉଭୟ ଓଡ଼ିଆ ଓ ସଂସ୍କୃତ ସାହିତ୍ୟରେ ଉପେନ୍ଦ୍ର ଅଗାଧ ପାଣ୍ଡିତ୍ୟ ଅର୍ଜନ କରିଥିଲେ।

ସେହି ସମୟରେ ଘୁମୁସର ରାଜଦରବାର ସାହିତ୍ୟ ଓ ସଙ୍ଗୀତ ଚର୍ଚ୍ଚାର ଏକ ପ୍ରଧାନ ପୀଠଭାବରେ ଖ୍ୟାତି ଲାଭ କରିଥିଲା। ଓଡ଼ିଶାର ବିଭିନ୍ନ ଗଡଜାତରୁ କବି, ପଣ୍ଡିତ, ଜ୍ୟୋତିଷ ଏବଂ ସଙ୍ଗୀତଜ୍ଞମାନେ ଘୁମୁସର ରାଜଦରବାରକୁ ଆଗମନ କରୁଥିଲେ। ସେମାନଙ୍କର କାବ୍ୟଚର୍ଚ୍ଚା, କବିତ୍ୱ ଓ ପାଣ୍ଡିତ୍ୟର ପରଖ ତଥା ସାଧନାର ପରିଚୟ ଉପେନ୍ଦ୍ରଙ୍କୁ ଅନେକ ପରିମାଣରେ ପ୍ରଭାବିତ କରିଥିଲା। ଉପେନ୍ଦ୍ରଙ୍କର ପିତା, ପିତାମହ ପ୍ରଭୃତି କବିପଣରେ ସୁନାମ ଅର୍ଜନ କରିଥିଲେ। ତେଣୁ ଜୀବନର ପୁରୋଭାଗରେ ଉପେନ୍ଦ୍ର ଜଣେ ଉଚ୍ଚକୋଟୀର କବି ହେବା ପାଇଁ ଆଶା ପୋଷଣ କରିଥିଲେ। ଉପେନ୍ଦ୍ର ଗଭୀର ଅଧ୍ୟବସାୟ ବଳରେ ଅସାଧାରଣ ପାଣ୍ଡିତ୍ୟର ଅଧିକାରୀ ହୋଇଥିଲେ। ଅନନ୍ତପଦ୍ମନାଭ ପଟ୍ଟନାୟକ ଏହି ପ୍ରସଙ୍ଗରେ ଲେଖିଛନ୍ତି - "କବିତା ସାମ୍ରାଜ୍ୟରେ ପାରଦର୍ଶିତା ଲାଭ ପାଇଁ ପ୍ରଧାନତଃ ଲୋଡା ନାନାବିଧ ଶାସ୍ତ୍ରଜ୍ଞାନ, ଅଳଙ୍କାରଶାସ୍ତ୍ର ଦର୍ଶିତା ଏବଂ ଅସାଧାରଣ ପାଣ୍ଡିତ୍ୟ। ତାହା ତାଙ୍କର ଥିଲା।" ଉପେନ୍ଦ୍ର ତାଙ୍କର ପିତାମହ ଧନଞ୍ଜୟ ଭଞ୍ଜଙ୍କ ରାଜତ୍ୱକାଳରେ 'ପାଟକୁମାର' ନାମରେ ପରିଚିତ

ଥିଲେ। ଧନଞ୍ଜୟ ଭଞ୍ଜଙ୍କ ପରେ ନୀଳକଣ୍ଠ ଭଞ୍ଜ ଘୁମୁସରର ରାଜା ହୋଇଥିଲେ। ପିତା ନୀଳକଣ୍ଠ ଭଞ୍ଜଙ୍କ ରାଜତ୍ୱ ସମୟରେ ଉପେନ୍ଦ୍ର ଭଞ୍ଜ ଯୁବରାଜ ପଦରେ ଅଧିଷ୍ଠିତ ହୋଇଥିଲେ।

ରାଜକବି ଧନଞ୍ଜୟ ଭଞ୍ଜଙ୍କର ପ୍ରଭାବ ଉପେନ୍ଦ୍ରଙ୍କ ଉପରେ ଗଭୀର ଭାବରେ ପଡ଼ିଥିଲା। ଉପେନ୍ଦ୍ରଙ୍କ ବାଲ୍ୟଜୀବନ ଘୁମୁସର ସାହିତ୍ୟିକ ପରିବେଶରେ ଅତିବାହିତ ହୋଇଥିଲା। ଉପେନ୍ଦ୍ର ବାଲ୍ୟକାଳରୁ ଧର୍ମାନୁରାଗୀ ଥିଲେ। ଘୁମୁସର ରାଜପରିବାରର ଘନଘଟା ତାଙ୍କୁ ବିଚଳିତ କରିପାରି ନ ଥିଲା। ଚିନ୍ତାଶୀଳ ଉପେନ୍ଦ୍ର ଆଧାତ୍ମିକ ଚିନ୍ତନରେ ନିରନ୍ତର ବ୍ୟାପୃତ ରହୁଥିଲେ। ଉପେନ୍ଦ୍ର ମଧ୍ୟ ପ୍ରକୃତିର ଉପାସକ ଥିଲେ। ମୁନିଜନବାଞ୍ଛିତ ଶ୍ୟାମ ପ୍ରକୃତିର ନିର୍ଜନକୋଳ ଉପେନ୍ଦ୍ରଙ୍କର ଅତୀବ ପ୍ରିୟ ଥିଲା। ତେଣୁ ଉପେନ୍ଦ୍ର ଅଶ୍ୱପୃଷ୍ଠ ଆରୋହଣ କରି କୁଲାଡ଼ଗଡ଼ ନିକଟବର୍ତ୍ତୀ 'ଡାମଣଝୋଲି' ବା 'ବାଘଦଳି' ସ୍ଥଳୀକୁ ବିଜେ କରୁଥିଲେ। ଡାମଣଝୋଲିର ପ୍ରାକୃତିକ ଦୃଶ୍ୟ ଅତ୍ୟନ୍ତ ରମଣୀୟ। କୁଲାଡ଼ଗଡ଼ଠାରୁ ଏକମାଇଲ ଦୂରରେ ଅବସ୍ଥିତ ଏହି ସ୍ଥଳୀର ଚତୁର୍ଦ୍ଦିଗରେ ଅନୁଚ୍ଚ ଡିମିରା ପାହାଡ଼ ଭଙ୍ଗିଳ ରୀତିରେ ଚକ୍ରାକାରରେ ଘେରି ରହି ଅପୂର୍ବ ପ୍ରାକୃତିକ ଦୃଶ୍ୟବିଭବ ସୃଷ୍ଟି କରିଛି। ସେହିପରି କଳିଙ୍ଗା ପର୍ବତ ଶ୍ରେଣୀର ପାଦଦେଶରେ ଅବସ୍ଥିତ ପ୍ରକୃତିର ନିତ୍ୟସ୍ଥଳୀ ଅନ୍ଧାରକୋଟ ଯୁବରାଜ ଉପେନ୍ଦ୍ରଙ୍କର ଅନ୍ୟତମ ବିହାର ସ୍ଥଳୀ ଥିଲା। ଅନ୍ଧାରକୋଟର ବର୍ଣ୍ଣନା କରିବାକୁ ଯାଇ ଲେଖକ ଲେଖିଛନ୍ତି - "କଳିଙ୍ଗା ପାଦଦେଶରେ ଶୋଭିତ ଅନ୍ଧାରକୋଟ ପ୍ରକୃତିଦେବୀଙ୍କ ଲୀଳାସ୍ଥଳୀ ଥିଲା। ଏକ ଦିଗରେ ଶ୍ୟାମାୟମାନ ଅନନ୍ତ କାନନଶ୍ରେଣୀ, ଅନ୍ୟଦିଗରେ ବିଭିନ୍ନ ବିହଙ୍ଗମକୁଳର ମଧୁର ରୁତ - ସଙ୍ଗୀତ - ସୁଧାସ୍ୟନ୍ଦୀ ନିର୍ଝରିଣୀ, ଝଙ୍କାର ମିଶି କବିପ୍ରାଣକୁ ଅହରହ ସ୍ୱାଗତ କରିବା ସ୍ୱାଭାବିକ।" ଏହିପରି ଭାବରେ ଘୁମୁସର ଶ୍ୟାମପ୍ରକୃତି ଉପେନ୍ଦ୍ରଙ୍କର ମନୋରାଜ୍ୟରେ ଦେଇଛି ଭାବ ଓ ମୁଖରେ ଦେଇଛି କବିତାର ଭାଷା।

ବିବାହ ଓ ଦାମ୍ପତ୍ୟ ଜୀବନ:

ଉପେନ୍ଦ୍ର ଭଞ୍ଜ ବାଣପୁରର ରାଜା ଅଚ୍ୟୁତ ହରିଚନ୍ଦନ ରାୟଙ୍କର କନ୍ୟାଙ୍କୁ ପ୍ରଥମେ ବିବାହ କରିଥିଲେ। ଏହାଙ୍କର ନାମ 'ଲାବଣ୍ୟନିଧି' ଥିଲା ବୋଲି ଅଧ୍ୟାପକ ଆର୍ତ୍ତବଲ୍ଲଭ ମହାନ୍ତି ଉଲ୍ଲେଖ କରିଛନ୍ତି। ବାଣପୁରର ଏହି ରାଜଜେମାଙ୍କର ନାମ

କସ୍ତୁରୀକା ଥିଲା ବୋଲି ନାଟ୍ୟକାର ଦେବେନ୍ଦ୍ର ସିଂହ ଉଲ୍ଲେଖ କରିଛନ୍ତି। ଉପେନ୍ଦ୍ରଙ୍କର ଦାମ୍ପତ୍ୟଜୀବନ ଅତ୍ୟନ୍ତ ସୁଖମୟ ଥିଲା; କିନ୍ତୁ ବିଧିର ବିଧାନ ବିଚିତ୍ର। ତାଙ୍କର ପତ୍ନୀ ବାଣପୁର ରାଜନନ୍ଦିନୀଙ୍କର ଅକାଳ ବିୟୋଗ ଘଟିଲା। ବାଣପୁର ରାଜଜେମାଙ୍କର ଅକାଳ ମୃତ୍ୟୁ ଘଟଣାମୂଳରେ କିମ୍ବଦନ୍ତୀ ରହିଛି ଯେ ଦାମ୍ପତ୍ୟପ୍ରେମର ଗଭୀରତା ପରଖିବା ପାଇଁ ଉପେନ୍ଦ୍ର ମୃଗୟା ଛଳରେ ଯାଇଥିଲେ ଏବଂ ପରିକର ହସ୍ତରେ ସମ୍ବାଦ ଦେଇଥିଲେ ଯେ ତାଙ୍କୁ ବଣରେ ବ୍ୟାଘ୍ର ଆକ୍ରମଣ କରିଛି। ଏ ଦୁଃସମ୍ବାଦ ଶୁଣି ତାଙ୍କ ପତ୍ନୀଙ୍କର ମୃତ୍ୟୁ ଘଟିଲା। ରାଜକୀୟ ବୈଭବ ଭିତରେ ଥାଇ ମଧ୍ୟ ପ୍ରିୟା ବିନା ଉପେନ୍ଦ୍ରଙ୍କ ଜୀବନ ଶୂନ୍ୟପ୍ରାୟ ଓ ଯନ୍ତ୍ରଣା ଜର୍ଜରିତ ହୋଇପଡ଼ିଥିଲା। ତେଣୁ ତାଙ୍କର ଏହି ଦୁଃଖଦ ଅନୁଭୂତି ଓ ବିରହ ଯନ୍ତ୍ରଣା ନିମ୍ନ ପଂକ୍ତିମାନଙ୍କରେ ପ୍ରତିଫଳିତ।

(କ) "ସୁଖୀ ହୋଇଥିବେ ନୃପ ଉପଜୀବୀ ନୋହି
ବିଦ୍ୟାଥିବ ଦିବ୍ୟସ୍ତିରୀ ମିଳିଥିବ ତହିଁ ଯେ।
କି ହେବ ଇନ୍ଦ୍ର ହୋଇଲେ ସର୍ବ ସମ୍ପଦେ ସେ
ସ୍ତିରୀ ହୀନଠାରୁ ପାପୀ ନାହିଁ ମହୀ ଦେଶେ ଯେ।"

(ଲାବଣ୍ୟବତୀ - ୨୮ଶ ଛାନ୍ଦ)

(ଖ) "ବନଜାକ୍ଷୀ ମୋ ଜୀବ ଜୀବନ
ବନ ପ୍ରାୟେ ତା ବିନା ଭବନ
ବନ ନ ରହଇ ଦଣ୍ଡେ
ନୟନରୁ କରି କରି ତା ଭାବ ଭାବନା।"

(ପ୍ରେମସୁଧାନିଧି - ୧୧ଶ ଛାନ୍ଦ)

(ଗ) "ତୁମୋ ପ୍ରତିଚକ୍ଷୁ ଯେଣୁ ହୋଇଛୁ ଅନ୍ତର
ଦିଶୁନାହିଁ କିଛି କାହିଁ ଆନ ପ୍ରତିକାର
ନୂଆ ଅନ୍ଧ ପ୍ରାୟ ହୋଇ
ଅନୁକ୍ଷଣେ ଆକୁଳ ବଢୁଛି ପ୍ରାଣସହି।"(ପ୍ରେମସୁଧାନିଧି - ୧୪୩ଶ ଛାନ୍ଦ)

ପୁନଶ୍ଚ ଉପେନ୍ଦ୍ର ଦ୍ୱିତୀୟା ପତ୍ନୀରୂପେ ନବଦୁର୍ଗ ରାଜଜେମାଙ୍କୁ ଲାଭ କରିଥିଲେ। ତାଙ୍କର ନାମ 'ମାଳବିକା' ବୋଲି ଅଧ୍ୟାପକ ଆର୍ତ୍ତବଲ୍ଲଭ ମହାନ୍ତି ଉଲ୍ଲେଖ କରିଛନ୍ତି।

ନାଟ୍ୟକାର ଦେବେନ୍ଦ୍ର ସିଂହ ମଧ୍ୟ ତାଙ୍କର ନାମ 'ମାଳବିକା' ଥିଲା ବୋଲି ଉଲ୍ଲେଖ କରିଛନ୍ତି। ଯୁବକ ଉପେନ୍ଦ୍ରଙ୍କର ତପ୍ତ ବିକଳ ପ୍ରାଣକୁ ନବଦୁର୍ଗ ରାଜନନ୍ଦିନୀ ଶୀତଳତା ପ୍ରଦାନ କରିଥିଲେ; କିନ୍ତୁ ସେ ମଧ୍ୟ ଅକାଳରେ ମୃତ୍ୟୁବରଣ କରିଥିଲେ। ସ୍ୱଳ୍ପକାଳ ପାଇଁ ହେଲେ ମଧ୍ୟ ଉପେନ୍ଦ୍ରଙ୍କ ଜୀବନ ଦାମ୍ପତ୍ୟ ସୁଖରେ ପୂରି ଉଠିଥିଲା; କିନ୍ତୁ ଏହି ମର୍ମନ୍ତୁଦ ଘଟଣା ଉପେନ୍ଦ୍ରଙ୍କୁ ଘୋର ବ୍ୟଥା ଓ କଷ୍ଟ ଦେଇଥିଲା; ମାତ୍ର ଉପେନ୍ଦ୍ର ଥିଲେ ଧୈର୍ଯ୍ୟଶୀଳ ଓ ସ୍ଥିତପ୍ରଜ୍ଞ। ଏହି ଦୁଇଗୋଟି ଅକାଳ ଚଡ଼କକୁ ସେ ସହ୍ୟ କରିଗଲେ ସିନା; କିନ୍ତୁ ତାଙ୍କ ପ୍ରାଣପକ୍ଷୀ କୁରର ପକ୍ଷୀ ପରି ବିଳାପ କରିବାକୁ ଲାଗିଲା। ଏହି ଦୁଃଖାନୁଭୂତି ନିମ୍ନ ପଂକ୍ତିରେ ଅଙ୍କିତ -

"ରାଜାକୁ ହେବାର ରାଜ୍ୟ ଭ୍ରଷ୍ଟ, ଯୁବାକୁ ହେବାର ପତ୍ନୀ କଷ୍ଟ
କହେ ଉପଇନ୍ଦ୍ର ଭଞ୍ଜ ବୀରବର ଏଥୁ ବଳି ନାହିଁ ଆନ କଷ୍ଟ।"

(ର.ହା.-୮ମ ଛାନ୍ଦ)

ଏହିପରି ଉପେନ୍ଦ୍ର ଦାମ୍ପତ୍ୟ ସୁଖରୁ ବଞ୍ଚିତ ହୋଇ ଗଭୀର ମର୍ମବେଦନା ଅନୁଭବ କରିଛନ୍ତି। ପରବର୍ତ୍ତୀକାଳରେ ଏହି ବିରହଜନିତ ମର୍ମବେଦନା ଉପେନ୍ଦ୍ର ସାହିତ୍ୟକୁ ଜୀବନ୍ତ ଓ ହୃଦ୍ୟ କରିପାରିଛି।

ଉପେନ୍ଦ୍ର ଦାମ୍ପତ୍ୟ ଜୀବନର ଜୟଗାନ କରିଛନ୍ତି। ଜୀବନରେ ଦାମ୍ପତ୍ୟ ସୁଖର ଶ୍ରେଷ୍ଠତା ପ୍ରତିପାଦନ କରିଛନ୍ତି। ମଧୁର ଦାମ୍ପତ୍ୟଜୀବନ ନିକଟରେ ସମସ୍ତ ଐଶ୍ୱର୍ଯ୍ୟ ତୁଚ୍ଛ। ତେଣୁ ଅନୁଭବୀ ଉପେନ୍ଦ୍ର ବରୁଣ ଓ ଇନ୍ଦ୍ର ସମ୍ପତ୍ତିଠାରୁ ଦାମ୍ପତ୍ୟ ସୁଖକୁ ଶ୍ରେୟ ବିବେଚନା କରିଛନ୍ତି।

(କ) "ମହାସୁଖ ନାହିଁ ଦମ୍ପତିରୁ, କି କାର୍ଯ୍ୟ କୁବେର ସମ୍ପତ୍ତିରୁ
ଜୀବନ ଯିବାର ବଡ଼ ତ ନୁହଁଇ ଯୁବକ ଯୁବତୀ ବିଚ୍ଛେଦରୁ
ପରମ ପଦାର୍ଥ ପୀରତିରୁ, ବଡ଼ ହୋଇ ସୁଖ ସୁରତିରୁ
ନାହିଁ ନ ଥିବ ନୋହିବ ସର୍ବମତେ ତହିଁକୁ ପ୍ରତିକାରଣ ଭୀରୁ।" (ର.ହା)

(ଖ) "କି ବଡ଼ ହେବା ନୃପତି କି ବଡ଼ ଇନ୍ଦ୍ର ସମ୍ପତ୍ତି
ସବୁ ସୁଖ ଉତପତି ସ୍ଥାନ ଦମ୍ପତି।"

(ପ୍ରେ.ସୁ. - ୭ମ ଛାନ୍ଦ)

(ଗ) "ପରମ ଦ୍ରବ୍ୟ ପୀରତି ପରମ ସୁଖ ସୁରତି
ରତିରୁ ଜାତ ପୀରତି, ପ୍ରୀତିରୁ ରତି
ରାମାରୁ ରମ୍ୟ ମୂରତି ନାହିଁ ଏ ତାର କୀରତି
ଏହୁ ତିନିହେଁ ହରନ୍ତି ଚିତ୍ତ ଧୃରତି ॥"

(ପ୍ରେ.ସୁ. - ୭ମ ଛାନ୍ଦ)

ବିଜୟ ଚନ୍ଦ୍ର ମୁଜମଦାର, ବିଶ୍ୱନାଥ କର ଓ ମନମୋହନ ଚକ୍ରବର୍ତ୍ତୀ ପ୍ରମୁଖ ଉପେନ୍ଦ୍ରଙ୍କୁ ସ୍ତୈଣ ଓ ଅହଙ୍କାରୀ କବି ରୂପେ ଚିତ୍ରଣ କରିଛନ୍ତି; କିନ୍ତୁ ଏକଥା ପ୍ରତିପାଦିତ ଯେ ଉପେନ୍ଦ୍ର ସଂଯମୀ, ଉଦାର, ତ୍ୟାଗୀ ଓ ସାଧକ ପୁରୁଷ ଥିଲେ। ଦୁଇଥର ସ୍ତ୍ରୀ ବିୟୋଗ ଘଟିଥିଲେ ମଧ୍ୟ ସେ ବିଧିବଦ୍ଧ ନୈତିକ ଜୀବନ ଅତିବାହିତ କରୁଥିଲେ। ତେଣୁ ଉପେନ୍ଦ୍ର ଲେଖିଛନ୍ତି -

"ପରଦ୍ରବ୍ୟ ପରସ୍ତିରୀ ହରଣକୁ
ଲେଖୁଁ ଶୁଭ କରି ତହୁଁ ମରଣକୁ।" (ଲାବଣ୍ୟବତୀ -୭ମ ଛାନ୍ଦ)

ସୁତରାଂ ଉପେନ୍ଦ୍ର ଭଞ୍ଜ ଥିଲେ ଜଣେ ଚରିତ୍ରବାନ ମହାପୁରୁଷ।

ଉପେନ୍ଦ୍ର ଭଞ୍ଜ ଓ ମାଳିସାହି:

ଉପେନ୍ଦ୍ର ଭଞ୍ଜଙ୍କର ମାଳିସାହି ଆଗମନ ଏକ ଜଣାଶୁଣା ବିଷୟ। ମାଳିସାହି ଗ୍ରାମର ଶ୍ରୀଗତୀଶ୍ୱର ମହାଦେବଙ୍କର ପଶ୍ଚିମ ଦିଗରେ ଅବସ୍ଥିତ ଥିବା ଖମାରକୋଠିରେ ଉପେନ୍ଦ୍ର ଭଞ୍ଜ ଅବସ୍ଥାନ କରୁଥିଲେ। ଏହି ଖମାରକୋଠିରେ ବ୍ରହ୍ମଚାରିଣୀଙ୍କ ଆଶ୍ରମ ଥିଲା। ଏହି ବ୍ରହ୍ମଚାରିଣୀ ହେଉଛନ୍ତି ନବଦୁର୍ଗ ରାଜକନ୍ୟା ଏବଂ ସେ ବୌଦ୍ଧ ରାଜ୍ୟର କୌଣସି ରାଜପୁତ୍ରଙ୍କୁ ବାଲ୍ୟ ବିବାହ କରିଥିଲେ। ସ୍ୱାମୀଙ୍କର ଅକାଳମୃତ୍ୟୁ ହେଲା। ତେଣୁ ଏହି ରାଜକୁମାରୀ ବ୍ରହ୍ମଚାରିଣୀ ବ୍ରତ ଅବଲମ୍ବନ କରି ମାଳିସାହିଠାରେ ଅବସ୍ଥାନ କରୁଥିଲେ। ମାଳିସାହି ଗ୍ରାମ ହେଉଛି ଉପେନ୍ଦ୍ରଙ୍କର ସାଧନାର କ୍ଷେତ୍ର। ଏଠାରେ ଉପେନ୍ଦ୍ର ଦିବ୍ୟଜୀବନ ଅତିବାହିତ କରି ସାଧନା ମାର୍ଗରେ ରହି ଅପୂର୍ବ କାବ୍ୟାନନ୍ଦ ଭିତରେ ନିଜକୁ ହଜାଇ ଦେଇଥିଲେ। ତେଣୁ ମାଳିସାହି ଗ୍ରାମକୁ 'ଭଞ୍ଜଗ୍ରାମ' ବା ଭଞ୍ଜ ପୀଠ ମାଳିସାହି ବୋଲି କୁହାଯାଏ।

ମାଳିସାହି ଗ୍ରାମର ପରିଚୟ ଦେବାକୁ ଯାଇ ପଣ୍ଡିତ ଦାମୋଦର ଦାସ ଲେଖିଛନ୍ତି- "ସ୍ୱନାମଧନ୍ୟା ମାଳିସାହି ସୁନ୍ଦରୀର ପରିଚୟ ବିବୃତ୍ତି ଦିଆଯାଉଛି। ନୂଆଗଡ଼ ରାଜଧାନୀର ଉତ୍ତର - ପଶ୍ଚିମ କୋଣରେ ବାଘମାରୀ ଓ ଡାହୁକା ତଟିନୀ ତଟରେ ଗ୍ରାମଟି ଅବସ୍ଥିତ। ନୂଆଗଡ଼ଠାରୁ ଖଣ୍ଡପଡ଼ା ରାଜପଥର ଚାରିମାଇଲ ଦୂରରେ ବାଲୁଗାଁ ନାମରେ ସୁନ୍ଦର ପଲ୍ଲୀଟିଏ ଅଛି। ସେଠାରୁ ଦୁଇମାଇଲ ପଶ୍ଚିମକୁ ଗଲେ ନୁଣିଝରା ଶାଖାନଦୀ ଦେଖାଯାଏ। ଶାଖାନଦୀଟି ପାରହେବା ସଙ୍ଗେ ସଙ୍ଗେ ବାଘମାରୀ ନଦୀ ଦେଖିବାକୁ ମିଳେ। କିୟତ୍ ଦୂରରେ ଆମ୍ରକାନନ ବିମଣ୍ଡିତ ମନୋମୁଗ୍ଧକର ଦୃଶ୍ୟରାଜି ମଧ୍ୟରେ ଶସ୍ୟଶ୍ୟାମଳା ତଥା ଶାନ୍ତକାନ୍ତ ପ୍ରକୃତିକୋଳରେ ଗତୀଶ୍ୱର ମନ୍ଦିରକୁ ନେଇ ମାଳିସାହି ଅବସ୍ଥିତ।

ଗତୀଶ୍ୱର ମନ୍ଦିରଟିର ଗଠନ ପରିପାଟୀ ଏପରି ମଜଭୁତ ଓ ଗାମ୍ଭୀର୍ଯ୍ୟପୂର୍ଣ୍ଣ ଯେ ବହୁଯୁଗ ଅତୀତ ହୋଇଥିଲେ ହେଁ ଏବେ ସୁଦ୍ଧା ଦେଖିବାକୁ ନବନିର୍ମିତ ହେଲା ପରି ଆଶଙ୍କା ଜନ୍ମାଏ। କେବଳ ଦୁଇଟି ଶିଳାଲିପି ତାହାର ଆବହମାନକାଳର ଐତିହ୍ୟ ପ୍ରକାଶ କରିବାକୁ ସ୍ଥାଣୁ ବକ୍ଷରେ ଉଦ୍‌ଗ୍ରୀବ ରହିଛନ୍ତି। ଗୋଟିଏ ମନ୍ଦିର ସଂଲଗ୍ନ ଉତ୍ତର ଦିଗସ୍ଥ ସେବାକୁଣ୍ଡ ମଧ୍ୟରେ ଓ ଅପରଟି ଦକ୍ଷିଣକୁ ପ୍ରସ୍ତରସ୍ତମ୍ଭରେ ଖୋଦିତ ଲିପି ଦେଖାଯାଏ। ତାହା ଅତି ପୁରାତନ ଓ ଖ୍ରୀଷ୍ଟପୂର୍ବ ଲେଖାପରି ପ୍ରତ୍ୟୟ ହୁଏ। କେତେକ ପାଷାଣ ମୂର୍ତ୍ତିକୁ ଅନୁଧ୍ୟାନ କଲେ ତାହାର ପ୍ରାଚୀନତ୍ୱ ସହଜରେ ଉପଲବ୍ଧି କରିହୁଏ। ପ୍ରତ୍ନତତ୍ତ୍ୱ ବିଭାଗ ସେହି ସବୁ ପ୍ରତି ଦୃଷ୍ଟିଦେବା ଉଚିତ। ସେଠାରେ ଏପରି କେତେକ ମୂର୍ତ୍ତି ଇତସ୍ତତଃ ଭାବେ ପଡ଼ି ରହିଛି ଯେ ସେସବୁ ପ୍ରଦେଶର ସଂଗ୍ରହାଳୟରେ ସଂରକ୍ଷିତ ହେବା ଆବଶ୍ୟକ ମନେହୁଏ।

ଗତୀଶ୍ୱର ମନ୍ଦିରର ଦକ୍ଷିଣରେ ଗୋଟିଏ ସାହି ଅବସ୍ଥିତ। ତହିଁରେ ମାଳୀଜାତିର ଲୋକେ ବସତି ସ୍ଥାପନ କରି ରହିଛନ୍ତି - ଅର୍ଚ୍ଚକ ଓ ଅଧିବାସୀ ହିସାବରେ। ଶୁଣାଯାଏ ମନ୍ଦିରର ପଶ୍ଚିମକୁ କବିସମ୍ରାଟଙ୍କ ସାଧନାଶ୍ରମ ଓ କିୟତ୍‌ଦୂରରେ ନାରିକେଳ କାନନ ମଧ୍ୟରେ ବ୍ରହ୍ମଚାରିଣୀଙ୍କ ଦିବ୍ୟାଶ୍ରମ ଥିଲା।

x x x

ମାଳିସାହି ସୀମାକୁ ଲାଗି କିଞ୍ଚିତ ଦୂରରେ ନୈଋତ କୋଣରେ ଦଧିନଉତା ମୁଣ୍ଡିଆ - ଯାହାର ପାଦଦେଶରେ ଢେଙ୍କଣା ରଘୁନାଥ ମଠ ବିଦ୍ୟମାନ। କ୍ରୋଶାଧିକ ଦୂରରେ ବାୟବ୍ୟଦିଗରେ ରାଜଗିରି ପର୍ବତ ଶ୍ରେଣୀ ଏକ ମାଇଲ ଯାଏ ପରିବ୍ୟାପ୍ତ ସମତଳ ଅଖଣ୍ଡ ଚାଞ୍ଚରାକୁ ନେଇ ଯାତ୍ରୀଙ୍କ ମନୋହରଣ କରିନେବା ନିମନ୍ତେ ଉଦ୍‌ଗ୍ରୀବ ରହିଛି - ଯେଉଁଠାରେ ଦିନେ ଉପେନ୍ଦ୍ର ତାହାଙ୍କ ଦଳବଳ ସହିତ ବର୍ଷର ବହୁ ସମୟ କଟାଇ ସାହିତ୍ୟ ଚର୍ଚ୍ଚା କରୁଥିବା ପ୍ରମାଣ ରହିଛି। ଶୁଣାଯାଏ ସେଠାରେ ସହସ୍ର ସହସ୍ର ସାଧୁସନ୍ନ୍ୟାସୀଙ୍କ ସମ୍ମେଳନ ହେଉଥାଏ ଓ ରାଜ୍ୟରେ ଯୁଦ୍ଧକାଳୀନ ସୈନ୍ୟନିବାସରୂପେ ବ୍ୟବହୃତ ହେଉଥିବା ପ୍ରବାଦ ମଧ୍ୟ ରହିଛି। କାଳର କୁଟିଳଗତି ମଧ୍ୟରେ ବିଜିତ ରାଜଗିରି ସିଦ୍ଧିପୀଠ ରୂପେ ତା'ର ସ୍ୱଚ୍ଛ ଝରପ୍ରପାତ ଓ ଝରକୁଣ୍ଡାଦିକୁ ନେଇ ପୂର୍ବଗୌରବର ପରିଚୟ ଦେବା ପାଇଁ ସୁବିସ୍ତୃତ ବକ୍ଷ ବିସ୍ତାର କରି ରହିଛି।"

- ଦାମୋଦର ଦାସ, ଉପେନ୍ଦ୍ର ଭଞ୍ଜ ଜୀବନୀ, ୧୯୬୬, ପୃଷ୍ଠା ୧୦୦-୧୧୧

କବି ଉପେନ୍ଦ୍ରଙ୍କର ମାଳିସାହି, କବିତ୍ୱ ପ୍ରାପ୍ତି ଓ ସାହିତ୍ୟ ସାଧନା ସମ୍ପର୍କରେ ବିଭିନ୍ନ ବିଦ୍ୱାନ ନିମ୍ନୋକ୍ତ ମତାମତ ପ୍ରଦାନ କରିଛନ୍ତି। ପ୍ରସଙ୍ଗକ୍ରମେ ତାହା ଏଠାରେ ଉଲ୍ଲେଖ କରାଯାଇଛି।

ପ୍ରଥମ ମତ:

"କବି ସମ୍ରାଟ ଉପେନ୍ଦ୍ର ଭଞ୍ଜ ଘୁମୁସରର ପ୍ରସିଦ୍ଧ ରାଜକବି ଧନଞ୍ଜୟ ଭଞ୍ଜଙ୍କର ପୌତ୍ର ଓ ନୀଳକଣ୍ଠ ଭଞ୍ଜଙ୍କର ପୁତ୍ର ଥିଲେ। ନୀଳକଣ୍ଠ ନିଜ ପିତା ନବତି ବର୍ଷ ବୟସ୍କ ବୃଦ୍ଧ ଧନଞ୍ଜୟଙ୍କୁ ମରାଇ ୧୭୦୧ରେ ରାଜପଦରେ ଅଭିଷିକ୍ତ ହୋଇଥିଲେ; କିନ୍ତୁ ତିନି ବର୍ଷ କାଳ ରାଜସୁଖ ଉପଭୋଗ କରି ଖ୍ରୀ.ଅ. ୧୭୦୪ରେ ଉକ୍ତ ବଂଶୀୟ ଘନ

ଭଞ୍ଜଙ୍କ ଦ୍ୱାରା ରାଜ୍ୟରୁ ବିତାଡିତ ହୋଇଥିଲେ। ଘନ ଭଞ୍ଜ ୧୭୦୬ରୁ ୧୭୫୪ ପର୍ଯ୍ୟନ୍ତ ଘୁମୁସର ଶାସନ କରିଥିଲେ। ବିତାଡ଼ିତ ନୀଳକଣ୍ଠ ଓ ତଦୀୟପୁତ୍ର ଉପେନ୍ଦ୍ର ନୟାଗଡ଼ର ମାଳିସାହି ଗ୍ରାମରେ ବାସ କରିଥିଲେ। ସେଠାରେ ଅବସ୍ଥାନ ସମୟରେ 'ରାମତାରକ' ମନ୍ତ୍ର ଜପଦ୍ୱାରା ସିଦ୍ଧି ଲାଭ କରି ଅଦ୍ଭୁତ କବିତ୍ୱ ଶକ୍ତି ଲାଭ କରିଥିବାର ଜନଶ୍ରୁତି ରହିଛି। ନୟାଗଡ଼ର ତତ୍‌କାଳୀନ ରାଜା ପୁରୁଷୋତ୍ତମ ସିଂହ ମାନଧାତା ଉପେନ୍ଦ୍ର ଭଞ୍ଜଙ୍କ କବିତ୍ୱ ଓ ପାଣ୍ଡିତ୍ୱରେ ମୁଗ୍ଧ ହୋଇ ତାଙ୍କୁ ଆଶ୍ରୟ ଦେଇଥିଲେ।"

ମହାପାତ୍ର, କେଦାରନାଥ - ଖୁରୁଧା ଇତିହାସ, ଦ୍ୱିତୀୟ ସଂସ୍କରଣ, ୧୯୮୪, ଗ୍ରନ୍ଥ ମନ୍ଦିର, ପୃଷ୍ଠା - ୧୩୩

ଦ୍ୱିତୀୟ ମତ:

"କବି ଉପେନ୍ଦ୍ର ଭଞ୍ଜ ପ୍ରଥମେ ନୟାଗଡ଼ ରାଜଜେମାଙ୍କୁ ବିବାହ କରିଥିଲେ ଏବଂ ଯୌତୁକ ସ୍ୱରୂପ ନୟାଗଡ ମାଳିସାହି ଗ୍ରାମକୁ ପାଇଥିଲେ। ତେଣୁ କବିସମ୍ରାଟ ଉପେନ୍ଦ୍ର ଭଞ୍ଜ ନୟାଗଡ଼ ରାଜବଂଶର ନାତି ଓ ତା'ପରେ ଜାମାତା। ନୟାଗଡ଼ ମାଟିର ରକ୍ତ ତାଙ୍କ ଦେହରେ ପ୍ରବାହିତ ହେଉଥିଲା। ଏହି ମାଳିସାହିରେ ବହୁକାଳ ଆମର କବିସମ୍ରାଟ ସୁଖଦୁଃଖ ଓ ସମ୍ପତ୍ତି ବିପତ୍ତିରେ କଟାଇଥିବାର ପ୍ରମାଣ ମିଳେ। ଏହି ମାଳିସାହିରେ ଅବସ୍ଥାନ କରୁଥିବା ସମୟରେ ରଘୁନାଥ ନାମକ ଜନୈକ ସିଦ୍ଧସନ୍ନ୍ୟାସୀ କବିଙ୍କୁ ରାମତାରକ ମନ୍ତ୍ର ଜପ କରି ସିଦ୍ଧ କରିବାକୁ ଦେଇଥିଲେ। ତାହା ଅନୁସାରେ କବି ଯେଉଁ ସିଦ୍ଧଗୁମ୍ଫାରେ ରାମତାରକ ମନ୍ତ୍ର ସିଦ୍ଧ କରିଥିଲେ, ତାହା ଏହି ନୟାଗଡ଼ ମଧ୍ୟରେ ଅବସ୍ଥିତ। କବି ଉପେନ୍ଦ୍ର ଭଞ୍ଜ ଏହି ନୟାଗଡ଼ ମାଳିସାହିରେ ଅବନାରସ ତରଙ୍ଗ, ଲାବଣ୍ୟବତୀ, ବଜାରବୋଲି, କଳାକଉତୁକ ପ୍ରଭୃତି କାବ୍ୟକବିତା ଲେଖିଥିଲେ ବୋଲି ଲୋକମୁଖରୁ ଶୁଣାଯାଏ।"

ମିଶ୍ର, କବିଭୂଷଣ ଆନନ୍ଦଚନ୍ଦ୍ର - କବି ଯଦୁମଣି ଓ ଅନ୍ୟାନ୍ୟ ଗଦ୍ୟ, ପୃଷ୍ଠା -୪୭

ତୃତୀୟ ମତ:

"ନୀଳକଣ୍ଠ ଭଞ୍ଜ ଧନଞ୍ଜୟଙ୍କ ଉତ୍ତାରୁ ରାଜା ହେଲେ; କିନ୍ତୁ ନୀଳକଣ୍ଠ ଭଞ୍ଜ ମାତାଙ୍କ ବିଷ ପ୍ରୟୋଗରେ ଧନଞ୍ଜୟଙ୍କ ମୃତ୍ୟୁ ଘଟିବାରୁ ରାଜ୍ୟରେ ବିଦ୍ରୋହ ଉପସ୍ଥିତ

ହେଲା। ଏଣୁ ନୀଳକଣ୍ଠ ଭଞ୍ଜ ୧୭୦୪ ଖ୍ରୀ.ଅ.ରେ ରାଜ୍ୟରୁ ନିର୍ବାସିତ ହୋଇ ନୟାଗଡ଼ର ମାଳିସାହି ଗ୍ରାମରେ ବାସ କରିଥିବାର ପ୍ରବାଦ ମଧ୍ୟ ନୟାଗଡ଼ର ପ୍ରଧାନ ଠାକୁର ରଘୁନାଥଙ୍କୁ ଉପେନ୍ଦ୍ର ଭଞ୍ଜ ସେବା କରିଥିବାର ପ୍ରବାଦ ମଧ୍ୟ ନୟାଗଡ଼ରେ ଅଛି। ଆହୁରି ମଧ୍ୟ ଉପେନ୍ଦ୍ର ଭଞ୍ଜ ନିଜ ରଚନାରେ ସର୍ବତ୍ର ରଘୁନାଥଙ୍କୁ ସ୍ତୁତି କରିଥିବାରୁ ଓ ରାମତାରକ ମନ୍ତ୍ରବଳରୁ କବିତ୍ୱ ଲାଭ କରିଥିବାର ବର୍ଣ୍ଣନା କରିଥିବାରୁ ଉକ୍ତ ପ୍ରବାଦ ସତ୍ୟବୋଲି ପ୍ରମାଣିତ ହୁଏ।"

ପଣ୍ଡିତ ବିନାୟକ ମିଶ୍ର, ଓଡ଼ିଆ ସାହିତ୍ୟର ଇତିହାସ, ୧୯୨୮, ପୃଷ୍ଠା - ୧୪୪

ଚତୁର୍ଥ ମତ :

"ଏଥିରୁ ଜଣାଯାଉଛି ଯେ ଘୁମୁସର ରାଜା ଧନଞ୍ଜୟଙ୍କର ପୁତ୍ର ନୀଳକଣ୍ଠ ଭଞ୍ଜ। ଏହି ନୀଳକଣ୍ଠଙ୍କର ଜ୍ୟେଷ୍ଠ ସନ୍ତାନ ଥିଲେ ବରେଣ୍ୟ କବି ଉପେନ୍ଦ୍ର ଭଞ୍ଜ। ଧନଞ୍ଜୟ ଭଞ୍ଜ ୧୭୦୧ ଖ୍ରୀ.ଅରେ ମୃତ୍ୟୁବରଣ କରିଥିଲେ ଏବଂ ତାଙ୍କର ଏକାଧିକ ପୁତ୍ର ଥିଲେ ହେଁ ଏକ ରାଜନୈତିକ ବିପ୍ଳବରେ ଜୟଲାଭ କରି ନୀଳକଣ୍ଠ ଭଞ୍ଜ ୧୭୦୧ ସାଲରୁ ୧୭୦୩ ସାଲ ପର୍ଯ୍ୟନ୍ତ ଘୁମୁସର ସିଂହାସନ ଆରୋହଣ କରିଥିଲେ। ସେଥିପାଇଁ ନୀଳକଣ୍ଠଙ୍କୁ ରାଜା ଭାବରେ ଉପେନ୍ଦ୍ର ବର୍ଣ୍ଣନା କରିଛନ୍ତି ଏବଂ ନିଜ ରଚିତ 'ରସପଞ୍ଚକ' କାବ୍ୟରେ କବି ନିଜକୁ ପାଟକୁମାର ବୋଲି କହିଅଛନ୍ତି।

x   x   x

ଉପେନ୍ଦ୍ର ଭଞ୍ଜ ନୟାଗଡ଼ ରାଜା ମାନଧାତା ଚନ୍ଦ୍ରଶେଖର ସିଂହଙ୍କ କନ୍ୟାକୁ ବିବାହ କରିଥିଲେ ଏବଂ ଯୌତୁକ ସ୍ୱରୂପ ମାଳିସାହି ଗ୍ରାମ ଲାଭ କରିଥିଲେ। ବୋଲି କିମ୍ବଦନ୍ତୀ ରହିଛି। ପରବର୍ତ୍ତୀକାଳରେ କବି ନିଜ ରାଜ୍ୟରୁ ବିତାଡ଼ିତ ହୋଇ ସପରିବାରରେ ଏହି ମାଳିସାହି ଗ୍ରାମରେ ବହୁକାଳ ଅତିବାହିତ କରିଥିଲେ।"

ପଠାଣି ପଟ୍ଟନାୟକ - ଓଡ଼ିଆ ସାହିତ୍ୟର ସଂକ୍ଷିପ୍ତ ଇତିହାସ, ନାଳନ୍ଦା, ବିନୋଦ ବିହାରୀ, କଟକ -୨, ପ୍ରଥମ ସଂସ୍କରଣ, ୧୯୮୪, ପୃଷ୍ଠା - ୪୦

ପଞ୍ଚମ ମତ :

"କେତେକ କହନ୍ତି ବାଣପୁର ରାଜକନ୍ୟାଙ୍କୁ ବିବାହ କରିଥିଲେ। ଆଉ

କେତେକଙ୍କ ମତରେ ପ୍ରଥମେ ନବଦୁର୍ଗ ରାଜଜେମାଙ୍କ ସହିତ ବିବାହ କରିବା ପରେ ରାଜଜେମାଙ୍କ ଆକସ୍ମିକ ବିୟୋଗ ଯୋଗୁଁ ଦ୍ୱିତୀୟବାର ବାଣପୁର ରାଜକୁମାରୀଙ୍କୁ ବିବାହ କରିଥିଲେ। ଉପେନ୍ଦ୍ର ଭଞ୍ଜଙ୍କର ଜାତକରୁ ଜଣାଯାଏ ଦ୍ୱିତୀୟ କଳତ୍ର ଯୋଗ ଥିଲା ଏବଂ ମାଳିସାହି ଗ୍ରାମ ଉପେନ୍ଦ୍ର ଭଞ୍ଜଙ୍କୁ ଯୌତୁକରୂପ ମିଳିଥିଲା। ଉପେନ୍ଦ୍ର ଭଞ୍ଜ ଉତ୍ତରକାଳରେ ସେହି ମାଳିସାହି ଗ୍ରାମରେ ରହି ଜୀବନଯାପନ କରିଥିଲେ ଏବଂ ନୀଳକଣ୍ଠ ଭଞ୍ଜ ଘୁମୁସର ରାଜ୍ୟରୁ ଯାଇ 'ମାଳିସାହି'ରେ ରହିଥିଲେ।

ଶ୍ରୀଧର ଶତପଥୀ, ଭଞ୍ଜସନ୍ଦର୍ଭ, ୧୯୭୬, ପୃଷ୍ଠା - ୫୯

ଷଷ୍ଠ ମତ:

"ନୟାଗଡ଼ ରାଜଦରବାର ଥିଲା ସେତେବେଳେ ସମଗ୍ର ଓଡ଼ିଶାରେ ସଂସ୍କୃତ ସାହିତ୍ୟ ଚର୍ଚ୍ଚାର ଏକ ପ୍ରଧାନ ପୀଠ। ନୟାଗଡ଼ ରାଜା ପୁରୁଷୋତ୍ତମ ମାନଧାତା ଯୁବକ ଉପେନ୍ଦ୍ର ଭଞ୍ଜଙ୍କ କବି ପ୍ରତିଭା ଓ ସାହିତ୍ୟସାଧନାରେ ମୁଗ୍ଧ ହୋଇ ତାଙ୍କୁ ବୀରବର ଉପାଧିରେ ଭୂଷିତ କଲେ ଓ ଗଡ଼ ନିକଟବର୍ତ୍ତୀ ମାଳିସାହି ମୃତ୍ୟୁଞ୍ଜୟପୁର ଶାସନରେ ବୀରବର କବି ଉପେନ୍ଦ୍ର ଭଞ୍ଜ ଅବସ୍ଥାନର ସମସ୍ତ ଆୟୋଜନ କରିଦେଲେ। ଶେଷରେ ନୟାଗଡ଼ ରାଜଜେମାଙ୍କ ସହିତ ରାଜ୍ୟହୀନ କବି ଉପେନ୍ଦ୍ରଙ୍କର ପରିଣୟ ସମ୍ପନ୍ନ ହୋଇଥିଲା।"

ଡକ୍ଟର ବୃନ୍ଦବାନଚନ୍ଦ୍ର ଆଚାର୍ଯ୍ୟ, ଓଡ଼ିଆ ସାହିତ୍ୟର ସଂକ୍ଷିପ୍ତ ପରିଚୟ, ପଞ୍ଚମ ମୁଦ୍ରଣ, ୧୯୮୩, ପୃଷ୍ଠା - ୧୬୧

ସପ୍ତମ ମତ:

"ଉପେନ୍ଦ୍ର ଭଞ୍ଜ ଠିକ୍ କେଉଁ ବର୍ଷ ଓ କେଉଁ ଦିନ ଜନ୍ମଗ୍ରହଣ କରିଥିଲେ, ତାହା ଏ ପର୍ଯ୍ୟନ୍ତ ନିରୂପିତ ହୋଇପାରିନାହିଁ। ତେବେ ବହୁ ପ୍ରମାଣରୁ ଅନୁମିତ ହୁଏ, ୧୬୭୫ କିମ୍ବା ୧୬୭୬ ଖ୍ରୀଷ୍ଟାବ୍ଦରେ ଜନ୍ମ ଗ୍ରହଣ କରିଥିଲେ। ତାହାହେଲେ ତାଙ୍କର ପିତାମହଙ୍କର ପରଲୋକ ହେଲାବେଳକୁ ତାଙ୍କ ବୟସ ୨୫-୨୬ ହୋଇଥିଲା। ସେ ନୂଆଗଡ଼ ରାଜପରିବାରରେ ବିବାହ କରି ସାରିଥିଲେ ଏବଂ ଯୌତୁକସୂତ୍ରରେ ନୂଆଗଡ଼ ଅନ୍ତର୍ଗତ 'ମାଳିସାହି' ଗ୍ରାମ ପ୍ରାପ୍ତ ହୋଇଥିଲେ। ଯଥାସମ୍ଭବ ଘୁମୁସରର ବିଦ୍ରୋହର ସୂଚନା ପାଇ ସେ ଘୁମୁସର ତ୍ୟାଗ କରି ମାଳିସାହି ଗ୍ରାମକୁ ଚାଲି ଆସିଲେ। ବିବାହର

ଅଳ୍ପଦିନ ପରେ ତାଙ୍କର ପତ୍ନୀ ବିୟୋଗ ଘଟିଲା । ତେଣୁ ବାଣପୁର ରାଜନନ୍ଦିନୀଙ୍କୁ ସେ ଦ୍ୱିତୀୟ ବିବାହ କଲେ । ଦୁର୍ଦ୍ଦୈବକ୍ରମେ ଏହି ଦ୍ୱିତୀୟ ପତ୍ନୀ ମଧ ଅକାଳରେ ମୃତ୍ୟୁମୁଖରେ ନିପତିତ ହେଲେ । ତେଣୁ ନୂଆଗଡ଼ କିମ୍ବା ବାଣପୁର କୌଣସି ସ୍ଥାନ ତାଙ୍କ ପକ୍ଷରେ ଶାନ୍ତିଦାୟକ ନ ଥିଲା । ତେବେ କିମ୍ବଦନ୍ତୀ କହେ, ମଝିମଝିରେ ସେ ଯାଇ 'ମାଳିସାହି' ଗ୍ରାମରେ ଅବସ୍ଥାନ କରୁଥିଲେ ।"

ଗୌରୀ କୁମାର ବ୍ରହ୍ମା, ଓଡ଼ିଆ ସାହିତ୍ୟର ଇତିହାସ, ଦ୍ୱିତୀୟ ସଂସ୍କରଣ, ୧୯୮୩, ପୃଷ୍ଠା - ୫୨

ଅଷ୍ଟମ ମତ:

"ଦେବୀଙ୍କର ମନ୍ତ୍ରସିଦ୍ଧ କଲାପରେ ରାମତାରକ ମନ୍ତ୍ର ସିଦ୍ଧି ଉଦ୍ଦେଶ୍ୟରେ ରାମଚନ୍ଦ୍ର ରାଜଗୁରୁଙ୍କ ପରାମର୍ଶରେ ନବଦୁର୍ଗରେ ଥିବା ରଘୁନାଥ ପୀଠ ଓ ଅନ୍ୟାନ୍ୟ ରଘୁନାଥ ପୀଠମାନଙ୍କୁ ଗମନ କଲେ । ବହୁଦିନ ପରେ ଜଣେ ସନ୍ନ୍ୟାସୀଙ୍କ ସହିତ ଉପେନ୍ଦ୍ର ଭଞ୍ଜଙ୍କର ସାକ୍ଷାତ ହେଲା । ସେହି ସାଧୁଙ୍କ ଉପଦେଶରେ ଶ୍ରୀରାମତତ୍ତ୍ୱ ଶ୍ରବଣ କରି ରାମତାରକ ମନ୍ତ୍ର ସିଦ୍ଧି କରିବାକୁ ଲାଗିଲେ । ଗୁରୁଙ୍କ ଉପଦେଶରେ ନିର୍ଜନ ଅରଣ୍ୟ ମଧରେ କୌଣସି ସିଦ୍ଧଗୁମ୍ଫାରେ ରହି ସାଧନାରତ ହେଲେ । କେତେକଙ୍କ ମତରେ ନୟାଗଡ଼ - ଦଶପଲ୍ଲା ରୋଡ୍‌ରେ ପ୍ରାୟ ପାଞ୍ଚ ମାଇଲ ଦୂରରେ ଗୋଟିଏ ମାଳିସାହି ଅଛି । ସେଠାରେ ରଘୁନାଥ ପୀଠ ଓ ଉଗ୍ରେଶ୍ୱର ଶିବାଳୟ ଅଛି । ଏହା ଉପେନ୍ଦ୍ର ଭଞ୍ଜଙ୍କ ସିଦ୍ଧିପୀଠ ବୋଲି କହନ୍ତି ।"

ଶ୍ରୀଧର ଶତପଥୀ, ଭଞ୍ଜ ସନ୍ଦର୍ଭ, ୧୯୭୬, ପୃଷ୍ଠା - ୫୫

ନବମ ମତ:

"୧୭୦୧ ଖ୍ରୀଷ୍ଟାବ୍ଦରେ ରାଜା ଧନଞ୍ଜୟ ମୃତ୍ୟୁବରଣ କରିଥିଲେ ଓ ନୀଳକଣ୍ଠ ରାଜତ୍ୱ ଆରମ୍ଭ କରିଥିଲେ: ମାତ୍ର ନୀଳକଣ୍ଠଙ୍କୁ କେତେକ ପାରିବାରିକ ବିବାଦ ଯୋଗୁଁ ରାଜଗାଦିରୁ ବିତାଡ଼ିତ କରାଯାଇଥିଲା । ତେଣୁ ତାଙ୍କ ପୁତ୍ର ଉପେନ୍ଦ୍ର ରାଜପୁତ୍ର ହୋଇ ରହିଗଲେ; ମାତ୍ର ରାଜା ହେବାର ସୌଭାଗ୍ୟ ତାଙ୍କ ଜୀବନରେ ରହି ନ ଥିଲା । ନୟାଗଡ଼ର ମାନଧାତା ଚନ୍ଦ୍ରଶେଖର ସିଂହଙ୍କ କନ୍ୟାଙ୍କୁ ଉପେନ୍ଦ୍ର ବିବାହ କରି ଯୌତୁକ ସ୍ୱରୂପ ପାଇଥିବା ମାଳିସାହି ଗ୍ରାମରେ ନିଜ ରାଜ୍ୟରୁ ବିତାଡ଼ିତ ହୋଇ ବସବାସ କରିବାକୁ ଲାଗିଲେ ।"

ଡକ୍ଟର ରତ୍ନାକର ଚଇନି ଓ ଡକ୍ଟର ଅଜୟ କୁମାର ମିଶ୍ର - ଓଡ଼ିଆ ସାହିତ୍ୟର ଇତିହାସ, ତୃତୀୟ ସଂସ୍କରଣ, ୧୯୯୦, ପୃଷ୍ଠା - ୯୦

ଦଶମ ମତ:

"ଉପେନ୍ଦ୍ର ଭଞ୍ଜ ଗଞ୍ଜାମ ଜିଲ୍ଲା ଅନ୍ତର୍ଗତ ଘୁମୁସର ରାଜବଂଶରେ ଜନ୍ମ ଗ୍ରହଣ କରିଥିଲେ। ସେ ରାଜପୁତ୍ର ଥିଲେ ହେଁ ନିଜେ ରାଜ୍ୟର ସିଂହାସନ ଆରୋହଣ କରିପାରି ନ ଥିଲେ। ତାହାଙ୍କର ପିତା ନୀଳକଣ୍ଠ ଭଞ୍ଜ ଦୁଇବର୍ଷ କାଳମାତ୍ର ରାଜ୍ୟ ଶାସନ କରିବା ପରେ ଭ୍ରାତୃବର୍ଗଙ୍କ ଦ୍ୱାରା ସ୍ୱରାଜ୍ୟରୁ ବିତାଡ଼ିତ ହୋଇଥିଲେ। ନୀଳକଣ୍ଠ ଭଞ୍ଜ ଘୁମୁସର ପ୍ରଦେଶରେ ୧୭୦୧ଠାରୁ ୧୭୦୩ ଖ୍ରୀ. ପର୍ଯ୍ୟନ୍ତ ରାଜା ହୋଇଥିବାର ଜଣାଯାଏ। ସେ ସିଂହାସନଚ୍ୟୁତ ହୋଇ ନିଜ ପରିବାରବର୍ଗଙ୍କୁ ସଙ୍ଗରେ ଘେନିଯାଇ ନବଦୁର୍ଗସ୍ଥିତ ମାଳିସାହିରେ ନିବାସ କରିଥିଲେ। ଏହି ସମୟରେ ଉପେନ୍ଦ୍ର ଭଞ୍ଜ ଅଳ୍ପ ବୟସ୍କ ମାତ୍ର ଥିବାର କଥିତ ଅଛି।"

ବିପିନବିହାରୀ ରଥ, ତାରିଣୀଚରଣ ଗ୍ରନ୍ଥାବଳୀ, ପୃଷ୍ଠା - ୨୬୦

ଏକାଦଶ ମତ:

"ନୀଳକଣ୍ଠ ରାଜ୍ୟ ଛାଡ଼ି ପ୍ରଥମେ ଧରାକୋଟ, ତା'ପରେ ଆଠଗଡ଼ରେ ଆଶ୍ରୟ ନେଇଥିଲେ। ଆଠଗଡ଼ରେ ରହିବା ତାଙ୍କ ପକ୍ଷରେ ଲଜ୍ଜାକର ମନେ କରି ନିଜ ମାମୁଘର ନୂଆଗଡ଼ର ମାଳିସାହି ଢେଙ୍କଣା ଗ୍ରାମରେ କୁଟୀର ରଚନା କରି ରହିଲେ। ତାଙ୍କର ମାମୁ ନିଜ ଦୁର୍ଗରେ ଆଶ୍ରୟ ଦେଉଥିଲେ ହେଁ, ନୀଳକଣ୍ଠ ଗୋପନରେ ରହିବାକୁ ଇଚ୍ଛା କରିବାରୁ ତାଙ୍କ ଇଚ୍ଛାନୁକ୍ରମେ ଢେଙ୍କଣା ମାଳିସାହିସ୍ଥ ରଘୁନାଥ ମନ୍ଦିର ସମ୍ମୁଖରେ ସମସ୍ତ ସୁବିଧା କରିଦିଆଗଲା। ନୀଳକଣ୍ଠ ଏ ଦୁଃଖବେଳେ ଅପମାନିତ ହେବେ ବୋଲି ନିଜ ପୁଅକୁ ପାଖରୁ କାହିଁ ଛାଡୁ ନ ଥିଲେ। ଉପେନ୍ଦ୍ର ଅଶ୍ୱାରୋହରଣ, ପାରିଧି, ଖଣ୍ଡା, ତରବାରି, ବନ୍ଧୁକ ଆଦି ଚାଳନାରେ ଅବଶ୍ୟ ଧୁରନ୍ଧର ହୋଇଥିଲେ।

ଅନନ୍ତର ଢେଙ୍କେଣାରେ ଉପେନ୍ଦ୍ରଙ୍କର ପିତୃମାତୃ ବିୟୋଗ ଘଟିଥିଲା। ୧୭୦୪ରେ ତାଙ୍କ ପିତା ଦେଶାନ୍ତର ହୋଇଥିଲେ ଏବଂ ୧୭୦୮ରେ ତାଙ୍କର ମୃତ୍ୟୁ ହେଲା। ତେଣୁ ଏଗାର ବର୍ଷ ବେଳେ ଉପେନ୍ଦ୍ର ଦେଶାନ୍ତରୀ ହେତୁ ତାଙ୍କ ପିତାଙ୍କ ମୃତ୍ୟୁ ସମୟରେ ୧୫ ବର୍ଷ ମାତ୍ର ହୋଇଥିଲା। ଫଳରେ ମାମୁ ତାଙ୍କୁ ନିରାଶ୍ରୟ ଦେଖି

ନିଜଗୃହରେ ଆଶ୍ରୟ ଦେଇ ବର୍ଷକ ପରେ ମରିଯିବାରୁ ମୂର୍ଖ ଉପେନ୍ଦ୍ର ଭଞ୍ଜ ଭାଗ୍ୟ ଏକ ସୂତାଖିଅରେ ଝୁଲୁଥିଲା।

ନୂଆଗଡ଼ରେ ପୁରୁଷୋତ୍ତମ ମାନଧାତା ରାଜା ହେଲେ। ସେ ବାଣପୁର ରାଜକୁମାରୀ ଶୋଭାବତୀଙ୍କୁ ବିବାହ କରିଥିଲେ। ପୁରୁଷୋତ୍ତମଙ୍କର ଗୋଟିଏ ଭଉଣୀ ଥିଲେ। ସେ ପାଟଜେମା ଲାବଣ୍ୟବତୀ ନାମରେ ପରିଚିତ। ଲାବଣ୍ୟବତୀ ଭାଇଙ୍କ ପରି ଚାରିବିଦ୍ୟାରେ ସମ୍ପୂର୍ଣ୍ଣ ଥିଲେ। ସଂସ୍କୃତ ସାହିତ୍ୟରେ ଭାଇଭଉଣୀଙ୍କର ଅଗାଧ ପାଣ୍ଡିତ୍ୟ ଥିଲା। ଏମନ୍ତକି ତାଙ୍କ ଭାଉଜ ଶୋଭାବତୀ ମଧ୍ୟ ତୁଣ୍ଡେ ତୁଣ୍ଡେ ନୈଷଧ ଟୀକା କରୁଥିଲେ।

ନାରୀ ଯେତେ ଗୁଣବତୀ ଶିକ୍ଷିତା ହେଲେ ହେଁ ଅନେକ ସମୟରେ ପୁରୁଷ ଶୌର୍ଯ୍ୟରେ ଏବଂ ରୂପ ଢେଉରେ ଭାସିଯାଏ। ସେଥିପାଇଁ ଲାବଣ୍ୟବତୀ ଉପେନ୍ଦ୍ରଙ୍କୁ ତାଙ୍କର ଅନୁପମ ରୂପଲାବଣ୍ୟ ଦାନ କରିବାକୁ କୁଣ୍ଠିତ ହେଲେ ନାହିଁ। ସେ ବୋଧହୁଏ ଭାବିଲେ ଉପେନ୍ଦ୍ର ମହାନ୍ ପଣ୍ଡିତ ନ ହେଲେ ମଧ୍ୟ ଶିକ୍ଷିତ ଥିବେ; କିନ୍ତୁ ଅକ୍ଷର ଜ୍ଞାନ ଯାହା ଥିଲା, ସେ ତାହା ଭୁଲି ଯାଇଥିଲେ।

ଘନ ଭଞ୍ଜଙ୍କ ସହିତ ପୁରୁଷୋତ୍ତମ ମାନଧାତା ଦୂତ ପ୍ରେରଣ କରି ଉପେନ୍ଦ୍ରଙ୍କ ଲାଗି କୁଲାଡ଼ ଦୁର୍ଗରେ ସ୍ଥାନ କରି ନିଜ ଭଗିନୀଙ୍କୁ ମହାସମାରୋହରେ ବିବାହ ଦେଇ ବହୁବିଧ ଯୌତୁକ ସହିତ ପ୍ରେରଣ କରିଦେଲେ। ଅଠର ବର୍ଷର ଉପେନ୍ଦ୍ର ସତର ବର୍ଷୀୟା ଲାବଣ୍ୟବତୀଙ୍କ ସହିତ ଗୋଟିଏ ବର୍ଷ ପରମ ସୁଖରେ କାଳଯାପନ କଲେ। ପ୍ରଥମେ ପ୍ରଥମେ ଜେମା ଲାବଣ୍ୟବତୀଙ୍କ ନାମରେ ଚିଠିମାନ ପୁରୁଷୋତ୍ତମ ଏବଂ ଶୋଭାବତୀଙ୍କ ନିକଟରୁ ଆସୁଥିଲା। ରାଜକୀୟ ଭାବରେ ଯେଉଁ ଚିଠି ପୁରୁଷୋତ୍ତମ ଉପେନ୍ଦ୍ରଙ୍କୁ ଲେଖୁଥିଲେ, ତାହା ପାଞ୍ଜିଆ ଛାମୁକରଣ ପଢ଼ି ଶୁଣାଇ ଦେଉଥିଲେ; କିନ୍ତୁ ଦିନେ ପୁରୁଷୋତ୍ତମଙ୍କ ପ୍ରଣୀତ 'ଶୋଭାବତୀ' ନାମକ କାବ୍ୟ ଏବଂ ଶଳାଭାଉଜ ଶୋଭାବତୀଙ୍କର ଏକ ଚିଠି ଉପେନ୍ଦ୍ରଙ୍କ ନାମରେ ଆସି ପହଞ୍ଚିଲା।

ଲାବଣ୍ୟବତୀ ଉକ୍ତ କାବ୍ୟଟି ଦେଖି ଈର୍ଷା ନିଶ୍ଚୟ କଲେ। ଶୋଭାବତୀ ସୁନ୍ଦରୀ, ଗୁଣବତୀ ହେଲେ ହେଁ, ଲାବଣ୍ୟବତୀ ଭାବିଲେ ତାଙ୍କ ପରି ତ ନୁହଁନ୍ତି। ତାଙ୍କ ସ୍ୱାମୀ ତ ସେପରି ନୁହନ୍ତି, ସେ କାହୁଁ 'ଲାବଣ୍ୟବତୀ' ବା ଲେଖିବେ? ଭାଉଜଙ୍କର

ପରିହାସମୂଳକ ଚିଠିଟି ତାଙ୍କୁ ଶେଳପରି ଲାଗିଲା । ସେ ନିଜର ଅତି ପ୍ରିୟ ହାରଟି ଏବଂ କଟୀର ଓଡ଼ିଆଣିଟି ସଙ୍ଗେ ସଙ୍ଗେ ଅଙ୍ଗରୁ ଉତାରି ଗନ୍ତାଘରେ ରଖିଦେଲେ । ସେହି ମନସ୍ୱିନୀ ରମଣୀମଣି ତପସ୍ୱିନୀ ପରି ନିଜକୁ ଗଢ଼ିନେଇ ହତୋତ୍ସାହ ଜୀବନ ଆରମ୍ଭ କରିଦେଲେ ।

ଉପେନ୍ଦ୍ର ମୃଗୟାରୁ ଫେରି ଦେଖିଲେ - ଜେମାମଣି ଆଜି ନିରାଭରଣା ହୋଇଛନ୍ତି । ସେ ତାଙ୍କୁ ପଚାରିଲେ - 'କାହିଁକି' ? ଲାବଣ୍ୟବତୀ କହିଲେ - 'କାଇଁ କିଛି ନାହିଁ ତ ? ତୁମ ଶଳାଭାଉଜ ଚିଠି ଦେଇଛନ୍ତି - ତୁମ ପାଖକୁ; ଆଉ ତାଙ୍କ ବିଷୟରେ ଭାଇ ଯେଉଁ କାବ୍ୟ ଲେଖିଛନ୍ତି, ତାହା ପଠାଇଛନ୍ତି; ହେଇ ନିଅ ପଢ଼ । ଏହି କାବ୍ୟ ନାଁ 'ଶୋଭାବତୀ' । ଭଞ୍ଜ କହିଲେ - 'ଆଣ, ଟିକିଏ ପଢ଼ିଦିଅ' । ଲାବଣ୍ୟ କହିଲେ - 'କାହିଁକି ତୁମେ ପଢୁନାହଁ ?'

ଭଞ୍ଜଙ୍କ ଦେହରେ କଣ୍ଟା ଗଳିଗଲା । ଲାବଣ୍ୟବତୀର ଅସୌଜନ୍ୟ, ଅଳଙ୍କାର ବିହୀନ ରୂପ, ପୁଣି ତାଙ୍କ ନିଜର ମୂର୍ଖତା ତାଙ୍କୁ ବ୍ୟାକୁଳ କରିଦେଲା । ସେ କୁଆଡ଼େ ବାହାରିଲେ । ଲାବଣ୍ୟବତୀ ପଚାରିଲେ - 'କୁଆଡ଼େ ଯିବ କି ?'

'ଏଇ ଆସୁଛି' କହି ଘୋର ଅରଣ୍ୟ ମଧ୍ୟରେ ପଶିଗଲେ । ବାଘୁଣୀ ଦେବୀଙ୍କ ଚରଣରେ ଉପାସ ଭୋକରେ ଅଧିଆ ପଡ଼ି ସ୍ୱପ୍ନରେ ଦେବୀଙ୍କୁ ଦେଖି ତାଙ୍କଠୁ ଶୁଣିଲେ - "ଶୈଶବକାଳ ଯେଉଁ ରଘୁନାଥଙ୍କ ପାଦପଦ୍ମରେ କଟାଇଛୁ, ସେଇଠିକି ଯା, ସେଇ ତୋର ସାହା ହେବେ ।"

ଶୁଷ୍କମୁଖ ଉପବାସୀ ଉପେନ୍ଦ୍ର ପୁଣି ଚାଲିଲେ ଆଶାଧରି ଢେଙ୍କେଣା ମାଳିସାହି । ପାଷାଣ ପ୍ରତିମା ରଘୁନାଥଙ୍କ ଚରଣ ତଳେ ଅଧିଆ ପଡ଼ିଥା'ନ୍ତି ।

ଏଣେ ବିଶ୍ୱରୂପସୀ ଲାବଣ୍ୟବତୀ ଦଣ୍ଡେ, ଘଡ଼ିଏ, ଦୁଇ ଘଡ଼ି ଅପେକ୍ଷା କଲେ । ନିଜ କର୍ମକୁ ଧିକ୍କାର ଦେଲେ - 'ଛି, ସ୍ୱାମୀଙ୍କୁ ହତାଦର କଲି ! ଜାଣିଥିଲି ତ, ଯା କାହିଁକି କଲି ପାପିନୀ ?'

ଏହା ଭାବି ସନ୍ଧାନ ବାରି ବାରି ପିଲିଙ୍କିରେ ବସି ପ୍ରଥମେ ବାଘୁଣୀ ଠାକୁରାଣୀଙ୍କ ପୀଠକୁ ଯାଇ ଦେହୁରୀଠାରୁ ଶୁଣିଲେ ଯେ - "ସେ ପାଗଳ ହୋଇଯାଇଛନ୍ତି । କେବଳ

କହୁଛନ୍ତି – ମୁଁ ଲାବଣ୍ୟବତୀର କିପରି ଉପଯୁକ୍ତ ହେବି ?”

ଜେମା ବହୁତ କାନ୍ଦିଲେ – ସେଇଠି ଗଳଲଗ୍ନ ବାସରେ ଗୁହାରିଆ ପଡ଼ିଛନ୍ତି, ସମ୍ବାଦ ପାଇଲେ ଯେ, ଉପେନ୍ଦ୍ର ତାଙ୍କର ପିତୃଭୂମିକୁ ଯାଇଛନ୍ତି – ଯେଉଁଠି ଶୈଶବରେ ସେ ରଘୁନାଥଙ୍କ ନିକଟରେ ଥିଲେ। ତହୁଁ ଜେମା ମାଳିସାହିରେ ପହଞ୍ଚି ସ୍ୱାମୀଙ୍କ ପାଦପଦ୍ମ ଧରି ବହୁତବେଳ କାନ୍ଦିଲେ। ତାଙ୍କୁ ନିଜକୋଳରେ ରଖି ସୁଖାଦ୍ୟ ନିଜ ହସ୍ତରେ ଖୁଆଇଦେଲେ।

ଉପେନ୍ଦ୍ର କହିଲେ – ‘ତୁମେ ମୋତେ ଶିକ୍ଷାଦେବ, ପାଠ ପଢ଼େଇବ। ଏହା ଦେବତାର ଆଦେଶ।’ ତାହା ଶୁଣି ଜେମା ଆନନ୍ଦରେ ଅଧୀର ହୋଇଗଲେ। ବିରାଟ ବାଡ଼ ଦିଆଗହେଲା ଅରଣ୍ୟ ମଧ୍ୟରେ। ସମସ୍ତଙ୍କ ଅଜ୍ଞାତରେ ଜେମା ଲାବଣ୍ୟବତୀ ଉପେନ୍ଦ୍ରଙ୍କୁ ବିଦ୍ୟାଶିକ୍ଷା ଦେଲେ। ରାମତାରକ ମନ୍ତ୍ର ସାଧନାରେ ସିଦ୍ଧି ଲଭି ତିନି ବର୍ଷ ମଧ୍ୟରେ ସମସ୍ତ ସଂସ୍କୃତ ବିଦ୍ୟାରେ ପାରଦର୍ଶୀ ହୋଇ ଦୁଇମାସ ମଧ୍ୟରେ ‘ଲାବଣ୍ୟବତୀ’ କାବ୍ୟ ନିଜର ମହିମାମୟୀ ଶୋଭରାଣୀ ଜାୟାଙ୍କ ଚରଣତଳେ ସମର୍ପଣ କରି ତା’ର ଏକପ୍ରସ୍ଥ ନୂଆଗଡ଼ ରାଜା ଓ ରାଣୀଙ୍କ ନିକଟକୁ ପଠାଇଦେଲେ।’

ଚକ୍ରଧର ମହାପାତ୍ର, ଯଦୁମଣି ଗ୍ରନ୍ଥାବଳୀ ଓ ଜୀବନଚରିତ, ଦାସବ୍ରଦସ, କଟକ, ପ୍ରଥମ ସଂସକ୍ରଣ, ପୃଷ୍ଠା – ୭୪-୭୫-୭୬

ଦ୍ୱାଦଶ ମତ:

“ଉପେନ୍ଦ୍ର ଭଞ୍ଜ ଘୁମୁସର ରାଜ୍ୟର କୁଳାଡ଼ଗଡ଼ରେ ଭଞ୍ଜରାଜବଂଶରେ ଜନ୍ମଗ୍ରହଣ କରିଥିଲେ ସୁଦ୍ଧା ସେ ନୟାଗଡ଼ ରାଜଜେମାଙ୍କୁ ବିବାହ କରି ଜୀବନର ଶେଷ ସମୟରେ ନୟାଗଡ଼ର ମାଳିସାହିରେ ରହିଥିଲେ। ସେ ମାଳିସାହି ନିକଟସ୍ଥ ରଘୁନାଥଙ୍କୁ ଆରାଧନା କରି ସିଦ୍ଧିଲାଭ କରିଥିଲେ। ସେ ମାଳିସାହି ଗ୍ରାମ ଦାନ ପାଇଥିଲେ ଓ ନୟାଗଡ଼ରେ ଅବସ୍ଥାନ କରୁଥିବା ସମୟରେ କେତେକ କାବ୍ୟ ରଚନା କରି ନୟାଗଡ଼ ରାଜାଙ୍କଠାରୁ ବୀରବର ଉପାଧି ପାଇଥିଲେ।”

ପ୍ରାଣକୃଷ୍ଣ ଆଚାର୍ଯ୍ୟ – ସଂକ୍ଷିପ୍ତ ଓଡ଼ିଶା ଓ ନୟାଗଡ଼ ଇତିହାସ, ୧୯୯୭, ପୃଷ୍ଠା- ୧୪୮

ତ୍ରୟୋଦଶ ମତ:

"କବିସମ୍ରାଟ ଉପେନ୍ଦ୍ର ଭଞ୍ଜ ୧୫୯୮ ଶକାବ୍ଦ ମାଘମାସ ଶୁକ୍ଳପକ୍ଷ ପଞ୍ଚମୀ ତିଥିରେ ଧନଞ୍ଜୟ ଭଞ୍ଜ ପ୍ରିୟତମା ମହିଷୀ ନବଦୁର୍ଗ ରାଜଜେମା ମଣ୍ଡାଦେବୀଙ୍କ ପୁତ୍ର ନୀଳକଣ୍ଠ ଭଞ୍ଜଙ୍କଠାରୁ ଜନ୍ମଗ୍ରହଣ କରିଥିଲେ। ଷଡ଼ାକ୍ଷର ରାମତାରକ ମନ୍ତ୍ର ସିଦ୍ଧ କରି ପିତାମହଙ୍କ ପ୍ରଭାବରେ ନିଜ ମାତୃଭାଷାରେ ଉନ୍ନତି କରିବା ଲାଗି ବାଷଠି ଖଣ୍ଡ କାବ୍ୟ ଓ ଅନେକ ମହାକାବ୍ୟ ରଚନା କରିଥିଲେ। ଭଞ୍ଜବଂଶର ଦୁର୍ଦ୍ଦିନ ସମୟରେ ନିଜର ମାମୁ ଘର ନୟାଗଡ଼କୁ ଚାଲି ଯାଇଥିଲେ। ନିଜ ମାମୁଝିଅ ରାଜକନ୍ୟା ରତ୍ନାବତୀଙ୍କୁ ବିବାହ କରି ମାଳିସାହି ଯୌତୁକସ୍ୱରୂପ ପାଇଥିଲେ। ତତ୍କାଳୀନ ନୟାଗଡ଼ର ରାଜାସାବେ ଉପେନ୍ଦ୍ର ଭଞ୍ଜଙ୍କ କବି ପ୍ରତିଭା ଦେଖି ବୀରବର ଉପାଧି ପ୍ରଦାନ କରିଥିଲେ।"

କୈଳାସ ଚନ୍ଦ୍ର ପାଣିଗ୍ରାହୀ - ନୟାଗଡ଼ ଇତିହାସ, ୧୯୪୮, ପୃଷ୍ଠା - ୮୭

ଚତୁର୍ଦ୍ଦଶ ମତ:

"ଓଡ଼ଗାଁ ପୁରୀ ଜିଲ୍ଲା ନୂଆଗଡ଼ ସବ୍‌ଡିଭିଜନରେ ଗୋଟିଏ ବଡ଼ ଗ୍ରାମ। ଏଠାରେ ରଘୁନାଥଙ୍କର ମନ୍ଦିର ଅବସ୍ଥିତ। ଏହି ମନ୍ଦିର ଓଡ଼ଗାଁ ରଘୁନାଥ ନାମରେ ଉତ୍କଳରେ ସର୍ବପ୍ରସିଦ୍ଧ। ରାମନବମୀ ଦିନ ଏଠାରେ ବଡ଼ ମେଳା ହୁଏ ଓ ବହୁଯାତ୍ରୀ ଓଡ଼ିଶାର ବିଭିନ୍ନ ଅଞ୍ଚଳରୁ ଆସନ୍ତି। ଏଠାରେ ଗୋଟିଏ ଡାକ୍ତରଖାନା ଓ ଗୋଟିଏ ଉଚ୍ଚ ବିଦ୍ୟାଳୟ ଅଛି। ଓଡ଼ଗାଁ ନିକଟସ୍ଥ ଢେଙ୍କଣା ମାଳିସାହିରେ ଅବସ୍ଥିତ ରଘୁନାଥ ମନ୍ଦିରରେ ରାମତାରକ ମନ୍ତ୍ର ଜପି ଉପେନ୍ଦ୍ର ଭଞ୍ଜ ସିଦ୍ଧି ଲାଭ କରିଥିଲେ ବୋଲି ଜନଶ୍ରୁତି ଅଛି।"

ସଂକ୍ଷିପ୍ତ ଜ୍ଞାନକୋଷ, ଉତ୍କଳ ବିଶ୍ୱବିଦ୍ୟାଳୟ, ପ୍ରଥମ ଭାଗ, ୧୯୬୩, ପୃଷ୍ଠା - ୩୮୦ - ୩୮୧

ପଞ୍ଚଦଶ ମତ:

"ସୂର୍ଯ୍ୟମଣି ଚ୍ୟାଉପଟ୍ଟନାୟକ ନୀଳକଣ୍ଠ ଭଞ୍ଜ କିପରି ଘୁମୁସରର ରାଜା ହେଲେ ଏବଂ କେଉଁ ପରିସ୍ଥିତିରେ ପୁତ୍ର ଉପେନ୍ଦ୍ରଙ୍କ ସହ ନୟାଗଡ଼ ମାଳିସାହିକୁ ଆସିଥିଲେ, ତାହା ନିମ୍ନୋକ୍ତ ପଦାବଳୀରେ ଲିପିବଦ୍ଧ କରିଛନ୍ତି -

"ଏଥୁଅନ୍ତେ ଶୁଣ ଜନେ ଦେଇ ହୃଦ
ନୀଳକଣ୍ଠ ଭଞ୍ଜେ ଲଭିଅଛି ମୋଦ ॥୧॥

ଘୁମୁସର ରାଜ୍ୟେ ନରପତି ହେଲେ
ଅଯଶକୁ ସବୁ ଦେଶ ଖ୍ୟାତ କଲେ ।।୨।।
ପିତା, ଭ୍ରାତା, ପୁତୁରା ତିନିକି ମାରି
ନୀଳକଣ୍ଠ ଭଞ୍ଜେ ହେଲେ ଦଣ୍ଡଧାରୀ ।।୩।।
ଏହି ରୂପେ ସବୁଠାରେ ହେଲେ ଖ୍ୟାତ
ଯେ ଶୁଣିଲେ ନିନ୍ଦା କଲେ ଯେ ବହୁତ ।।୪।।

x x x

ନୀଳକଣ୍ଠ ଭଞ୍ଜେ ଶୁଣିଲେ କର୍ଣ୍ଣରେ
ଘନ ଭଞ୍ଜେ ଘେନି ବହୁ ଲସ୍କର ।।୨୦।

x x x

ତାହା ଶୁଣି ନୀଳକଣ୍ଠ ଭଞ୍ଜେ ଭୟ
କରି ହୃଦୟ କମ୍ପାଇ ଅତିଶୟ ।।୨୩।।
ଆପଣା ଲୋକକୁ ଘେନି ପଳାଇଲେ
ଧରାକୋଟରେ ଯାଇ ପ୍ରବେଶ ହୋଇଲେ ।।୨୪।।
ସେଠାରେ ସେ ଭୟ ପାଇ ନ ରହିଲେ
ଆଠଗଡ଼କୁ ସତ୍ୱରେ ପଳାଇଗଲେ ।।୨୫।।
ସେହିଠାରେ କେତେଦିନ ରହି ପୁଣି
ନୂଆଗଡ଼କୁ ଗଲେ ସବୁଙ୍କୁ ଘେନି ।।୨୬।।
ନୂଆଗଡ଼ର ମାଳିସାହି ଗ୍ରାମରେ
ରହିଲେ କୁଟୁମ୍ବେ ଘେନି ସହଜରେ ।।୨୮।
ତାହାଙ୍କର କୁମର ଉପେନ୍ଦ୍ର ଭଞ୍ଜ
ଛାନ୍ଦ କବିତ୍ୱରେ ସେହି କବିରାଜ ।।୨୯।।
ତାହାଙ୍କର ଅନ୍ୱୟ କେହି ନ ଥିଲେ
ସେହି ମାଳିସାହି ଗ୍ରାମରେ ରହିଲେ ।" ।।୩୦।।

ସୂର୍ଯ୍ୟମଣି ଚ୍ୟାଉପଟ୍ଟନାୟକ - ଘୁମୁସର ଭଞ୍ଜବଂଶାବଳୀ, ୧୯୮୩, ପଞ୍ଚମ ଛାନ୍ଦ ।

ଷୋଡ଼ଶମତ:

"ନୀଳକଣ୍ଠ ଭଞ୍ଜ ଶୁଣିଲେ କର୍ଣ୍ଣର।
ଘନ ଭଞ୍ଜ ଧରି ବହୁତ ଲସ୍କର।
ରଣଭଞ୍ଜଙ୍କୁ ରଜା କରି ଶାଢ଼ି ଦେଇ
ସର୍ବ କନ୍ଧ ମଳିକମାନଙ୍କୁ ଡକାଇ।
ଗାଲେରୀ କୋକଲବା ମୁଠା ପାଇକଙ୍କୁ
ସଙ୍ଗେ ଘେନି ଆସିଲେ ଯୁଦ୍ଧ କରିବାକୁ।
ତାହାଶୁଣି ନୀଳକଣ୍ଠ ଭଞ୍ଜ କରି ଭୟ
ଆପଣା ହୃଦୟକୁ କମ୍ପାଇ ଅତିଶୟ।
ଆପଣାର ଲୋକଙ୍କୁ ଘେନି ପଳାଇଲେ
ଧରାକୋଟରେ ଯାଇ ପ୍ରବେଶ ହୋଇଲେ।
ସେଠାରେ ସେ ଭୟ କରି ନ ରହିଲେ
ଆଠଗଡ଼କୁ ଅବିଳମ୍ବେ ପଳାଇଲେ।
ସେହିଠାରେ କେତେ ଦିନ ରହି ପୁଣି
ନୂଆଗଡ଼କୁ ଗଲେ ସମସ୍ତଙ୍କୁ ଘେନି।
ଖଟଦୋଳି ବାଙ୍କିଆ ଯେ ହଂସୁଲୀ ତୁଳୀ
ଜଗଦ୍ଦେବଙ୍କୁ ଦେଇ ସେଠାରୁ ଗଲେ ଚଳି।
ନୂଆଗଡ଼ ମାଳିସାହିରେ କରି ଘର
ରହିଲେ ସେଠାରେ ଭୟ କରି ଦୂର।
ତାହାଙ୍କର କୁମର ଉପେନ୍ଦ୍ର ଭଞ୍ଜ ନାମ
ଛାନ୍ଦ କବିତ୍ୱରେ ସେ ଅଟନ୍ତି ଉତ୍ତମ।

ତାହାଙ୍କର କନ୍ୟା କେହି ତ ନ ଥିଲେ
ସେହି ମାଳିସାହି ଗ୍ରାମରେ ରହିଲେ।"

ସଂଗ୍ରାହକ ମାଗୁଣି ଦାସ - ଲେଖକ - ଗଙ୍ଗାପାଣି ମହାପାତ୍ର, ଭଞ୍ଜ ବଂଶ ଓ ଘୁମୁସର ବିଦ୍ରୋହ, ୧୯୭୮, ପୃଷ୍ଠା - ୩୧-୩୨

ସପ୍ତଦଶ ମତ:

"କିମ୍ବଦନ୍ତୀ କହେ ଉପେନ୍ଦ୍ର ନୂଆଗଡ଼ ଯିବାପଥରେ ଜଣେ ତାନ୍ତ୍ରିକର ତନ୍ତ୍ର ସାଧନା ଦେଖିଲେ। କାଳୀଙ୍କର ଆବିର୍ଭାବରେ ସେହି ତାନ୍ତ୍ରିକ ମୂର୍ଚ୍ଛିତ ହେବାରୁ ଉପେନ୍ଦ୍ର କାଳୀଙ୍କୁ ପୂଜାରେ ସନ୍ତୁଷ୍ଟ କଲେ। କାଳୀ ବର ଯାଚନ୍ତେ ସେ ରାମଭକ୍ତ ଓ ଲୋକୋତ୍ତର କବିତ୍ୱ ଶକ୍ତି ଭିକ୍ଷା କଲେ। କାଳୀ 'ତଥାସ୍ତୁ' କହି ଅନ୍ତର୍ହିତ ହେଲେ।

ନୂଆଗଡ଼ରେ ପହଞ୍ଚି ଉପେନ୍ଦ୍ର ବୈରାଗୀ ବେଶରେ ମାଳିସାହି ଗ୍ରାମରେ ଅବସ୍ଥାନ କଲେ। ଏହି ଗ୍ରାମକୁ ସେ ପୂର୍ବେ ଯୌତୁକ ରୂପେ ପାଇଥିଲେ। ଶୁଣାଯାଏ ସ୍ୱୟଂ ରାମଚନ୍ଦ୍ର ତାହାଙ୍କ ପ୍ରତି ପ୍ରସନ୍ନ ହୋଇ ରାମତାରକ ମନ୍ତ୍ର ସିଦ୍ଧି କରି ମହାକବି ହେବାର ଉପଦେଶ ପ୍ରଦାନ କରିଥିଲେ। ଏହାପରେ ଉପେନ୍ଦ୍ର 'ସିଦ୍ଧଗୁମ୍ଫା'ଠାରେ ରାମତାରକ ମନ୍ତ୍ର ଜପରେ ସିଦ୍ଧିଲାଭ କରିଥିଲେ।"

ବିଚିତ୍ରାନନ୍ଦ ମହାନ୍ତି - ଭଞ୍ଜ କବି ପରିଚୟ, ପ୍ରକାଶ - କମଳା ବୁକ୍ ଷ୍ଟୋର, ରାଣୀହାଟ, କଟକ, ଜୁନ ୧୯୫୮, ପୃଷ୍ଠା - ୪

ଅଷ୍ଟାଦଶ ମତ:

"ନୟାଗଡ଼ର ମାଳିସାହିରେ ସେ ବାସ କରି ନିରୁଦ୍‌ବିଗ୍ନ ଓ ଅନାସକ୍ତ ଭାବରେ ତାଙ୍କର ବାଣୀ ସାଧନାରେ ଲାଗିପଡ଼ିଲେ।"

ଗଙ୍ଗାଧର ବଳ, ଉପେନ୍ଦ୍ର ଭଞ୍ଜ - ସାହିତ୍ୟ ଅକାଦମୀ, ନୂଆଦିଲ୍ଲୀ, ୨୦୦୨, ପୃଷ୍ଠା - ୧୫

ଊନବିଂଶ ମତ:

"ଘନ ଭଞ୍ଜଙ୍କ ସେନାପତିତ୍ୱରେ ବିରାଟବାହିନୀ ଗାଲେରୀଠାରୁ କୁଲାଡ଼ ଅଭିମୁଖେ ଅଗ୍ରସର ହେଉଥିବା ଶୁଣାଗଲା। ବିରାଟବାହିନୀର ସମ୍ମୁଖୀନ ହେବା ବିପଜ୍ଜନକ ମନେ କରି ନୀଳକଣ୍ଠ ଭଞ୍ଜ ଯଥାଶୀଘ୍ର ସପରିବାରେ କୁଲାଡ଼ଗଡ଼ ତ୍ୟାଗ କଲେ। ସେ ସର୍ବପ୍ରଥମେ ଧରାକୋଟ ଓ ତତ୍ପରେ କେତେକାଳ ଆଠଗଡ଼ରେ ଅବସ୍ଥାନ କରିଥିଲେ। କେତେବର୍ଷ ପରେ ସେ କେତେଜଣ ବିଶ୍ୱସ୍ତ ଅନୁଚରଙ୍କ ସାହାଯ୍ୟରେ ନିରାପଦରେ ନୟାଗଡ଼ ସମୀପବର୍ତ୍ତୀ ମାଳିସାହିରେ ପହଞ୍ଚି ଅବଶିଷ୍ଟ ସମୟ ସେଠାରେ ଅତିବାହିତ କରିଥିଲେ। ପିତାଙ୍କ ଏତାଦୃଶ ଦୁଃଖସମୟରେ ଉପେନ୍ଦ୍ର ଭଞ୍ଜ ପିତାଙ୍କ ପାଖେ ପାଖେ ଥିଲେ, ପଳାୟନ ବେଳେ ସହଯାତ୍ରୀ ଥିଲେ। ନୟାଗଡ଼ ମାଳିସାହିରେ ପହଞ୍ଚିବା ସମୟକୁ ତାଙ୍କର ବୟସ ଥିଲା ବତିଶ।"

ଅନନ୍ତ ପଦ୍ମନାଭ ପଟ୍ଟନାୟକ- ଉପେନ୍ଦ୍ର ଭଞ୍ଜ, ଗ୍ରନ୍ଥମନ୍ଦିର, ୧୯୮୭, ପୃଷ୍ଠା-୨୫

ବିଂଶମତ:

"ନୟାଗଡ଼ସ୍ଥ ମାଳିସାହିର ଅଦୂରରେ 'ସିଦ୍ଧଗୁମ୍ଫା', ଚତୁର୍ଦ୍ଦିଗରେ ପ୍ରକୃତିର ରମଣୀୟ ନିର୍ଜନତା। ବନ, ପ୍ରାନ୍ତର, ଶସ୍ୟକ୍ଷେତ୍ର ଓ ପାର୍ବତ୍ୟ ଉପତ୍ୟକାର ଏହି ବିଜନ ପରିବେଶରେ ପତ୍ନୀ - ବିରହ - ବିଧୂର ରାଜ୍ୟତ୍ୟାଗୀ ଉପେନ୍ଦ୍ର ଏକ ନିଃସଙ୍ଗ, ନିର୍ଜନ ନୀରବ ଉଦାସୀନତାର ଅନିର୍ବଚନୀୟ ମାଧୁରୀରେ ନିମଜ୍ଜିତ ହୋଇ ବାଣୀ ସାଧନା କରୁଥାନ୍ତି। ଅଦୂରରେ ଶ୍ରୀରଘୁନାଥଜୀଉଙ୍କ ମନ୍ଦିର। ରାଜ୍ୟଭ୍ରଷ୍ଟ ପିତାଙ୍କୁ ହରାଇ, ପ୍ରିୟତମା ଭାର୍ଯ୍ୟାଙ୍କୁ ହରାଇ ଅନେକ ଦିନ ଧରି ଉପେନ୍ଦ୍ର ଏହି ସିଦ୍ଧଗୁମ୍ଫାକୁ ପଳାଇ ଆସିଛନ୍ତି। ରାମତାରକ ମନ୍ତ୍ର ଜପ ଓ ବାଣୀ ଆରାଧନାରେ ଉପଯୁକ୍ତ ସ୍ଥଳୀ ଏହି ନିର୍ଜନ ଗୁମ୍ଫା।"

'ସିଦ୍ଧଗୁମ୍ଫା'ର ସମ୍ରାଟ - ମହାପାତ୍ର ନୀଳମଣି ସାହୁ, - ଆମ ଉପେନ୍ଦ୍ର ଭଞ୍ଜ ଆମ ସାହିତ୍ୟ - ସଂ - ପରମାନନ୍ଦ ଅଧିକାରୀ, ୧୯୭୯ , ପୃଷ୍ଠା - ୨୯୨

ନବଦୁର୍ଗ ରାଜ୍ୟ ଓ ମାଳିସାହି:

ନବଦୁର୍ଗ ରାଜ୍ୟକୁ ଶାସନର ସୁବିଧା ଦୃଷ୍ଟିରୁ ଏଗାର ଗୋଟି ପ୍ରଗଣାରେ ବିଭକ୍ତ କରାଯାଇଥିଲା। ଯଥା: କୋରଡ଼ା, କୋରଡ଼ାମାଳ, ଗୁମିମାଳ, ବେତନଟୀମାଳ,

ଗୋଡିପଲ୍ଲୀ, ସୁନାମୁହିଁ, କାନ୍ଥମାଳ, ମହୀପୁର, ଗଣ୍ଡିବେଢ଼, ବଡ଼ଦେଶ ଓ ପଞ୍ଚୁପଲ୍ଲୀ। ମାଳିସାହି ଗ୍ରାମଟି 'ଗଣ୍ଡିବେଢ଼' ପ୍ରଗଣାରେ ଅନ୍ତର୍ଗତ ଥିଲା। ଏହି ପ୍ରଗଣାର କ୍ଷେତ୍ରଫଳ ଥିଲା ୩୫,୯୫୮.୭୨ ଏକର। ଏଥି ମଧ୍ୟରୁ କୃଷିକ୍ଷେତ୍ର ପରିମାଣ ହେଉଛି ୨୫,୮୦୩.୨୮ ଏକର ଓ ଅଣ କୃଷିକ୍ଷେତ୍ର ୧୦,୧୫୪.୮୪ ଏକର। ଏହି ପ୍ରଗଣାର ଗ୍ରାମ ସଂଖ୍ୟା ହେଉଛି ୧୦୮।

ମାଳିସାହି ଗ୍ରାମଟି ନୟାଗଡ଼ ରାଜାମାନଙ୍କର ସ୍ୱତନ୍ତ୍ର ଦୃଷ୍ଟି ଆକର୍ଷଣ କରିଥିଲା। ଏହି ଗ୍ରାମର ମଧ୍ୟଭାଗରେ ରାଜାଙ୍କର ଖମାରକୋଠି ରହିଥିଲା। ଗ୍ରାମର ପୁରୁଖା ଲୋକମାନେ କହୁଥିଲେ ଯେ ଏହି ଖମାର ଗୃହରେ ବଡ଼ବଡ଼ କାଠ କବାଟ ଲାଗିଥିଲା। ଏହି ଗ୍ରାମର ଖମାର ଜମିଗୁଡ଼ିକରୁ ଧାନ ଆଦାୟ କରାଯାଇ ଉକ୍ତ ଖମାରକୋଠିରେ ମହଜୁଦ ରଖାଯାଉଥିଲା। ରାଜସ୍ୱ ଆଦାୟ କରିବା ପାଇଁ ଏହି ଗ୍ରାମରେ ମକଦ୍ଦମ ଓ ସର୍ବରାକାର ପ୍ରଭୃତି କର୍ମଚାରୀ ଜାଗିରି ପାଇ ରହିଥିଲେ। ରାଜ ପରିବାରର ବ୍ୟବହାର ନିମିତ୍ତ ଏହି ଖମାରକୋଠିରୁ ଧାନ ନୟାଗଡ଼ ରାଜବାଟୀକୁ ନିଆଯାଉଥିଲା। ସୂଚନାଯୋଗ୍ୟ ଯେ ମାଳିସାହି ଗ୍ରାମରେ ଥିବା ଖମାର ଜମି ପରିମାଣ ହେଉଛି ପଞ୍ଚତିରିଶ ଏକର।

ଶ୍ରୀଗତୀଶ୍ୱର ମହାଦେବ ଏହି ଗ୍ରାମର ମୁଖ୍ୟ ଆରାଧ୍ୟ ଦେବତା। ନୟାଗଡ଼ ଗଡ଼ଜାତରେ ଦ୍ୱାଦଶାର୍ଦ୍ଧ ଶମ୍ଭୁ ପୂଜା ପାଉଛନ୍ତି। ଏହି ଦ୍ୱାଦଶାର୍ଦ୍ଧ ଶିବ ନିମ୍ନ ଶ୍ଳୋକରେ ଉଲ୍ଲେଖ କରାଯାଇଛି।

"ଉଗ୍ରେଶ ଧବଳେଶ୍ୱର ପ୍ରତିଦିଶଂ ଶ୍ରୀନୀଳକଣ୍ଠ ସ୍ତଥା
ମୁକ୍ତେଶଂ କପିଳେଶ୍ୱର ବିଜୟତେ ଶ୍ରୀଲଡ୍ଡୁକେଶ ପ୍ରଭୁ
ତତ୍‌ପଶ୍ଚାତ୍ ମଧୁ ଦୂତୀ ଫୁଲ ଗତିକା ସିଂହସ୍ୱେରଶ୍ରୀ
ନବଦୁର୍ଗେ ଦ୍ୱାଦଶାର୍ଦ୍ଧୟୋ ମହାଶିବ ଶ୍ରୀସୋମନାଥ ପୁନଃ।"

ଅର୍ଥାତ୍ ବଡ଼ପଣ୍ଡୁସର ଗ୍ରାମର ଉଗ୍ରେଶ୍ୱର, ବାଘେରାର ଧବଳେଶ୍ୱର, ଚନ୍ଦ୍ରଶେଖରପୁରର ନୀଳକଣ୍ଠେଶ୍ୱର, ଗୁଞ୍ଜୁବାରଣ ଗ୍ରାମର କପିଳେଶ୍ୱର, ଶରଣକୁଳର ଲଡ୍ଡୁକେଶ୍ୱର, ବାହାଡ଼ାଝୋଲାର ଫୁଲେଶ୍ୱର, ଯଦୁପୁରର ସିଂହେଶ୍ୱର, ରାବେରାର ମଧୁକେଶ୍ୱର, ଗୋବିନ୍ଦପୁରର ସୋମନାଥଦେବ, ଗୋଡିସାହି ଗ୍ରାମର ମୁକ୍ତେଶ୍ୱର,

ଜାମୁପାଟଣାର ଦୂତୀକେଶ୍ୱର, ମାଳିସାହି ଗ୍ରାମର ଗତୀଶ୍ୱର ମହାଦେବ ଓ ପାଞ୍ଚଗଡ଼ ଦିବ୍ୟସିଂହପୁରର ଅର୍ଦ୍ଧଶମ୍ଭୁ ସୋମନାଥ ଦେବ ନୟାଗଡ଼ର ଦ୍ୱାଦଶାର୍ଦ୍ଧ ଶମ୍ଭୁ ଅଟନ୍ତି। ଏମାନେ ସ୍ୱୟଂ ଲିଙ୍ଗ। ସୁତରାଂ ନବଦୁର୍ଗ ରାଜ୍ୟର ଦ୍ୱାଦଶାର୍ଦ୍ଧ ଶିବ ମଧ୍ୟରେ ଶ୍ରୀଗତୀଶ୍ୱର ଅନ୍ୟତମ ଦେବତା ଅଟନ୍ତି। ଗତୀଶ୍ୱର ମହାଦେବଙ୍କ ସେବାପୂଜା ସମ୍ପାଦନ ପାଇଁ ସେବାୟତମାନଙ୍କୁ ଜମି ରାଜା ଖଞ୍ଜା ଦେଇଛନ୍ତି। ଏହି ଜମିର ପରିମାଣ ୧୧୮ ଏକର ୯୦ ଡିସିମିଲ୍।

ଏହି ମାଳିସାହି ଗ୍ରାମରେ ନୟାଗଡ଼ର ରାଜା ମୃତ୍ୟୁଞ୍ଜୟ ସିଂହ ମାନଧାତା ନିଜ ନାମରେ ଗୋଟିଏ ବ୍ରାହ୍ମଣଶାସନ ପ୍ରତିଷ୍ଠା କରିଥିଲେ। ଏହାର ନାମ ହେଉଛି 'ମୃତ୍ୟୁଞ୍ଜୟପୁର ଶାସନ'। ରାଜା ନିଜ ରାଣୀଙ୍କ ନାମରେ ମଧ୍ୟ ଏହି ଗ୍ରାମଠାରୁ ଦେଢ଼କିଲୋମିଟର ଦୂରତାରେ 'ହୀରାଦଈପୁର' ନାମରେ ଗ୍ରାମଟିଏ ମଧ୍ୟ ସ୍ଥାପନ କରିଥିଲେ। ନୟାଗଡ଼ ରାଜବଂଶର ଜନୈକା ରାଜଜେମା ବୌଦ୍ଧ ରାଜକୁମାରଙ୍କୁ ବିବାହ କରିଥିଲେ। ସେତେବେଳେ ବାଲ୍ୟ ବିବାହ ପ୍ରଥା ପ୍ରଚଳିତ ଥିଲା। ଏହି ରାଜଜେମା ଅକାଳରେ ବିଧବା ହେବାରୁ ସେ ଜୀବନରେ ବ୍ରହ୍ମଚାରିଣୀ ବ୍ରତ ଅବଲମ୍ବନ କରିଥିଲେ। ଏହି ବ୍ରହ୍ମଚାରିଣୀ ମାଳିସାହି ଗ୍ରାମର ଖମାରକୋଠି ଆଶ୍ରମ ପରିସରରେ ଅବସ୍ଥାନ କରୁଥିଲେ।

ରାଜ୍ୟହରା ନୃପତି ନୀଳକଣ୍ଠ ଭଞ୍ଜ ଓ ପୁତ୍ର ଉପେନ୍ଦ୍ରଙ୍କର ନିରାପଦ ଆଶ୍ରୟସ୍ଥଳ ହେଲା ଏହି ମାଳିସାହି ଗ୍ରାମ। ଘୁମୁସରର ଏହି ଭାଗ୍ୟହୀନ ନରପତି ରାଣୀ ରତ୍ନାବତୀଙ୍କ ସହିତ ମାଳିସାହିଠାରେ ଥିବା ଖମାର କୋଠି ପରିସରରେ ଅବସ୍ଥାନ କରି ଦୁଃଖ ଓ ନୈରାଶ୍ୟରେ କାଳ କଟାଇଥିଲେ । ସେ ଗତୀଶ୍ୱର ଶିବଙ୍କର ଶରଣାପନ୍ନ ହୋଇ କାଳତିପାତ କରିବାକୁ ଲାଗିଲେ। କୁମାର ଉପେନ୍ଦ୍ର ପିତା ଓ ମାତାଙ୍କୁ ଦର୍ଶନ କରିବା ପାଇଁ ହସ୍ତୀପୃଷ୍ଠରେ ଆରୋହଣ କରି ନୟାଗଡ଼ ରାଜବାଟୀରୁ ସାମୟିକ ଭାବରେ ମାଳିସାହି ଗ୍ରାମକୁ ଆସୁଥିଲେ। ମାଳିସାହି ଗ୍ରାମର ପ୍ରାକୃତିକ ପରିବେଶ ଓ ସୁଷମା ଉପେନ୍ଦ୍ରଙ୍କ ମନକୁ ଆକର୍ଷିତ କଲା। ଅଦୂରରେ ରାଜଗିରି ପର୍ବତର ଶୋଭା, ଗାଁ' ନିକଟରେ ବାଘମାରୀ ନିର୍ଝରିଣୀର ପ୍ରବାହ, ଆମ୍ରକୁଞ୍ଜ, ସବୁଜ ପରିବେଶ - ଏ ସମସ୍ତ ଯୁବକ ଉପେନ୍ଦ୍ରଙ୍କ ମନରେ ଗଭୀର ରେଖାପାତ କରିଥିଲା।

ନବଦୁର୍ଗେଶ୍ୱରଙ୍କ ଜାମାତା ଉପେନ୍ଦ୍ର ଭଞ୍ଜଙ୍କ ଭାଗ୍ୟାକାଶରେ ଅକାଳ - ବାଦଲ ଦେଖାଦେଲା । ନବଦୁର୍ଗ ରାଜଜେମା ତଥା ଉପେନ୍ଦ୍ରଙ୍କର ପତ୍ନୀଙ୍କର ଅକସ୍ମାତ୍ ମୃତ୍ୟୁ ଘଟିଲା । ଏହି ଆକସ୍ମିକ ବିୟୋଗ ଉପେନ୍ଦ୍ରଙ୍କୁ ଗଭୀର ଭାବରେ ମର୍ମାହତ କଲା । ଜେମାଦେଈଙ୍କର ମଧୁକ୍ଷରା ସ୍ମୃତି ଯୁବକ ଉପେନ୍ଦ୍ରଙ୍କୁ ଗଭୀର ଧକ୍କା ଦେଲା । ତାଙ୍କ ପ୍ରାଣ କେବଳ କୁରର ପକ୍ଷୀପରି ବିଳାପ କରିବାକୁ ଲାଗିଲା । ନବଦୁର୍ଗ ରାଜବାଟୀ ତାଙ୍କୁ ଶୂନ୍ୟବୋଧ ହେଲା । ହୃଦୟର ଶୂନ୍ୟତାକୁ ନେଇ ବିରହୀ ଉପେନ୍ଦ୍ର ଭଞ୍ଜ ରାଜବାଟୀ ନିକଟରେ ରହିଥିବା ରୁକ୍ଷି ପାହାଡ଼କୁ ଚାହିଁ ଚାହିଁ ଦିନ କାଟିଲେ । ରୁକ୍ଷି ପାହାଡ଼ ପରି ସେ ହୃଦୟକୁ ଦୃଢ଼ କଲେ । ମାଳିସାହି ଖମାରରୁ ଚର ଆସି ଖବର ଦେଲା ଯେ ପିତା ନୀଳକଣ୍ଠ ଭଞ୍ଜ ଶଯ୍ୟାଶାୟୀ । ଉପେନ୍ଦ୍ରଙ୍କ ମନ ମାଳିସାହି ଉଡ଼ିଗଲା । ଅନନ୍ତର ଉପେନ୍ଦ୍ରଙ୍କର ଉପସ୍ଥିତି ରାଜା ନୀଳକଣ୍ଠଙ୍କୁ ଆଶ୍ୱସ୍ତି ଦେଲା ସିନା; କିନ୍ତୁ ତାଙ୍କର ଶରୀର ଘୋର ଅବନତି ଆଡ଼କୁ ଗତିକଲା । ପୁତ୍ର ଉପେନ୍ଦ୍ର ଓ ପତ୍ନୀ ରତ୍ନାବତୀଙ୍କୁ ସଂସାରରେ ଛାଡ଼ି ନୀଳକଣ୍ଠ ଭଞ୍ଜଙ୍କର ପ୍ରାଣ ରୂପକ ହଂସ ଦେହସରୋବର ଛାଡ଼ି ମାନସରୋବରକୁ ଉଡ଼ିଗଲା ।

ରାଜ୍ୟହରା, ପତ୍ନୀହରା, ପିତୃହରା ଉପେନ୍ଦ୍ର ଅସରନ୍ତି ଦୁଃଖର ସାଥୀ ହେଲେ । ଖମାରକୋଠିରେ ଅବସ୍ଥାନ କରୁଥିବା ବ୍ରହ୍ମଚାରିଣୀ ଦେବଦେବ ମହାଦେବ ଶ୍ରୀଗତୀଶ୍ୱର ମହାପ୍ରଭୁଙ୍କର ଶରଣାପନ୍ନ ହେବା ପାଇଁ ଉପେନ୍ଦ୍ରଙ୍କୁ ପରାମର୍ଶ ଦେଲେ । ଉପେନ୍ଦ୍ର ସଂସାର ବିରାଗୀ ହେଲେ । ବ୍ରହ୍ମଚାରିଣୀଙ୍କ ଉପଦେଶକୁ ଶିରୋଧାର୍ଯ୍ୟ କରି ଗତୀଶ୍ୱର ମହାଦେବଙ୍କ ମନ୍ଦିର ପ୍ରାଙ୍ଗଣରେ ସେ ଦିନ କାଟୁଥିଲେ । ଶୁଣାଯାଏ ସେ ସମୟରେ ବିଭିନ୍ନ ସ୍ଥାନରୁ ବାବାଜିମାନେ ଗତୀଶ୍ୱରଙ୍କ ପୀଠକୁ ଆସୁଥିଲେ । ଉପେନ୍ଦ୍ର ମଧ୍ୟ ସେମାନଙ୍କର ସାନ୍ନିଧ୍ୟ ଲାଭ କଲେ । ଉପେନ୍ଦ୍ର ଗତୀଶ୍ୱରଙ୍କର କରୁଣା ଲାଭ କଲେ । ଦିନେ ରାମାନନ୍ଦୀ ସମ୍ପ୍ରଦାୟ ଗୁଜୁରାଟୀ ସାଧୁ ବାବାଜି ରଘୁବର ଦାସଙ୍କ ସହିତ ଉପେନ୍ଦ୍ରଙ୍କର ଭେଟହେଲା ଏବଂ ବାବାଜି ତାଙ୍କୁ କହିଲେ - "ବତ୍ସ ! ରାମାତାରକ ମନ୍ତ୍ର ସିଦ୍ଧକର । ତୁମେ ଅପୂର୍ବ କବିତ୍ୱର ଅଧିକାରୀ ହେବ ।" ବାବାଜି ରଘୁବର ଦାସ ଉପେନ୍ଦ୍ରଙ୍କୁ ସାଧନାମାର୍ଗରେ ରହି ରାମତାରକ ମନ୍ତ୍ର ସିଦ୍ଧ କରିବାର ମାର୍ଗଦର୍ଶନ କରାଇଲେ -

"ଓଁରାମାୟ ରାମଚନ୍ଦ୍ରାୟ ରାମଭଦ୍ରାୟ ବେଧସେ
ରଘୁନାଥାୟ ନାଥାୟ ସୀତାୟାଃ ପତୟେ ନମଃ"

ପବିତ୍ର ରାମତାରକ ମନ୍ତ୍ରର ପ୍ରବର୍ତ୍ତନ ସ୍ୱୟଂ ଶିବ। ତେଣୁ ଗତୀଶ୍ୱରଙ୍କ ଦେବାଳୟ ପୀଠରେ ସାଧକ ଉପେନ୍ଦ୍ର ରାମତାରକ ମନ୍ତ୍ର ଜପ କରିବା ଆରମ୍ଭ କରିଥିଲେ।

ଉପେନ୍ଦ୍ର କତିପୟ କାବ୍ୟରେ ମାଳୀ / ମାଲୁଣୀଙ୍କ ସମ୍ପର୍କରେ-ସୂଚନା ଦେଇଛନ୍ତି। ମନେ ହୁଏ ଏହି ଅନୁଭୂତି ସେ ମାଳିସାହି ଗ୍ରାମରୁ ପାଇଥିଲେ -

(କ) 'ମାଳୀ ଆଳି ଦକ୍ଷିଣାବର୍ତ୍ତକ ବିନା କମ୍ବୁ
ନ ଘେନନ୍ତି ଦେବାକୁ ହର ଚରଣେ ଅମ୍ବୁ।" (ଲାବଣ୍ୟବତୀ)

(ଖ) "ବାରକରେ ଖ୍ୟାତ ଶିବପୁରେ ଉତ୍ସବେ
ବାଦନ ଯେ ଶଙ୍ଖମାଳି - ଗଣ ହିଁ ଭାବେ।" (ବୈ.ବି.)

(ଗ) "ଏଥୁ ଅନନ୍ତରେ ରସ ଶୁଣହେ ମାଳିନୀ ବେଶ
ଟଭା ଫଳ ପରାଖୋଷା। ଖୋଷିଛି ଯୋଷା ୟେ।
ଗର୍ଭକ କଳା ଚଉଁରୀ ପ୍ରକାଶେ ରତ୍ନ ଭଉଁରୀ
ଖଞ୍ଜିଅଛି ଗୋଟି ଚମ୍ପା। ଧଇର୍ଯ୍ୟ କମ୍ପା ଏ।
ଅନ୍ଧାର ନିଶାରେ ନଭେ ନିର୍ମଳ ତାରା କି ଶୋଭେ
ଦିଶଇ ତେମନ୍ତ ପରା। ଲୋଚନ କରା ଏ।

x x x

ଶ୍ରବଣେ ଚାରୁକୁଣ୍ଡଳ ଦୋହଲେ ଖଣ୍ଡ ମଣ୍ଡଳ
ସୁବର୍ଣ୍ଣ ଫାଶୀ ଉପରେ। ଚିତ୍ତକୁ ହରେ ଏ।
ଫୁଲଗୁଣା ମାଠ ଗୁଣା କରଇ ବିବେକ ବଣା
ନାସା ପୁଟକେ ପୁଟକେ। ଥାଇ ଝଟକେ ଏ।" (ଇତ୍ୟାଦି)

- ଲାବଣ୍ୟବତୀ

ମାଳିସାହି ଗ୍ରାମଠାରୁ ଦୁଇ କିଲୋମିଟର ପଶ୍ଚିମରେ ଢେଙ୍କଣାଗ୍ରାମ ଅବସ୍ଥିତ। ଏହି ଗ୍ରାମରେ ଶ୍ରୀରଘୁନାଥ ମନ୍ଦିର ଓ ମଠ ରହିଛି। ଜନଶ୍ରୁତି ଅନୁସାରେ ଏଠାରେ ଶରଭଙ୍ଗ ଋଷିଙ୍କର ଆଶ୍ରମ ରହିଥିଲା। ଏହି ମଠରେ ମଠାଧୀଶ ମହନ୍ତ ପରମ୍ପରା ରହି

ଆସିଛି। ଏଠାରେ ଅବସ୍ଥାନ କରିଥିବା ବାବାଜିମାନଙ୍କ ମଧ୍ୟରେ ବାବାଜି ଭାଗବତ ଚରଣ ଦାସ, ପଦ୍ମଚରଣ ଦାସ, ଦିଲ୍ଲୀପ ଚନ୍ଦ୍ର ଦାସ, ଯୁଗଳ ଚନ୍ଦ୍ର ଦାସ, ରାମନାରାୟଣ ଦାସ, ରାଧାଗୋବିନ୍ଦ ଦାସ, ବଦ୍ରିନାରାୟଣ ଦାସ, ପର୍ଶୁରାମ ଦାସ ପ୍ରଭୃତି ସ୍ମରଣଯୋଗ୍ୟ। ରାମ ଉପାସନା ପରମ୍ପରା ଏହି ଗ୍ରାମରେ ବହୁ ଅତୀତ କାଳରୁ ପ୍ରତିଷ୍ଠିତ। ବାବାଜି ବଦ୍ରିନାରାୟଣ ଦାସ କହୁଥିଲେ ଯେ ଶ୍ରୀରାମ, ଲକ୍ଷ୍ମଣ ଓ ସୀତାଙ୍କ ପୂଜାପୂର୍ବରୁଏଠାରେ ଶାଳଗ୍ରାମ ପୂଜା ପାଉଥିଲେ।

ପ୍ରସିଦ୍ଧ ରଘୁନାଥ ପୀଠ - ଓଡ଼ଗାଁ:

ଓଡ଼ଗାଁ ବା ଓଡ଼ଗ୍ରାମ ନୟାଗଡ଼ ସହରଠାରୁ ୨୭ କିଲୋମିଟର ଦକ୍ଷିଣ ପଶ୍ଚିମରେ ଅବସ୍ଥିତ। ଏହା ହେଉଛି ରାମ ଉପାସନାର ଅନ୍ୟତମ ପ୍ରଧାନ ପୀଠ। ଏଠାରେ ଶ୍ରୀରଘୁନାଥଙ୍କର ମନୋରମ ମନ୍ଦିର ଉପରେ ସୁବର୍ଣ୍ଣ କଳସମାନ ବିରାଜିତ। ଏହି ମନ୍ଦରିଟି ନୟାଗଡ଼ର ଊନବିଂଶତମ ରାଜା ମୃତ୍ୟୁଞ୍ଜୟ ସିଂହମାନଧାତାଙ୍କ ଦ୍ୱାରା ନିର୍ମିତ ହୋଇଥିଲା। ମୃତ୍ୟୁଞ୍ଜୟ ସିଂହ ମାନଧାତାଙ୍କର ସମସାମୟିକ ନୟାଗଡ଼ ବେବର୍ତ୍ତାବଂଶଜ ବୈରାଗୀ ପଟ୍ଟନାୟକ ଓଡ଼ଗାଁଠାରେ ବିରାଜିତ ଶ୍ରୀରଘୁନାଥଜୀଉ, ଲକ୍ଷ୍ମଣ ଓ ସୀତାଙ୍କୁ ସ୍ଥାପନ କରିଥିଲେ। କଥିତ ଅଛି ଭକ୍ତ ବୈରାଗୀ ପଟ୍ଟନାୟକ ପ୍ରଭୁ ଶ୍ରୀରଘୁନାଥଙ୍କର ସ୍ୱପ୍ନାଦେଶ ପାଇ ନିଜେ ଶ୍ରୀରାମ, ଲକ୍ଷ୍ମଣ ଓ ସୀତାଙ୍କର ମୂର୍ତ୍ତି ଗଠନ କରିଥିଲେ। ଶ୍ରୀଜୀଉଙ୍କର ପଦ୍ମପୃଷ୍ଠରେ ଲିଖିତ ଅଛି -

"ଶକାବ୍ଦ ଶର ମାଙ୍ଗଲ୍ୟେ ଋତୁଷ୍ଟ ଉଡ୍‌ଡନାୟକଃ
ରାମଂଲକ୍ଷ୍ମଣଂ ସଂସ୍ଥାପ୍ୟ ବୈରାଗୀ ପଟ୍ଟନାୟକଃ।"

ଅର୍ଥାତ୍ ଶରହେଉଛି ୫, ମାଙ୍ଗଲ୍ୟ ହେଉଛି ୮, ଋତୁ ୬ ଏବଂ ଉଡ୍‌ଡନାୟକ ୧। ଏହିପରି ହେଲା ୫୮୬୧। କିନ୍ତୁ 'ଅଙ୍କାନାଂ ବାମେନ ଗତିଃ। ତେଣୁ ଏହା ଦେବ ୧୬୮୫ ଶକାବ୍ଦ ଓ ୧୭୬୩ ଖ୍ରୀଷ୍ଟାବ୍ଦ। ସୁତରାଂ ୧୭୬୩ ଖ୍ରୀଷ୍ଟାବ୍ଦରେ ଓଡ଼ଗାଁଠାରେ ଶ୍ରୀରାମ, ଲକ୍ଷ୍ମଣ ଓ ସୀତାଙ୍କ ବିଗ୍ରହ ସ୍ଥାପିତ ହେଲେ। ଏହା ପୂର୍ବରୁ ଏଠାରେ ଶାଳଗ୍ରାମ ପୂଜା ପାଉଥିଲେ ବୋଲି ପୁରୁଖା ବ୍ୟକ୍ତିମାନେ କହନ୍ତି। ଏକଦା ଏହା ଥିଲା ଅତ୍ରିମୁନିଙ୍କର ଅନ୍ୟତମ ପୀଠ।

ଉଭୟ ଢେଙ୍କଣା ଓ ଓଡ଼ଗାଁର ରଘୁନାଥଙ୍କୁ ଉପେନ୍ଦ୍ର ଉପାସନା କରୁଥିଲେ। ଉପେନ୍ଦ୍ର ରାମ ତାରକମନ୍ତ୍ର ସାଧନା କରୁଥିବାରୁ ନବଦୁର୍ଗ ଗଡ଼ଜାତର ଏହି ଉଭୟ ରଘୁନାଥ ପୀଠରେ ଉପାସନା କରି ସାଧକଶ୍ରେଷ୍ଠ ହୋଇପାରିଥିଲେ। ଉପେନ୍ଦ୍ରଙ୍କର ଆଧ୍ୟାତ୍ମିକ ଉତ୍ତରଣ କ୍ଷେତ୍ରରେ ଏହି ଉଭୟ ରଘୁନାଥପୀଠ ବେଶ୍ ସହାୟକ ହୋଇଥିଲେ। ଉପେନ୍ଦ୍ର କୋମଣ୍ଡ ଗ୍ରାମ ଏବଂ ଗଞ୍ଜାମର କେତେକ ସ୍ଥାନରେ ସାମୟିକ ସାଧନାରତ ଥିଲେ ବୋଲି କେହି କେହି ମତପୋଷଣ କରନ୍ତି।

ତାରକ ମନ୍ତ୍ର ପରସାଦେ :

ଉପେନ୍ଦ୍ର ଭଞ୍ଜ ଥିଲେ ବିଶିଷ୍ଟ ସାଧକ । ସାଧନା ହିଁ ତାଙ୍କୁ ଦେଇଥିଲା ଅମ୍ଳାନ ସିଦ୍ଧି । ଢେଙ୍କଣା ରଘୁନାଥ ପୀଠରେ ଉପେନ୍ଦ୍ର ଭଞ୍ଜ ରାମତାରକ ମନ୍ତ୍ର ସିଦ୍ଧ କରିଥିଲେ । ଭକ୍ତିତଦ୍‌ଗତ ହୃଦୟରେ ଉପେନ୍ଦ୍ର ଭଞ୍ଜ ଧ୍ୟାନସ୍ଥ ହୋଇ ନୀଳାମ୍ବୁଜ ଶ୍ୟାମଳକାନ୍ତି ଶ୍ରୀରାମଚନ୍ଦ୍ରଙ୍କ ମନ୍ତ୍ର ନିରନ୍ତର ଜପ କରୁଥିଲେ । ତାହା ଥିଲା - 'ଓଁ ରାଂ ରାମାୟ ନମଃ ।' ଉପେନ୍ଦ୍ର ସ୍ୱୟଂ ଲେଖିଛନ୍ତି -

(କ) "ତାରକ ମନ୍ତ୍ର ପରସାଦେ
ମୋହର କବିପଣ ଉଦେ ।"

(ଲା.ବ.-୧୬ଶ ଛାନ୍ଦ)

(ଖ) "ବୀରବର ପଦ ଉପଇନ୍ଦ୍ର ମୋ ନାମ
ବାରେବାରେ ସେବାରେ ମନାଇ ସୀତାରାମ ଯେ
ବିଚିତ୍ର କବିତ୍ୱ ମାର୍ଗେ ପ୍ରସରିଲା ବୁଦ୍ଧି
ବିରଚିଲି ରାମାୟଣ ଏ ମୋ ବଡ଼ ସିଦ୍ଧି ଯେ ।"

(ବୈ.ବୈ. -୫୨ ଛାନ୍ଦ)

(ଗ) "ବାମେ ରାମାବରସ୍ଥିତି ଦକ୍ଷିଣେ ଲକ୍ଷ୍ମଣ ଜତି
ମଧ୍ୟେ ବିଜେ ଯେଉଁ ଶ୍ୟାମଳ ସୁନ୍ଦର ତାଙ୍କୁ ଉପଇନ୍ଦ୍ର ଚିନ୍ତି ଯେ ।"

(ଲା.ବ.-୨୫ ଛାନ୍ଦ)

(ଘ) "ବିଚିତ୍ର କର୍ମା ରଘୁନାଥ
ତାଙ୍କ ଧ୍ୟାନରେ ଉପଇନ୍ଦ୍ର ବିଚିତ୍ର ଚରିତ ରଚନେ ସମର୍ଥ ।"

(କୋ.ବ୍ର.ସୁ.-୧୦/୩୧ ଛାନ୍ଦ)

(ଙ) "ଗୌତମ ନାରୀର ଉତ୍ତମ ଗତିଦାୟୀ
ଉପଇନ୍ଦ୍ର ବୀରବର ସେ ଶ୍ରୀରାମ ଧ୍ୟାୟି ଯେ ।"

(ଲା.ବ.- ୩୫/୧୮ ଛାନ୍ଦ)

(ଚ) "ଜାନକୀ କୁଚ କୁଙ୍କୁମ ଅଙ୍କିତ ହୃଦୟ
ମୁନିଜନ ଚିତ୍ତେ କାମ ବିକାର ଉଦୟ ଯେ ।
ତାରକ ତାରକ ମନ୍ତ୍ର ଯାହା ନାମ ଶୁଣି
ଉପଇନ୍ଦ୍ର ବୀରବର ସେହି ରାମ ଗୁଣି ଯେ ।"

(ଲା.ବ.- ୩୩/୪୨ ଛାନ୍ଦ)

ରାମତାରକ ମନ୍ତ୍ରରେ ସିଦ୍ଧିଲାଭ କଲାପରେ ଉପେନ୍ଦ୍ର ମାଳିସାହି ଗ୍ରାମରେ ଅବସ୍ଥାନ କରି କାବ୍ୟକବିତା ରଚନାରେ ମନୋନିବେଶ କରିଥିଲେ। ଜନମୁଖରୁ ଶୁଣାଯାଏ ଯେ ଉପେନ୍ଦ୍ରଭଞ୍ଜ ମାଳିସାହି ଗ୍ରାମରେ ବହୁଦିନ ପର୍ଯ୍ୟନ୍ତ ଅବସ୍ଥାନ କରିଥିଲେ । ନବଦୁର୍ଗ ରାଜଦରବାରରେ ସେ ପ୍ରମୁଖ ସ୍ଥାନ ଅଧିକାର କରିଥିଲେ । ତାଙ୍କ ଦ୍ୱାରା ରଚିତ କାବ୍ୟଗ୍ରନ୍ଥଗୁଡ଼ିକ ନବଦୁର୍ଗ ରାଜଦରବାରରେ ଚର୍ଚ୍ଚା ହେଉଥିଲା। ଏହି ଦରବାରରେ ଉପେନ୍ଦ୍ର ଭଞ୍ଜ ଉତ୍ତମ କବିଗୋଷ୍ଠୀ ଲାଭ କରିଥିଲେ। ଏଥି ସହିତ ଉପେନ୍ଦ୍ର ବିଦ୍ୟାନଗରୀ ଖଣ୍ଡପଡ଼ା ରାଜଦରବାର ଏବଂ ରଣପୁର ରାଜଦରବାରକୁ ବାରମ୍ବାର କାବ୍ୟଚର୍ଚ୍ଚା ଓ ଆଲୋଚନା ପାଇଁ ଯାତ୍ରା କରୁଥିଲେ। ମାଳିସାହି ଗ୍ରାମ ରହଣି କାଳରେ ଉପେନ୍ଦ୍ର ଭଞ୍ଜ ତାଙ୍କର ବହୁ କାବ୍ୟଗ୍ରନ୍ଥ ଯଥା: ରସଲେଖା, ଭାବବତୀ, ଲାବଣ୍ୟବତୀ, ଲାବଣ୍ୟନିଧି, ରସିକ ହାରାବଳୀ, କୋଟିବ୍ରହ୍ମାଣ୍ଡସୁନ୍ଦରୀ, ପ୍ରେମସୁଧାନିଧି, ସୁବର୍ଣ୍ଣରେଖା, ଅବନା ରସତରଙ୍ଗ, ଯମକରାଜ ଚଉତିଶା ପ୍ରଭୃତି କାବ୍ୟ ରଚନା କରିଥିଲେ। କାବ୍ୟଗ୍ରନ୍ଥ ରଚନା କରିବା ପାଇଁ ନୟାଗଡ଼

ରାଜଦରବାରରୁ ଉପେନ୍ଦ୍ର ଭଞ୍ଜଙ୍କୁ ତାଳପତ୍ର ଯୋଗାଇ ଦିଆଯାଉଥିଲା । ସୂଚନାଯୋଗ୍ୟ ଯେ ନବଦୁର୍ଗ ରାଜ୍ୟର କନ୍ଧ ଅଧିବାସୀମାନେ ରାଜାଙ୍କୁ ବିଭିନ୍ନ ଦ୍ରବ୍ୟ ବାର୍ଷିକ ଭେଟି ଆକାରରେ ଦେଉଥିଲେ । ସେଥି ମଧ୍ୟରେ ତାଳପତ୍ର ଅନ୍ୟତମ ଥିଲା । ଏହି ଦ୍ରବ୍ୟଗୁଡିକ ଥିଲା -

(୧) କୋଳଥ - ୩୧୭ ମହଣ

(୨) ଛେଳି - ୫୬ ଗୋଟା

(୩) କଖାରୁ - ୪୦୦ ଗୋଟା

(୪) ତେନ୍ତୁଳି - ୨୭ ମହଣ

(୫) ଝୁଣା - ୫ ସେର

(୬) ମକା - ୮୬ପଣ

(୭) ମାଧୋଇ (ଏକ ବନ୍ୟଜାତ ଔଷଧ) - ୮୫ ବିଡ଼ା

(୮) ଫୁଲ ଛାଞ୍ଚୁଣି - ୮୫ ଗୋଟା

(୯) ବାଗୁଲି - ୫୦୦୦ ବିଡ଼ା

(୧୦) ଲଇ (ରଥ ଦଉଡ଼ି ପ୍ରସ୍ତୁତି ପାଇଁ) - ୨୦୦୦ ମହଣ

(୧୧) ଗିର୍ଦ୍ଧିନି (ବନ୍ୟଜାତ ଔଷଧ) - ୨ ସେର

(୧୨) ତାଳପତ୍ର - ୪୦୦

ଉପେନ୍ଦ୍ର ଭଞ୍ଜଙ୍କ ଦୁର୍ଲ୍ଲଭ କବିତ୍ୱ, ପ୍ରତିଭା ଓ ପାଣ୍ଡିତ୍ୟ ଚାରିଆଡ଼େ ବ୍ୟାପିଥିଲା । ନୟାଗଡ ରାଜା ପୁରୁଷୋତ୍ତମ ସିଂହମାନଧାତା ବାଣୀସାଧକ ଉପେନ୍ଦ୍ରଙ୍କୁ 'ବୀରବର' ଉପାଧିରେ ଭୂଷିତ କରିଥିଲେ । ଏହି 'ବୀରବର' ପଦବୀ ସେତେବେଳେ ନୟାଗଡ଼ ରାଜଦରବାରରୁ ବିଶେଷ ବିଶେଷ କ୍ଷେତ୍ରରେ ଅସାମାନ୍ୟ କୃତିତ୍ୱ ସମ୍ପନ୍ନ ବ୍ୟକ୍ତିଙ୍କୁ ମିଳୁଥିଲା । ଏହି ସମୟରେ ପୁରୀ ରାଜଦରବାରରୁ ଉପେନ୍ଦ୍ରଙ୍କୁ 'ମଙ୍ଗରାଜ' ପଦବୀ ମଧ୍ୟ ପ୍ରାପ୍ତ ହୋଇଥିଲା ।

ଉପେନ୍ଦ୍ର ଥିଲେ ରାମ ଭକ୍ତ: କିନ୍ତୁ ରାମଚନ୍ଦ୍ରଙ୍କ ମଧ୍ୟ ଦେଇ ସେ ଜଗନ୍ନାଥଙ୍କ ନିକଟରେ ପହଞ୍ଚି ପାରିଥିଲେ। ଜୀବନର ଉତ୍ତରାର୍ଦ୍ଧରେ ଉପେନ୍ଦ୍ର ଶ୍ରୀଜଗନ୍ନାଥ ଧାମରେ କାଳ କାଟିବାକୁ ମନ ବଳାଇଲେ। ତେଣୁ ତାଙ୍କ ମନ କ୍ଷେତ୍ରରାଜ ନୀଳାଚଳ ଉଡ଼ିଗଲା। ଶ୍ରୀକ୍ଷେତ୍ରକୁ ଯାଇ ଉପେନ୍ଦ୍ର ଭଞ୍ଜ ଶ୍ରୀକ୍ଷେତ୍ରବାସୀ ହେଲେ। ତାଙ୍କର ଅବଶିଷ୍ଟ ଜୀବନ ଶ୍ରୀଜଗନ୍ନାଥଙ୍କୁ ଦର୍ଶନ କରି ଶ୍ରୀକ୍ଷେତ୍ରରେ କଟୁଥିଲା। ପୁରୀଠାରେ ରହିଥିବା ଘୁମୁସର ମଠରେ ସେ ଅବସ୍ଥାନ କରୁଥିଲେ। କ୍ଷମାନିଧିଙ୍କ ଶ୍ରୀରଙ୍ଗାଚରଣ ତଳେ ଭଞ୍ଜକୁଳର ସମସ୍ତ ଗୌରବକୁ ସମର୍ପି ଦେଇ ସେ ଭକ୍ତି ଉଦ୍‌ଗତ ହୃଦୟରେ ଉପେନ୍ଦ୍ରଭଞ୍ଜ ଗାଇଥିଲେ –

'କ୍ଷମାନିଧିଙ୍କୁ ବାରେ କ୍ଷମ ମୁଁ ଦର୍ଶନରେ
କ୍ଷିତି ଖ୍ୟାତିକୁ ସମର୍ପିଲି।
କ୍ଷମ ମୋ ଅପରାଧ କ୍ଷମ ଏ ଜୀବସାଧ
ଖ୍ୟାତ ଚରଣ ତଳେ ସବୁ ଦେଲି ହେ, ନୀଳାଦ୍ରୀଶ।
କ୍ଷୟ ତ ହେଲାଣି ଏ ପିଣ୍ଡ
କ୍ଷାଳ ଏ ଜଞ୍ଜାଳର ଦଣ୍ଡ
ଖ୍ୟାତି ଏ ଉପେନ୍ଦ୍ରର କ୍ଷାତ୍ରକୁଳ ବେଭାର
କ୍ଷେମ ଚରଣେ ହେଉ ଲୁଣ୍ଠ ହେ, ନୀଳାଦ୍ରୀଶ।''

ଉପେନ୍ଦ୍ରଙ୍କର ଅନ୍ତିମ ଜୀବନ ଶ୍ରୀକ୍ଷେତ୍ରରେ ହିଁ କଟିଥିଲା ।

ସୁତରାଂ ଦିନ ଗଡ଼ିଯାଏ, ସ୍ମୃତି ରହିଯାଏ ନ୍ୟାୟରେ ଉପେନ୍ଦ୍ର ମହାକାଳରେ ଲୀନ ହୋଇଯାଇଛନ୍ତି: କିନ୍ତୁ ପଡ଼ିରହିଛି ତାଙ୍କର ସ୍ମୃତିପୀଠ ନୟାଗଡ଼ ଓ ସାଧନାର ପୀଠ ମାଳିସାହି। ଏକଥା ସର୍ବାଦୌ ସ୍ୱୀକୃତ ଯେ ଏକଦା ଉପେନ୍ଦ୍ର ଭଞ୍ଜଙ୍କ ଆଧ୍ୟାତ୍ମିକ ସାଧନା ଓ ସାହିତ୍ୟ ସର୍ଜନାର ଅନୁପମ ପୁଣ୍ୟପୀଠ ମାଳିସାହି ଗ୍ରାମ ଥିଲା। ତେଣୁ

ମାଳିସାହି ଗ୍ରାମକୁ 'ଭଞ୍ଜପୀଠ' କୁହାଯାଏ। ଭଞ୍ଜ ପ୍ରତିଭାର ସ୍ମୃତିଚାରଣ ପାଇଁ ଏବଂ ଭଞ୍ଜ କବିଙ୍କର ସମ୍ମାନାର୍ଥେ ମାଳିସାହି ଗ୍ରାମବାସୀଏ ପ୍ରତିବର୍ଷ ଏଠାରେ ନିୟମିତ ଭାବରେ ଭଞ୍ଜ ଜୟନ୍ତୀ ପାଳନ କରି ଆସୁଛନ୍ତି। ଏହା ହେଉଛି ଭଞ୍ଜ କବିଙ୍କ ପ୍ରତି ପବିତ୍ର ସ୍ମୃତିଚାରଣର ସାର୍ଥକ ନିଦର୍ଶନ। ଅତ୍ୟନ୍ତ ଆନନ୍ଦର ବିଷୟ ଏହି ଯେ ମାଳିସାହି ଗ୍ରାମରେ ରାଜ୍ୟ ସରକାରଙ୍କ ତରଫରୁ ଏକ ଭଞ୍ଜ ସ୍ମୃତିମଣ୍ଡପ ନିର୍ମାଣ କରାଯାଇଛି।

୮୮ | କବିସମ୍ରାଟ ଉପେନ୍ଦ୍ର ଭଞ୍ଜ

ତୃତୀୟ ଅଧ୍ୟାୟ :
ଓଡ଼ିଆ ଚଉତିଶା ସାହିତ୍ୟ

ପ୍ରାଚୀନ ଗୀତିକବିତାର ବିବିଧରୂପ ମଧ୍ୟରୁ ଚଉତିଶା ଅନ୍ୟତମ। ବର୍ଣ୍ଣମାଳାର 'କ' ଠାରୁ 'କ୍ଷ' ପର୍ଯ୍ୟନ୍ତ ଚଉତ୍ରିଂଶ ଗୋଟି ଅକ୍ଷରକୁ କ୍ରମିକ ଭାବରେ ଆଦ୍ୟରେ ରଖି ରଚନା କରାଯାଇଥବବା ଗୀତ ହିଁ ଚଉତିଶା। ସୁତରାଂ ଚଉତିଶା ହେଉଛି ଏକ ପ୍ରକାର ଅକ୍ଷରାନୁକ୍ରମିକ ରଚନା। ସେହିପରି ବିଲୋମ ବା ବ୍ୟଞ୍ଜନବର୍ଣ୍ଣର ବିପରୀତକ୍ରମରେ ଅର୍ଥାତ୍ 'କ୍ଷ'ଠାରୁ 'କ' ପର୍ଯ୍ୟନ୍ତ ବର୍ଣ୍ଣନୁଗଡ଼ିକୁ ଆଦ୍ୟରେ ବ୍ୟବହାର କରି ମଧ୍ୟ ଚଉତିଶା ରଚନା କରାଯାଇଛି। ଏହାକୁ 'ଓଲଟ ଚଉତିଶା' ବା 'ବିପରୀତ ଚଉତିଶା' କୁହାଯାଏ। ବର୍ଣ୍ଣମାଳାର ପ୍ରଥମ ବର୍ଣ୍ଣ 'କ' ପରେ ଶେଷ ବର୍ଣ୍ଣ 'କ୍ଷ' ଏବଂ ତା'ପରେ ଦ୍ୱିତୀୟ ବର୍ଣ୍ଣ 'ଖ' ଏବଂ ତା'ପରେ ୩୩ଶ ବର୍ଣ୍ଣ 'ହ' - ଏହିପରି ଅକ୍ଷରକ୍ରମରେ ପ୍ରତିଚରଣର ଆଦ୍ୟରେ ବର୍ଣ୍ଣବିନ୍ୟାସ ରୀତି ଅନୁସରଣ କରି ମଧ୍ୟ ଚଉତିଶା ରଚନା କରାଯାଇଛି। ଏହାକୁ 'ମେଷଯୁଦ୍ଧ ଚଉତିଶା' କୁହାଯାଏ। ଚଉତିଶା ବିବିଧ ବିଷୟକୁ ଆଧାର କରି ରଚିତ ହୋଇଛି। ବିଷୟବସ୍ତୁ ଦୃଷ୍ଟିରୁ ଚଉତିଶାଗୁଡ଼ିକୁ ସାଧାରଣତଃ ପାଞ୍ଚ ଭାଗରେ ବିଭକ୍ତ କରାଯାଇଛି। ଯଥା -

କ) ଭକ୍ତିମୂଳକ ଚଉତିଶା: କେତେକ ଭକ୍ତିମୂଳକ ଚଉତିଶା ହେଉଛି ଦୀନକୃଷ୍ଣଙ୍କ 'ଆର୍ତ୍ତତ୍ରାଣ ଚଉତିଶା', କୃତ୍ତିବାସଙ୍କ 'ବାଲୁଙ୍କେଶ୍ୱର ଜଣାଣ ଚଉତିଶା, ଦୟା ଦାସଙ୍କ 'ବାନାମ୍ବର ଚଉତିଶା', କପିଳେଶ୍ୱର ବିଦ୍ୟାଭୂଷଣଙ୍କର 'ଶିବ ଆରତତ୍ରାଣ ଚଉତିଶା' ପ୍ରଭୃତି ଉଲ୍ଲେଖଯୋଗ୍ୟ। କବିସମ୍ରାଟ ଉପେନ୍ଦ୍ର ଭଞ୍ଜଙ୍କର 'ନୀଳାଦ୍ରୀଶ ଚଉତିଶା' ଏକ ଉଚ୍ଚକୋଟୀର ଚଉତିଶା ଭାବରେ ସ୍ୱୀକୃତ।

ଖ) ପ୍ରୀତିମୂଳକ ଚଉତିଶା: କେତେଗୋଟି ଉଲ୍ଲେଖଯୋଗ୍ୟ 'ପ୍ରୀତିମୂଳକ ଚଉତିଶା' ହେଉଛି ଧନଞ୍ଜୟ ଭଞ୍ଜଙ୍କ 'କେଳିକଳ୍ପଦ୍ରୁମ ଚଉତିଶା', ଉପେନ୍ଦ୍ର ଭଞ୍ଜଙ୍କ କୃତ 'ଚିଟାଉ ଚଉତିଶା', କବିସୂର୍ଯ୍ୟ ବଳଦେବ ରଥଙ୍କର 'ଜାଇଫୁଲ ଚଉତିଶା', ବାଣପୁର ନରପତିଙ୍କ 'ଚନ୍ଦ୍ରମୁଖୀ ଚଉତିଶା', ନରେନ୍ଦ୍ରଙ୍କର 'ପ୍ରାଣବନ୍ଧୁ ଚଉତିଶା',

ବ୍ରଜରାଜ ସିଂହଙ୍କର 'ବଳାହକ ଚଉତିଶା', ହରିଶରଣ ଭଞ୍ଜଙ୍କର 'ନୀଳକଣ୍ଠ ଚଉତିଶା' ଇତ୍ୟାଦି ।

ଗ) ପୌରାଣିକ ଚଉତିଶା: ଓଡ଼ିଆରେ ବହୁ ପୌରାଣିକ ଚଉତିଶା ରଚନା କରାଯାଇଛି । ବଛା ଦାସଙ୍କ 'କଳସା ଚଉତିଶା', ଦୀନକୃଷ୍ଣଙ୍କ 'ରାଧାକୃଷ୍ଣ ଚଉତିଶା', ବାଲୁଙ୍କେଶ୍ୱରଙ୍କ 'ମୋହନ ଚଉତିଶା', ଶ୍ୟାମଘନଙ୍କର 'ହସଦୂତ ଚଉତିଶା', ଭ୍ରମରବର ସିଂହଙ୍କର 'କଳାନିଧି ଚଉତିଶା', ଉପେନ୍ଦ୍ର ଭଞ୍ଜଙ୍କର 'ଯମକରାଜ ଚଉତିଶା' ପ୍ରଭୃତି ପୌରାଣିକ ଚଉତିଶା ।

ଘ) ତତ୍ତ୍ୱପ୍ରଧାନ ଚଉତିଶା: ଭକ୍ତଚରଣ ଦାସଙ୍କ 'ମନବୋଧ ଚଉତିଶା' କଳାକଳେବର ଚଉତିଶା, ନନ୍ଦାବାଈଙ୍କର 'ନନ୍ଦାବାଈ ଚଉତିଶା', ଦ୍ୱାରକା ଦାସଙ୍କ 'ମରୁଆଫୁଲ ଚଉତିଶା', କବି ରବିଙ୍କର 'ପାକେଲା ଚଉତିଶା', କାଶୀନାଥ କବିଙ୍କର 'ଭାବାର୍ଥ ଚଉତିଶା', ଚତୁର୍ଭୁଜ ପଟ୍ଟନାୟକଙ୍କର 'ଜୀବନ ଚଉତିଶା' ଏବଂ ସନ୍ଥକବି ଭୀମଭୋଇଙ୍କ ଦ୍ୱାରା ରଚିତ ବହୁ ଚଉତିଶା ହେଉଛି 'ତତ୍ତ୍ୱପ୍ରଧାନ ଚଉତିଶା' ।

ଙ) ବିବିଧ ଚଉତିଶା: ଏତଦ୍‌ଭିନ୍ନ ବିବିଧ ବିଷୟକୁ ନେଇ ବହୁ ଚଉତିଶା ରଚନା କରାଯାଇଛି । ଦୃଷ୍ଟାନ୍ତ ସ୍ୱରୂପ, ଦୀନବନ୍ଧୁ ମହାପାତ୍ରଙ୍କର 'ଚମତ୍କାର ଚଉତିଶା', ଦନାଇ ଦାସଙ୍କର 'ପହଲୀ ଚଉତିଶା', ବଜୁରି ଦାସଙ୍କ 'ଭଲମନ୍ଦ ଚଉତିଶା', ଦୀନବନ୍ଧୁ 'ଅନ୍ତରଙ୍ଗ ଚଉତିଶା' ଇତ୍ୟାଦି ।

୧) ଦୀନକୃଷ୍ଣ ଦାସ: ରାଧାଦର୍ଶନ ଚଉତିଶା, ଅମୃତନିଧି ଚଉତିଶା, ଅନୁରାଗ ରତ୍ନାକର ଚଉତିଶା, ଦୃଷ୍ଟାନ୍ତ ଚଉତିଶା, ଗୋପୀସନ୍ଦେଶ ଚଉତିଶା, ଶ୍ରୀରାଧାସ୍ମରଣ ଚଉତିଶା, ବଉଳ ଚଉତିଶା, ବାନ୍ଧବୀ ଚଉତିଶା, ଉଦ୍ଧବ ଚଉତିଶା, ଆର୍ତ୍ତତ୍ରାଣ ଚଉତିଶା, ନବଘନ ଚଉତିଶା, ସ୍ନାନସ୍ମରଣ ଚଉତିଶା, ଘନଶ୍ୟାମ ଚଉତିଶା ଇତ୍ୟାଦି ।

୨) ସାଧୁଚରଣ ଦାସ: ଜଗବନ୍ଧୁ ଜଣାଣ ଚଉତିଶା, ପ୍ରେମଚିନ୍ତାମଣି ଚଉତିଶା ।

୩) ମଙ୍ଗରାଜ: ସୀତାନୁଚିନ୍ତା ଚଉତିଶା

୪) ଭୋବନି: ରାମଚନ୍ଦ୍ର ଜଣାଣ ଚଉତିଶା

୫) **ବଂଶୀଧର ଦାସ:** ବଉଳ ଚଉତିଶା

୬) **କ୍ଷତ୍ରିବର ଦେଓଭଞ୍ଜ:** ସପ୍ତରାଗ ଚଉତିଶା

୭) **ଗୋପୀନାଥ:** ମଥୁରାବିଜୟ ଚଉତିଶା

୮) **ପରମାନନ୍ଦ:** ନବଘନ ଚଉତିଶା, ସୀତାବିଚ୍ଛେଦ ଚଉତିଶା

୯) **ଭୂପତି ପଣ୍ଡିତ:** ଉଦ୍ଧବ ଚଉତିଶା

୧୦) **ଶ୍ରୀକର:** ଗୋପୀଜୀବନ ଚଉତିଶା

୧୧) **ଭ୍ରମରବର ରାୟ:** ଚନ୍ଦ୍ରାବଳୀ ଚଉତିଶା

୧୨) **ଦାଶରଥି ଦାସ:** ଅଭିନ୍ନ ଚଉତିଶା

୧୩) **ଲୋକନାଥ:** ବା ଚଉତିଶା

୧୪) **ଦାମୋଦର:** ରସକୁଲ୍ୟା ଚଉତିଶା

୧୫) **ଦନାଇ ଦାସ:** ସାନକନଡ଼ା ଚଉତିଶା

୧୬) **ପୀତାମ୍ବର ଭଞ୍ଜ:** କିଶୋରୀ ଚଉତିଶା

୧୭) **ସଦାନନ୍ଦ କବିସୂର୍ଯ୍ୟ ବ୍ରହ୍ମା:** ସଙ୍ଗିନୀ ଚଉତିଶା

୧୮) **ନିତ୍ୟାନନ୍ଦ:** ରାଧମୋହନ ଚଉତିଶା

୧୯) **ମଦନ:** ରାଧାମାଧବ ଚଉତିଶା

୨୦) **କେଶବ:** ରାଧାବିରହ ଚଉତିଶା

୨୧) **ଦୈବଜ୍ଞ ବଳରାମ:** କୋଳାହଳ ଚଉତିଶା

୨୨) **ଲୋକନାଥ ଧୀବର:** ରସକଦମ୍ବ ଚଉତିଶା

୨୩) **କୃପାସିନ୍ଧୁ ସୁମନ୍ତ:** ସାରଙ୍ଗଦୂତ ଚଉତିଶା, ଉଦ୍ଧବ ଚଉତିଶା

୨୪) **ବିଷ୍ଣୁ ଦାସ:** ମନ୍ଦାକିନୀ ଚଉତିଶା, ବର୍ଷାଭାବନା ଚଉତିଶା

୨୫) **ବିପ୍ର କପିଳ:** ବା ଚଉତିଶା

୨୬) **ଅଚ୍ୟୁତାନନ୍ଦ:** ଜଗନ୍ନାଥତତ୍ତ୍ୱ ଚଉତିଶା, ଶରୀର ଭେଦ ଚଉତିଶା

୨୭) **ବଳରାମ ଦାସ:** କମଳଲୋଚନ ଚଉତିଶା, କାନ୍ତକୋଇଲି ଚଉତିଶା

୨୮) **ଗୋପାଳ କୃଷ୍ଣ ପଟ୍ଟନାୟକ:** ଜଳଦ ଚଉତିଶା, ବିଳାପ ଚଉତିଶା

୨୯) ଭୀମଭୋଇ: କ୍ଷତିମଣ୍ଡଳେ ଚଉତିଶା, କାନ୍ଦି ମୁଁ ଜଣାଉଛି ଚଉତିଶା

୩୦) ଭକ୍ତ ପ୍ରେମାନନ୍ଦ ଦାସ: କହୁଛିରେ ମୂର୍ଖବାଇ ଚଉତିଶା

୩୧) ଶ୍ୟାମଘନ ଚମ୍ପତି: କୋଟିବ୍ରହ୍ମାଣ୍ଡ ସୁନ୍ଦରୀ ଚଉତିଶା

୩୨) ଲକ୍ଷ୍ମୀନାରାୟଣ: ଚିଟାଉ ଚଉତିଶା

୩୩) ଅଗଣି ନାୟକ: ବାଳବୋଧ କୋଇଲି ଚଉତିଶା

୩୪) ନରହରି ବିପ୍ର: ଭାନୁମତୀ ଚଉତିଶା

୩୫) କାଶୀନାଥ କର: ସଜନୀ ଚଉତିଶା

୩୬) ଅରକ୍ଷିତ ଦାସ: ଓଳାସୁଣୀ ଚଉତିଶା

୩୭) ବୈଷ୍ଣବ ଦାସ: ଫୁଲବଉଳବେଣୀ ଚଉତିଶା

୩୮) ନିଧିଦାସ: ବୋଲି ଚଉତିଶା

୩୯) ଦୟାମାଧବ: ଭେଟି ଚଉତିଶା

୪୦) ଗୋପାଳଦାସ: ଶଶୀମୁଖୀ ଚଉତିଶା

୪୧) ଭକ୍ତ ଜୟୀ: ହରି ଅର୍ଜୁନ ଚଉତିଶା

୪୨) କୃଷ୍ଣ ଦାସ: ମାନିନୀ ଚଉତିଶା

୪୩) ବିଶ୍ୱନାଥ ଚମ୍ପତି: ପତିତପାବନ ଚଉତିଶା, କିଶୋର ଚନ୍ଦ୍ର ଚଉତିଶା

୪୪) ହରିହର ନାୟକ: ରାବଣାରି ଚଉତିଶା

୪୫) ଅଗାଧୁ ଭଞ୍ଜ: ରାଘବ ଚଉତିଶା, ଚିନ୍ତାର୍ଥୀ ଚଉତିଶା

୪୬) ନନ୍ଦାବାଈ: ରକ୍ମିଣୀ ଚଉତିଶା

୪୭) ନାରାୟଣ ଦାସ: କୁମୁଦକାନ୍ତ ଚଉତିଶା

୪୮) ନିତ୍ୟାନନ୍ଦ: ରାଧାମୋହନ ଚଉତିଶା

୪୯) କୃପାସିନ୍ଧୁ ପଟ୍ଟନାୟକ: ସଜନୀ ଚଉତିଶା

୫୦) ଅର୍ଜୁନ ବାରିକ : କଳ୍ପତରୁ ଚଉତିଶା, କୋଇଲିବାର୍ତ୍ତା ଚଉତିଶା

କବିସମ୍ରାଟ ଉପେନ୍ଦ୍ର ଭଞ୍ଜ 'ଯମକରାଜ ଚଉତିଶା' ରଚନା କରିଛନ୍ତି । ଏହି ଚଉତିଶାରେ ଯମକ ଅଳଙ୍କାରର ପ୍ରାଧାନ୍ୟ ଥିବାରୁ ଏହାର ନାମକରଣ କରାଯାଇଛି

'ଯମକରାଜଚଉତିଶା' । ଏଥିରେ ଶ୍ରୀକୃଷ୍ଣ କୋଇଲି ମାଧ୍ୟମରେ ଶ୍ରୀରାଧାଙ୍କ ପ୍ରତି ଥିବା ତାଙ୍କର ପ୍ରେମଭାବନାକୁ ପରିପ୍ରକାଶ କରିଛନ୍ତି । ସୁତରାଂ ବିରହାନୁଭୂତି ଏଥିରେ ମୁଖ୍ୟ ପ୍ରସଙ୍ଗ । କବି ସ୍ରମାଟ ଲେଖିଛନ୍ତି -

"କଞ୍ଜବଚନ କଳାନିଧି କଳାନିଧି କଳାନିଧି କଳା ସୁମରି
କହନ୍ତି ସକଳ କଳକଣ୍ଠୀପାଶେ କଳକଣ୍ଠୀ ପ୍ରୀତି ସୁମରି
କୋକିଳ, କି କରୁଥିବ ରାମାମଣି,
କୁସୁମ ଶାୟକ ଶାୟକ ଶାୟକ ଶାୟକ ବିନ୍ଧୁଥିବ ଟାଣି ।
ଖଞ୍ଜନ ନୟନୀ କଟକ କଟକ କଟକ କଟକ ଶୋଭିନୀ
ଖେଦନ ଘେନିବ ହାଟକ ହାଟକ ହାଟକ ସୁମନ ମୋହିନୀ
କୋକିଳ, କ୍ଷିତିମଣ୍ଡନା କଞ୍ଜାନନୀ
ଖଞ୍ଜିଥିଲା କଟକ କଟକ କଟକ ସୁସ୍ୱନାଗମନୀ
ଗଳାମାଳା ମୋର ପ୍ରିୟକ ପ୍ରିୟକ ପ୍ରିୟକ ପ୍ରିୟକ ଦେଖିବ
ଗଉରୀ ନ କରି ପ୍ରିୟକ ପ୍ରିୟକ ପ୍ରିୟକ ମୋହିନୀ ବସିବ
କୋକିଳ, ଗୁଣମଣି କେହ୍ନେ ବଞ୍ଚିବ,
ଗରୁସମ ଡୋଳା ତରଳ ତରଳ ତରଳ, ତା'ର ହେଉଥିବ ।"

ଏହାପରେ କୋକିଳକୁ ଶ୍ରୀକୃଷ୍ଣ ଯାହା କହିଛନ୍ତି, ତାହା କବିଙ୍କ ଭାଷାରେ ଏହିପରି -

"ଜୀବନ ଜୀବନ ଜୀବନ ଜୀବନ ଧନୀ ସୁକୁନ୍ତଳା ତେଜିବ
ଜଗତ ନଳିନୀ ନଳିନୀ ନଳିନୀ ନଳିନୀ ଯେବେ ନିରେଖିବ
କୋକିଳ, ଜବାଧରା ମନରଞ୍ଜନା
ଜଗତ ସୁରଭୀ ସୁରଭି ସୁରଭି ସୁରଭି ସୁରଭି ବରନା ।
ଝାମଯିବ କଳକଣ୍ଠ କଳକଣ୍ଠ କଳକଣ୍ଠ ସୁବାଣୀ ଶୁଣି
ଝଳି ଚିବୁକ ଧରିଥିବ ବୈକୁଣ୍ଠ ବୈକୁଣ୍ଠ ମାନସ ହାରିଣୀ
କୋକିଳ, ଝାଳେ ତିନ୍ତିଥିବ ଶରୀର,
ଝଡ଼ିଥିବ ତା'ର ଅଧର ଅଧର ଅରୁଣ ଅରୁଣ ନିକର । XXX
ଦୂର କରିଥିବ ନବୀନା ମାଳୀକା ମାଳୀକା, ମାଳୀକା ମାଳୀକା

ଦହିବ କଦନ ମାଳୀକା ମାଳୀକା ମାଳୀକା ନିଃଶ୍ୱନେ ବାଳିକା।
କୋକିଳ, ଦୂରକରେ ସେ ମୋ ଦୁଃଖକୁ,
ଦୁଃଖ ଧ୍ୱସିନୀ ମୋ ମଣିବ ଅଳକ ଅଳକ ଅଳକ କରକୁ। XXX
ସିଞ୍ଚୁଥିବ ଏବେ ପୁଷ୍କର ପୁଷ୍କର ପୁଷ୍କର ତାହାର ସଜନୀ
ସଜନୀ ଧରିଥିବ ତୁଣ୍ଡେ ପୁଷ୍କର ପୁଷ୍କର ପୁଷ୍କର ଗମନୀ।
କୋକିଳ, ଶଶୀ - ଆନନୀ ହେଲା ଦୁଃଖୀ,
ଶୀର୍ଣ୍ଣ ହୋଇଥିବ ଅନାଇ ପୁଷ୍କର ପୁଷ୍କର ଲୋଡୁଥିବ ସଖୀ।
ଶଶାଙ୍କ ସଘାତ ସଘାତ ସଘାତ ବିଶିଖା କରିବ ହୃଦରେ
ସୁମନା ସୁମନା ସୁମନା ମଣ୍ଡନା ଦିନେ ହେବ ଯଶ ଉରରେ
କୋକିଳ, ସରୁ ନ ଥିବ ଦିବାରାତି,
ଶୋକ କରୁଥିବ ଅନାଇ ସୁମନା ସୁମନା ସୁମନା ସୁଚିତ୍ରୀ।
ସକଳ କରିବ ଯମକ ଯମକ ଯମକ ଅଳିସୁତ ସ୍ୱରେ
ଶୋଇ ନ ଥିବ ସେ ପଲକେ ପଲକେ ମୋର କେଳି ଗୁଣି ମନରେ
କୋକିଳ, ଶଶୀକଳା ପ୍ରାୟ ହେବଣି,
ଶ୍ରବଣେ ଶୁଣି ସେ ଅଳପକ ଅଳପକ ଅଳପକ ମୋ ଧନୀ।
ହେବଣି ତା' ମୁଖ ବନଜ ବନଜ ବନଜ ବାଛିଲା ପରାଏ
ହଂସଗତି କରିବାକୁ ଶିବ ଶିବ ଶିବ ଗୁଣୁଥିବ ହୃଦୟେ
କୋକିଳ, ହେଳାବତୀ ପାଶେ କହିବ।
ହେଲେ ନାଶୁଅଛି ଦର୍ପକ ଦର୍ପକ ଏଥିରୁ କେ ମୋତେ ତାରିବ ?
କ୍ଷମାସିନ୍ଧୁ ଥାଉ ବୃଷାଙ୍କ ବୃଷାଙ୍କ ବୃଷାଙ୍କ ବୃଷାଙ୍କ ଦହୁଛି
କ୍ଷତିମଣ୍ଡନା ପାଶେ ଏତେ କହିବୁ, କରଧରି ତୋତେ କହୁଛି।
କୋକିଳ, କ୍ଷମ ହେ ଅଗମ ବ୍ରଜକୁ
କ୍ଷମେ ରକ୍ଷାକର ଉପଇନ୍ଦ୍ର ଉପଇନ୍ଦ୍ର ଭଞ୍ଜ ମଙ୍ଗରାଜକୁ।"

ଓଡ଼ିଆ ସାହିତ୍ୟରେ କବିସମ୍ରାଟ ଉପେନ୍ଦ୍ର ଭଞ୍ଜ ଏକ ଅମଳିନ ପ୍ରତିଭା। ଓଡ଼ିଆ ଚତିଶା ସାହିତ୍ୟକୁ ତାଙ୍କର ଅବଦାନ ମଧ୍ୟ ଗୁରୁତ୍ୱପୂର୍ଣ୍ଣ। 'ନୀଳାଦ୍ରୀଶ ଚଉତିଶା' ଏବଂ 'ଯବକମରାଜ ଚଉତିଶା' ଦ୍ୱୟ ତାଙ୍କ ସୃଜନମାନସର ଅମ୍ଳାନ ନିଦର୍ଶନ।

ଚତୁର୍ଥ ଅଧ୍ୟାୟ :
ଭଞ୍ଜ ସାହିତ୍ୟରେ ଶ୍ରୀକ୍ଷେତ୍ର ଓ ଶ୍ରୀଜଗନ୍ନାଥ

"ମହାମ୍ଭୋଧେସ୍ତୀରେ କନକ ରୁଚିରେ ନୀଳ ଶିଖରେ
ବସନ ପ୍ରାସାଦାନ୍ତଃ ସହଜ ବଳଭଦ୍ରେଣ ବଳିନା
ସୁଭଦ୍ରା ମଧ୍ୟସ୍ଥ ସକଳ ସୁରଦେବା ବସରଦୋ
ଜଗନ୍ନାଥଃସ୍ୱାମୀ ନୟନ ପଥଗାମୀ ଭବତୁ ମେ ।"

ଶ୍ରୀଜଗନ୍ନାଥ ମହାପ୍ରଭୁ ଓଡ଼ିଶାର ବଡ଼ଠାକୁର । ସେ ପୂର୍ଣ୍ଣବ୍ରହ୍ମ । ଅବତାରୀ ପୁରୁଷ । ଷୋଳକଳାର ଅଧିକାରୀ । ସେ ଓଡ଼ିଆ ଜାତିର ଆପଣାର କାଳିଆଠାକୁର, ଚକାଡୋଳା, ବଳୀୟାରଭୁଜ । ସେ ଓଡ଼ିଆଜାତିର ସାମାଜିକ, ସାଂସ୍କୃତିକ ଓ ଆଧ୍ୟାତ୍ମିକ ଜୀବନର ପ୍ରାଣକେନ୍ଦ୍ର । ଶ୍ରୀଜଗନ୍ନାଥଙ୍କ ଶ୍ରେଷ୍ଠତ୍ୱ ଯୁଗେଯୁଗେ ପ୍ରତିପାଦିତ । ଶ୍ରୀଜଗନ୍ନାଥ ହେଉଛନ୍ତି ଶ୍ରୀକ୍ଷେତ୍ର ମଉଡ଼ମଣି । ଭାରତବର୍ଷର ଚତୁର୍ଦ୍ଧାମ ମଧ୍ୟରେ ନୀଳାଚଳ 'ଶ୍ରୀ' ଅର୍ଥାତ୍ ଶ୍ରେଷ୍ଠ ହୋଇଥିବାରୁ ଏହା ଶ୍ରୀକ୍ଷେତ୍ର ନାମରେ ସର୍ବଜନବିଦିତ । 'ଶ୍ରୀ' ହେଉଛି ସୌନ୍ଦର୍ଯ୍ୟ, ସୁଲକ୍ଷଣ, ସମୃଦ୍ଧି, ଶୋଭନୀୟତା ଏବଂ ଲକ୍ଷ୍ମୀଙ୍କର ନାମ । ସୁତରାଂ ଜଗନ୍ନାଥ ହେଉଛନ୍ତି ଶ୍ରୀଶ । ସେ ଲକ୍ଷ୍ମୀଠାକୁରାଣୀଙ୍କର ନାୟକ ଏବଂ ନୀଳାଚଳ ନାୟକ । ପୁରୁଷୋତ୍ତମ ଶ୍ରୀଜଗନ୍ନାଥ ଦେବତାମାନଙ୍କ ମଧ୍ୟରେ ଶ୍ରେଷ୍ଠ । ସେହିପରି କ୍ଷେତ୍ରରାଜ ପୁରୁଷୋତ୍ତମ କ୍ଷେତ୍ରମାନଙ୍କ ମଧ୍ୟରେ ଶ୍ରେଷ୍ଠ । ତେଣୁ କୁହାଯାଇଛି -

"କ୍ଷେତ୍ରଂ ନୀଳାଚଳଂ ପୁଣ୍ୟ ଦାରୁବ୍ରହ୍ମ ସ୍ୱରୂପିଣଃ
ଯସ୍ମିନ୍ କ୍ଷେତ୍ରେ ତ୍ୟଜନ୍ ଦେହ ନରୋ ବୈକୁଣ୍ଠ ମାପ୍ନୁୟାତ୍ ।
ସାକ୍ଷାତ୍ ବୈକୁଣ୍ଠ ରୂପଂ ତତ୍‌କ୍ଷେତ୍ରଂ ଶ୍ରୀପୁରୁଷୋତ୍ତମଂ
କ୍ଷେତ୍ରାଣାମପି କ୍ଷେତ୍ରଂ ଚ ତୀର୍ଥାନାମପି ଯମ୍ ବରମ୍
ସର୍ବେଷାଂ ଚୈବ ଦେବାଣାଂ ରାଜା ଶ୍ରୀପୁରୁଷୋତ୍ତମଃ
ସର୍ବେଷାଂ ଚୈବ କ୍ଷେତ୍ରାଣାଂ ରାଜା ଶ୍ରୀପୁରୁଷୋତ୍ତମଃ ।"

(କପିଳ ସିଂହତା - ୩ୟ ଅଧ୍ୟାୟ)

ଶ୍ରୀଜଗନ୍ନାଥ ପ୍ରତ୍ୟେକ ଭକ୍ତର ଆପଣାର କାଳିଆଠାକୁର। ଯଦିଓ ବଳଭଦ୍ରଠାକୁର ବଡ଼ଭାଇ, ତଥାପି ସମସ୍ତେ ଶ୍ରୀଜଗନ୍ନାଥଙ୍କ ପ୍ରତି ଆକର୍ଷିତ ହୋଇଥା'ନ୍ତି। ଏହାର ଯଥାର୍ଥ କାରଣ ସମ୍ପର୍କରେ ପଣ୍ଡିତ ବିନାୟକ ମିଶ୍ର ତାଙ୍କର 'Indian Culture and Cult of Jagannath' ଗ୍ରନ୍ଥରେ ଲେଖିଛନ୍ତି- "Although Balabhadra is considered as elder brother, the God Jagannath attracts the adoration from the inmost heart of everybody. Why? He is the personification true love, work, bliss and salvation. He is chaitrya of Devakinandan Krishna, the author of Srimadbhgaved-Gita, the dual nature of Purusottam explained in the Gita, is surviving in the worship of Jagannath and as such he is rightly called Purusottam."

ଶ୍ରୀଜଗନ୍ନାଥ ସ୍ୱୟଂ ପରଂବ୍ରହ୍ମ। 'ଶ୍ୱେତାଶ୍ୱେତର' ଉପନିଷଦରେ ପରଂବ୍ରହ୍ମଙ୍କ ସମ୍ପର୍କରେ କୁହାଯାଇଛି -

"ଅପାଣିପାଦୋ ଯବନୋଗ୍ରହୀତା ପଶ୍ୟତ୍ୟ ଚକ୍ଷୁଃ ସଶୃଣୋତ୍ୟ କର୍ଣ୍ଣଃ
ସ ବେତ୍ତି ବେଦଂ ନ ଚ ତସ୍ୟାସ୍ତି ବେତ୍ତା ତମହୁରଗ୍ର୍ୟଂ ପୁରୁଷଂ ମହାନ୍ତମ୍।"

ଅର୍ଥାତ୍ - ସେ ଅପାଣିପାଦ; କିନ୍ତୁ ସମସ୍ତ ଧରି ପାରନ୍ତି, ସବୁସ୍ଥାନକୁ ଗମନ କରିପାରନ୍ତି। ତାଙ୍କର ଚକ୍ଷୁ ନାହିଁ; କିନ୍ତୁ ସମଗ୍ର ବିଶ୍ୱକୁ ଦେଖନ୍ତି।

ଶ୍ରୀଜଗନ୍ନାଥ ହେଉଛନ୍ତି ଚତୁର୍ବର୍ଗ ପ୍ରଦାନକାରୀ ଦେବତା। ସେ ଚାରିବର୍ଣ୍ଣର ଲୋକମାନଙ୍କୁ ଧର୍ମ, ଅର୍ଥ, କାମ, ମୋକ୍ଷ ପ୍ରଦାନ କରିଥାନ୍ତି। ତାଙ୍କର ଚାରିଦ୍ୱାର ମଧ୍ୟ ଏହି ବାର୍ତ୍ତା ବହନ କରେ। ପୁରୀଲୋକଙ୍କ ମତାନୁଯାୟୀ ଏହି ଚାରିଦ୍ୱାର ଯଥାକ୍ରମେ ଧର୍ମ (ସିଂହ), ଅର୍ଥ (ହସ୍ତୀ), କାମ (ଅଶ୍ୱ) ଏବଂ ମୋକ୍ଷ (ବ୍ୟାଘ୍ର)କୁ ପ୍ରତିନିଧିତ୍ୱ କରୁଛନ୍ତି। ସୁତରାଂ ଶ୍ରୀଜଗନ୍ନାଥ ହେଉଛନ୍ତି ଅନିର୍ବଚନୀୟ ଠାକୁର।

ଓଡ଼ିଆ ସାହିତ୍ୟରେ ସାରଳା ଦାସଙ୍କଠାରୁ ଆରମ୍ଭ କରି ପଞ୍ଚସଖା କବିଗଣ ଏବଂ ମଧ୍ୟଯୁଗୀୟ କବିମାନେ ଶ୍ରୀଜଗନ୍ନାଥ ଏବଂ ଶ୍ରୀକ୍ଷେତ୍ରର ପ୍ରଶସ୍ତିଗାନରେ ଶତମୁଖର। ନୀଳାଚଳ ହେଉଛି ନିତ୍ୟସ୍ଥଳ। ବୈଷ୍ଣବମାନଙ୍କ ବିଚାରରେ ଏଠାରେ ନିତ୍ୟରାହାସ

ଚାଲୁ ରହିଛି । ତେଣୁ ନୀଳାଚଳକୁ ଏହି ଦୃଷ୍ଟିରୁ ଗୁପ୍ତ ବୃନ୍ଦାବନ କୁହାଯାଇଛି । ଶ୍ରୀଜଗନ୍ନାଥ ହେଉଛନ୍ତି ମହାବିଷ୍ଣୁ । ସେ ଲୀଳାମୟ ଠାକୁର । କଳିଯୁଗରେ ନୀଳପର୍ବତରେ ତାଙ୍କର ଲୀଳାର ପଟାନ୍ତର ନାହିଁ । ଓଡ଼ିଆ ସାହିତ୍ୟର ବରେଣ୍ୟ କବିବୃନ୍ଦ ଶ୍ରୀଜଗନ୍ନାଥଙ୍କର ମହିମା ଏବଂ ଶ୍ରୀକ୍ଷେତ୍ରର ମହତ୍ତ୍ୱ ପ୍ରତିପାଦନ କ୍ଷେତ୍ରରେ ବେଶ୍ ସଫଳତା ଲାଭ କରିଛନ୍ତି ।

ଓଡ଼ିଆ ସାହିତ୍ୟର ବରେଣ୍ୟକବି ଉପେନ୍ଦ୍ର ଭଞ୍ଜ ଉଚ୍ଚକୋଟୀର ବୈଷ୍ଣବକବି । ଯଦିଓ ସେ ଥିଲେ ରାମୋପାସକ ଏବଂ ରାମାନନ୍ଦୀପନ୍ଥୀ ବୈଷ୍ଣବ, ତଥାପି ଶ୍ରୀଜଗନ୍ନାଥଙ୍କ ମହିମା ଓ ମହତ୍ତ୍ୱ ପ୍ରଖ୍ୟାପନରେ ସେ ଚମତ୍କାରିତା ପ୍ରଦର୍ଶନ କରିଛନ୍ତି । ଭଞ୍ଜ ସାହିତ୍ୟରେ ଶ୍ରୀଜଗନ୍ନାଥଙ୍କ ବର୍ଣ୍ଣନା ବେଶ୍ ତତ୍ତ୍ୱମୂଳକ । ଭଞ୍ଜ କାବ୍ୟମାନସର କାଳଜୟୀ କୃତି ହେଉଛି 'କୋଟିବ୍ରହ୍ମାଣ୍ଡ ସୁନ୍ଦରୀ' । ଏହି କାବ୍ୟର ପ୍ରଥମ ଛାନ୍ଦରେ କବିସମ୍ରାଟ ଶ୍ରୀକ୍ଷେତ୍ର ଏବଂ ଶ୍ରୀକ୍ଷେତ୍ରଚୂଡ଼ାମଣିଙ୍କର ବର୍ଣ୍ଣନାକୁ ବେଶ୍ ତାତ୍ତ୍ୱିକ ଭାବରେ ଉପସ୍ଥାପନ କରିଛନ୍ତି । କବିସମ୍ରାଟଙ୍କ ଭାଷାରେ -

"ସେ କମ୍ବୁକଟକ ରାଜା ନାମ ଜଗନ୍ନାଥ
ଚାରିବର୍ଣ୍ଣେ ଚଉବର୍ଗ ଦେବାକୁ ସମର୍ଥ ହେ ।
ଭକ୍ତି ଦେବା ଗୁପ୍ତ ହୋଇଅଛି ଯୁକ୍ତାକ୍ଷରେ
ବୈଷ୍ଣବ ବିହୀନେ କେବା ଜାଣିବ ସଂସାରେ ହେ ।
ପାଦେ ବନ୍ଦେ ସାର୍ବଭୌମ ବୋଲିବା କି ଯଶ
ବୃଷାସନଙ୍କର ଶିର ଲାଗିବାକୁ ଆଶ ହେ ।"

କବିସମ୍ରାଟ ଶ୍ରୀଜଗନ୍ନାଥଙ୍କୁ ଶ୍ରେଷ୍ଠ ମାନ୍ୟତା ପ୍ରଦର୍ଶନ କରିଛନ୍ତି । ଏହି ମାନ୍ୟତା ପ୍ରଦର୍ଶନରେ ଭରିରହିଛି ଗଭୀର ଭକ୍ତିଭାବନା ଏବଂ ସମର୍ପଣ ଭାବ । କବିସମ୍ରାଟଙ୍କ ଦୃଷ୍ଟିରେ 'ଜଗତ୍' ଶବ୍ଦର ଅର୍ଥ ରାଧା ଏବଂ 'ନାଥ' ଶବ୍ଦର ଅର୍ଥ କୃଷ୍ଣ । ସୁତରାଂ 'ଜଗନ୍ନାଥ'ଙ୍କର ଅର୍ଥ ହେଉଛି ରାଧାକୃଷ୍ଣ । ସେଥିପାଇଁ ତ ଜଗନ୍ନାଥଙ୍କୁ ଯେଉଁ ମନ୍ତ୍ରରେ ପୂଜା କରାଯାଏ, ତାହା ହେଉଛି 'ଓଁ କ୍ଲୀଂ କୃଷ୍ଣାୟ ଗୋବିନ୍ଦାୟ ଗୋପୀଜନବଲ୍ଲଭାୟ' । ପୁନଶ୍ଚ ଜଗନ୍ନାଥପ୍ରାଣ ବୈଷ୍ଣବକବି ଉପେନ୍ଦ୍ର ଲେଖିଛନ୍ତି ଯେ ଶ୍ରୀଜଗନ୍ନାଥଙ୍କର କଟାକ୍ଷ କୁଠାର ଦୁଃଖ ଅନୋକହ (ବୃକ୍ଷ)କୁ ଛେଦନ କରିବାରେ ସମର୍ଥ । ସେହି ଜଗନ୍ନାଥଙ୍କ ପାଦପଦ୍ମ ନିକଟରେ ଅଷ୍ଟ ଐଶ୍ୱର୍ଯ୍ୟ ଯଥା- ଅଣିମା, ଲଘିମା, ପ୍ରାପ୍ତି, ପ୍ରାକାମ୍ୟ, ମହିମା, ଈଶିତ୍ୱ, ବଶିତ୍ୱ, କାମାବାସାୟିତାଦାୟିନୀ ବିମଳା ପ୍ରଭୃତି ଅଷ୍ଟମହାଦେବୀ ବୃନ୍ଦ ନିରନ୍ତର

ସେବା କରୁଛନ୍ତି। ଜଗନ୍ନାଥ ହେଉଛନ୍ତି ଆର୍ତ୍ତଭଞ୍ଜନ, ଦୀନବନ୍ଧୁ, କରୁଣାସାଗର, ପତିତପାବନ। ତେଣୁ ତାଙ୍କର ପବିତ୍ର ନାମ ସ୍ମରଣରେ ଦୂରଦୂରାନ୍ତରରରୁ ଯାତ୍ରୀମାନେ ଭରସା ରଖି ତାଙ୍କ ନିକଟକୁ ଆସନ୍ତି। କବିସମ୍ରାଟଙ୍କ ଭାଷାରେ -

"ଯାହା କଟାକ୍ଷ କୁଠାର ପତନ ମାତରେ
ଅନେକ ଦୁଃଖ ଅନୋକହକୁ ଛେଦିପାରେ ହେ।
ସେହି ପଦ ପଦ୍ମାସନୀ ପାଟ ମହାଦେବୀ
ଅଷ୍ଟ ଐଶ୍ୱର୍ଯ୍ୟ ଦାୟିନୀ ଅଷ୍ଟ ଶକ୍ତି ସେବି ହେ।
ଭରସା କରି ଆସନ୍ତି ଦୂରଦେଶୁଁ ପ୍ରାଣୀ
ଆରତ ଭଞ୍ଜନ ଦୀନବନ୍ଧୁ ନାମ ଶୁଣି ହେ।
କରଯୋଡ଼ି ଛାମୁରେ ଜଣାଏ ପକ୍ଷୀଧବ
ଆର୍ତ୍ତଜନ ଗୁହାରିକି ସାବଧାନ ହେବ ହେ।"

ଶ୍ରୀଜଗନ୍ନାଥଙ୍କର ରୂପଶୋଭା ଦିବ୍ୟ ଓ ଅନିର୍ବଚନୀୟ। କୋଟିକନ୍ଦର୍ପ ଲାବଣ୍ୟ ମୂର୍ତ୍ତି ଧାରଣ କରି ମହାପ୍ରଭୁ ରତ୍ନବେଦୀରେ ବିରାଜିତ। ଶ୍ରୀଜଗନ୍ନାଥଙ୍କର ରୂପଲାବଣ୍ୟ ବର୍ଣ୍ଣନା କରି କବିସମ୍ରାଟ ଲେଖିଛନ୍ତି -

"କୋଟି କନ୍ଦର୍ପ ଲାବଣ୍ୟ ମୂର୍ତ୍ତି ଦରଶନ
ଦେବାକୁ ସୁବେଶେ ବିଜେ ରତ୍ନସିଂହାସନ ହେ।
ଶିରେ ହେମ - ରତନ - ମୁକୁଟ ସପ୍ତଶାଖା
କରୁଣା - ସିନ୍ଧୁରେ କି ବଡ଼ବାନଳ ଶିଖା ହେ।
କିମ୍ବାଇଁ ସ୍ୱାର୍ଥୀ ନୋହିବ ଏମନ୍ତ ବିଚାର
ପୁଣି ମଞ୍ଜୁଳ କୁମଣ୍ଡଳ ମକର ଆକାର ହେ।
ପ୍ରବାଳ ତରଣୀ ଦୃଷ୍ଟି ରଙ୍ଗାଧରେ ଅଛି
ବିଶେଷ ଯହିଁ ଲାବଣ୍ୟ ଲକ୍ଷ୍ମୀ ସମ୍ଭବିଛି ହେ।"

'ରସିକ ହାରାବଳୀ' କାବ୍ୟରେ କବିସମ୍ରାଟ ପରଂବ୍ରହ୍ମ ଜଗନ୍ନାଥଙ୍କର ମହିମା ଅତ୍ୟନ୍ତ ତାତ୍ତ୍ୱିକ ଭାବରେ ବର୍ଣ୍ଣନା କରିଛନ୍ତି। ସେ ଶ୍ରୀଜଗନ୍ନାଥଙ୍କୁ ଯେପରି ଭାବରେ ବନ୍ଦନା କରିଛନ୍ତି, ତାହା ଅତ୍ୟନ୍ତ ଭାବବ୍ୟଞ୍ଜକ। କବିସମ୍ରାଟ ଲେଖିଛନ୍ତି -

"ଜୟ ଜୟ ଜଗନ୍ନାଥ ଦାରୁ ରୂପଧାରୀ
ନୀଳଗିରୀଶ ଗିରୀଶ ବନ୍ଦନୀୟ ହରି।
ମହାବଳ ବଳ ଅବରଜ ଭଦ୍ରାଗଜ
ଗୁରୁଡ଼ାସନ ସନକ ପୂଜ୍ୟ ଚତୁର୍ଭୁଜ।
ନାରଦ ସୁନ୍ଦର ହରିହର ହରଷଦ
ଶମନ ମନରେ ଜାତ କରେ ମହାଖେଦ।
ସେ ପ୍ରଭୁ କମଳାକାନ୍ତ କାନ୍ତ ପଦଧ୍ୟାନେ
ଉପଇନ୍ଦ୍ର ବୀରବର ଅତି ତୋଷ ମନେ।"

(ରସିକହାରାବଳୀ -୧ମ ଛାନ୍ଦ)

'କୋଟିବ୍ରହ୍ମାଣ୍ଡ ସୁନ୍ଦରୀ' କାବ୍ୟରେ କବି କ୍ଷେତ୍ରମାହାତ୍ମ୍ୟ ବର୍ଣ୍ଣନା କରିଛନ୍ତି। ଭାରତବର୍ଷରେ ଶ୍ରୀକ୍ଷେତ୍ର ପୁରୁଷୋତ୍ତମ ପୁଣ୍ୟଧାମ ରୂପେ ବିଦିତ। ସ୍ୱୟଂ ନାରାୟଣ ପୁରୁଷୋତ୍ତମ ଏହି କ୍ଷେତ୍ରରେ ବିରାଜିତ ହୋଇଥିବାରୁ ଏହାର ନାମ ପୁରୁଷୋତ୍ତମ। ଏହି କ୍ଷେତ୍ରରେ ନିରନ୍ତର ସାମୀପ୍ୟ, ସାଲୋକ୍ୟ, ସାଯୁଜ୍ୟ ଓ ସାରୋପ୍ୟ - ଏହି ଚତୁର୍ବିଧ ମୁକ୍ତି ମିଳିଥାଏ। ଭୂଷଣ୍ଡକାକ ରୋହିଣୀକୁଣ୍ଡରେ ଚତୁର୍ଭୁଜ ହୋଇ ବସି ନିରନ୍ତର ଏହାର ସାକ୍ଷ୍ୟ ଦେଉଛନ୍ତି। କବିସମ୍ରାଟ ଲେଖିଛନ୍ତି -

"ଶୁଣ କୋବିଦେ ଭରତ ଖଣ୍ଡେ ପୁଣ୍ୟଧାମ
ଯେଣୁ ନାରାୟଣ ଦେହୀ ତେଣୁ ସେହି ନାମ ହେ।
ଗିର୍ବାଣ ମତେ ନିର୍ବାଣ ସାରୂପ୍ୟକୁ ଦେଇ
ସାକ୍ଷୀ ପକ୍ଷୀ କରଟ ପ୍ରତିମା ରୂପେ ଥାଇ ଯେ।
ଯେ ବ୍ରହ୍ମ ହତ୍ୟା ପାତକ ନିପାତକ ମହୀ
କପାଳ ମୋଚନ ତ୍ରିଲୋଚନ ସାକ୍ଷୀ ଯହିଁ ଯେ।
ଆସି କାଶୀଶ୍ୱର ବାସକଲେ ଏହା ଜାଣି
ଅନ୍ୟକ୍ଷେତ୍ର ସମସ୍ତଙ୍କ ଏ ମସ୍ତକମଣି ହେ।
ଏଣୁ କ୍ଷେତ୍ର ନରେନ୍ଦ୍ର ପଦତ ସମ୍ଭାବିତ
ବିନାଶେ ଭୁଜଙ୍ଗ ଦୋଷ ତାକୁ କେତେ ମାତ୍ର ହେ।

ଅବିଦ୍ୟା ବିଷମ ଆଶୀ ବିଷଘାତୀ ଜନେ
ଜ୍ଞାନାଜ୍ଞାନେ ପରାଧୀନେ ସେ ସ୍ଥାନ ଗମନେ ହେ।
ଶ୍ରୀମହାପ୍ରସାଦ ଗଦପଦ ଘଣ୍ଟଘୋଷ
ଭକ୍ଷଣେ ଶ୍ରବଣେ ଯେ କିଲ୍‌ବିଷ ବିଷ ନାଶ ହେ।"

ସର୍ବୋପରି ବଡ଼ଦେଉଳର ପତିତପାବନ ପତାକା ସିନ୍ଧୁ ସମୀରଣର ହିଲ୍ଲୋଳରେ ଫର ଫର ଉଡ଼ି କହିଥାଏ ଯେ ଏକ୍ଷେତ୍ରରେ ଯମର ଭୟ ନାହିଁ। ଯଜ୍ଞରେ ପଶୁବଧ କଲେ ପାପତାପ ନାଶ ଯାଇ ସୁକର୍ମର ଫଳ ମିଳିଥାଏ; କିନ୍ତୁ ଏହି କ୍ଷେତ୍ରରେ ବଟରାଜ ନିଗମ କଳ୍ପତରୁ ମନୁଷ୍ୟର ସମସ୍ତ ପାପତାପ ନଷ୍ଟକରି ସୁଫଳ ପ୍ରଦାନ କରିଥାନ୍ତି। କମ୍ବୁକଟକର ଗଡ଼ଖାଇ ଭାବରେ ରହିଥିବା ତୀର୍ଥରାଜ ମହୋଦଧି ଗର୍ଜନ ଛଳରେ କହିଥାଏ ଯେ ଏଥିରେ ସ୍ନାନକଲେ ପାପରାଶି ବିନାଶ ହୋଇଯାଏ। କବିଙ୍କ ଭାଷାରେ -

"ଉନ୍ନତ ପ୍ରାସାଦ ରାଜ ପତାକା ଉଡ଼ାଇ
ଏ ପ୍ରଦେଶେ ସମବର୍ତ୍ତୀ ପଣ ନାହିଁ ନାହିଁ ହେ।
ବଟରାଜା ଶାଖା ଘେନି ନିଗମ ସାକ୍ଷାତ
ପାପ ତାପ ପଶୁନାଶ ସୁକର୍ମ ଉଦିତ ଯେ।
ସେ ଦୁର୍ଗ ପରିଖା ତୀର୍ଥରାଜ ଗର୍ଜନରେ
କହେ ଅବଗାହେ ପାପବ୍ୟୂହ ଦହନରେ ହେ।"

ଦାରୁରୂପୀ ଶ୍ରୀଜଗନ୍ନାଥ ପତିତପାବନ। ପତିତଜନଙ୍କୁ ଉଦ୍ଧାର କରିବା ପାଇଁ ସେ ସ୍ନାନଯାତ୍ରା ଓ ଗୁଣ୍ଡିଚାଯାତ୍ରାରେ ବଡ଼ଦେଉଳରୁ ବାହାରକୁ ବିଜେ ହୋଇଥା'ନ୍ତି। କବିସମ୍ରାଟ ଲେଖିଛନ୍ତି -

"ଦଶ ଅବତାର ଲୀଳା ଯାତ୍ରା ବିରଚନ
ଜନଙ୍କୁ ଦେଖାନ୍ତି ଯୁଗାନ୍ତର କଥାମାନ।"
"ସ୍ନାନ ଗୁଣ୍ଡିଚା ଏ ବେନି ସ୍ୱୟଂ ଲୀଳା ଯାର
ପତିତପାବନ ଅର୍ଥେ ପ୍ରାସାଦୁଁ ବାହାର ହେ।"

ଏହି କାବ୍ୟର ପ୍ରଥମ ଛାନ୍ଦରେ କବିସମ୍ରାଟ ଶ୍ରୀଜଗନ୍ନାଥଙ୍କର ପବିତ୍ର ସ୍ନାନଯାତ୍ରା ଉତ୍ସବକୁ ମନୋଜ୍ଞ ଭାବରେ ବର୍ଣ୍ଣନା କରିଛନ୍ତି। କବି ଲେଖିଛନ୍ତି -

"ଜ୍ୟେଷ୍ଠ ପୌର୍ଣ୍ଣମାସୀ ପୂର୍ବ ନିଶି ଅବଶେଷେ
ସେବକ ଉତ୍ସୁକେ ମିଳି ମହାପ୍ରଭୁ ପାଶେ ହେ।
ସେ କାଳକୁ ଅନୁସରି ଯାତ୍ରୀ ନର ନାରୀ।
ଯେ ଯାହାର ନିତ୍ୟକର୍ମତ୍ୱରା ହୋଇସାରି ହେ।
ହରି ହରି ଦ୍ୱାରେ ମିଳି ହରି - ଧ୍ୱନି କଲେ।
ହରିତ ପୂରିତ ତ୍ୱରିତରେ ତହିଁ ହେଲେ।
ପଡ଼ିଲା ତୁଳୀ ପାହାଡ଼ା ବିଜୟ ନିମିତ୍ତେ।
ବାଜିଲା ମେଘା ମୃଦଙ୍ଗ ମର୍ଦ୍ଦଳ ସହିତେ ହେ।
କଂସାଳ ତାଳ କର୍ଣ୍ଣାଳ ପଟହ ଝର୍ଝରା।
ମୋ ପରେ ବିଜେ କରିବେ ଭାବି ତୋଷ ଧରା ହେ।
ନୋହିବେ ସର୍ବଙ୍କ କିମ୍ବା ବ୍ରହ୍ମ ପରିକର।
ଜାଣିଲେ ନିଶ୍ଚୟ ପ୍ରଭୁ ଦକ୍ଷିଣ କୁଞ୍ଜର ହେ।
ପୂର୍ବଜରେ ପୂର୍ବଗଜ ଭାବ ଉପୁଜାଇ।
ପହଣ୍ଡି ବିଜୟ କଲେ ଝୁଲାଇ ଝୁଲାଇ ଯେ।"

କବି ସମ୍ରାଟ ଉପେନ୍ଦ୍ର ଭଞ୍ଜ ଶ୍ରୀଜଗନ୍ନାଥ, ବଳଭଦ୍ର, ଦେବୀ ସୁଭଦ୍ରା ଏବଂ ଚକ୍ରରାଜ ସୁଦର୍ଶନଙ୍କର ପହଣ୍ଡିବିଜେ ଦୃଶ୍ୟକୁ ଯେପରି ବର୍ଣ୍ଣନା କରିଛନ୍ତି ତହିଁରୁ କବିଙ୍କର କଳ୍ପନାବିଳାସିତା ଏବଂ ଭକ୍ତିମତ୍ତା ଅବଧାରଣା କରିହୁଏ। କବି ମନୋଜ୍ଞ ଭାବରେ ଲେଖିଛନ୍ତି -

"ଭବ - ସାଗର ସୁବର୍ଣ୍ଣ ତରଣୀ ବିଚାରି।
ସୁଭଦ୍ରାଙ୍କୁ ବିଜେ କରାଇଲେ ତଥା ଧରି ହେ।
ତାପ -ତ୍ରୟ - ଭାଣ୍ଡ - ଭଞ୍ଜନକୁ ଦଣ୍ଡବର।
ସୁଦରଶନଙ୍କ ବିଜେ ସେହି ପରକାର ହେ।
ଇନ୍ଦ୍ରପଦ ଦାତା ଯେ ରାଜାଧିରାଜେଶ୍ୱର।
ବିଜେ କରେ ଦ୍ୱିଜେଦେଇ ନିଜ କରଭର ହେ।
ଢାଳନ୍ତି ଚାମର ଶ୍ୱେତଛତ୍ର ଟେକା ତହିଁ।

କ୍ଷୀର ସାଗର - ଲହରୀ ଭ୍ରମ ଉପୁଜାଇ ହେ।
ଗହଳ ହୋଇଣ କଳଛତ୍ର ଶୋଭାଦିଶି।
ତୁଙ୍ଗ ଶିଖରୀ ପରେ କି ଜଳଦ ଆକର୍ଷି ହେ।
ପତାକା ବ୍ୟାଜଟି ତେଜେ ଶୂନ୍ୟେ ନୀରଧାର।
ସ୍ୱେଦଛଳେ କରେ ନରତନୁ ଜରଜର ହେ।
ଚଞ୍ଚଳାଖେଳା ଚଳିବା ଖଦି ପୀତବାସ।
ତୃଷିତ ଦ୍ୱିଜ - ଚାତକ ଜଳପାନେ ତୋଷ ହେ।
ଏ ପ୍ରମାଣ ବରହିଣ ପୁଚ୍ଛ ତେଣୁ ଚଳି।
ନିଶାଣ ମଣ୍ଡୁକ ନାଦେ ଦିଗନ୍ତ ଉଚ୍ଛୁଳି ଯେ।
ପ୍ରଭୁ ଚଳନ ଶବଦ ଜନିତ ସ୍ତନିତ।
ପୁଷ୍ପାଞ୍ଜଳି ବକାବଳୀ ଉଡ଼ି ଖସେ ସେତ ହେ।”

ମହାପ୍ରଭୁ ବଳଭଦ୍ର, ଦେବୀ ସୁଭଦ୍ରା ଓ ରାଜାଧିରାଜେଶ୍ୱର ଶ୍ରୀଜଗନ୍ନାଥ ଏବଂ ଚକ୍ରରାଜ ସୁଦର୍ଶନଙ୍କର ରତ୍ନବେଦୀରୁ ସ୍ନାନମଣ୍ଡପକୁ ବିଜେ ହେବାର ଦୃଶ୍ୟକୁ କବି ଅତ୍ୟନ୍ତ ମନୋମୁଗ୍ଧକର ପରିପାଟୀରେ ବର୍ଣ୍ଣନା କରିଛନ୍ତି। ସ୍ନାନବେଦୀରେ ଶ୍ରୀଜୀଉମାନଙ୍କର ବିଜେହେବା ପରର ଦୃଶ୍ୟରାଜିକୁ କବିସମ୍ରାଟ ବେଶ୍ ଚିତ୍ତାକର୍ଷକ ଭାବରେ ବର୍ଣ୍ଣନା କରିଛନ୍ତି -

“ଏମନ୍ତ ସ୍ନାନମଣ୍ଡପେ ସିଂହାସନ ପର
ବିଜେ ମହାପ୍ରଭୁ ଘେନି ଭଗ୍ନୀ ସହୋଦର ହେ।
ନାଗ ନର କିନ୍ନର ଗନ୍ଧର୍ବ ଛନ୍ତି ଚାହିଁ
ଅନେକ କନକ ଘଟେ ପୂର୍ଣ୍ଣକରି ତହିଁ ହେ।
ଢାଳିଲେ ଭୂସୁରେ ନୀର ଶ୍ରୀମୁଖ ମଣ୍ଡଳେ
ଧାରାମାନ ପତନ ହୋଇଲା ମହୋଜ୍ଜ୍ୱଳେ ହେ।
କି ମେରୁ ହୀରା ମାରାଗ - ହେମ ଶୃଙ୍ଗୁ ଖସି
ଜାହ୍ନବୀ ଯମୁନା ହରିତାଳ ଧାରା ଆସି ହେ।
ଲେପନ ଚନ୍ଦନ ଖସି ଦିଶିଲା ଏମନ୍ତ
ସେ ତିନି ଶୃଙ୍ଗୁ କି ଜାତ ତରଳ ରଜତ ହେ।

ଦେଖିଲା ଆଖିରେ ଦରିଦ୍ରତା ନ ରହିଲା
ମନ ହିଁ ଦୁଃସହ ଦୁଃଖମାନ ଉପେଖିଲା ହେ ।"

କବିସମ୍ରାଟ ଉପେନ୍ଦ୍ର ଭଞ୍ଜ ବର୍ଣ୍ଣନା କରିଛନ୍ତି ଯେ ଦାରୁରୂପୀ ଜଗନ୍ନାଥ ହେଉଛନ୍ତି ଅବତାରୀ ପୁରୁଷ । ସେ ତ ସ୍ୱୟଂ ଲୀଳାମୟ । ସେ ତାଙ୍କର ଦିବ୍ୟ ମର୍ତ୍ତ୍ୟଲୀଳା ପ୍ରକଟନ ପାଇଁ କେତେବେଳେ ରାମାବତାର ଧାରଣ କରିଥିଲେ ଓ କେତେବେଳେ କୃଷ୍ଣାବତାର ଧାରଣ କରିଥିଲେ । କବିଙ୍କ ଭାଷାରେ –

"କମ୍ବୁକଟକରେ ଯେହୁ ଦାରୁ ରୂପ ଧାରୀ
କାଳେ କାଳେ ଶ୍ୱେତଦୀପ ମଧ୍ୟେ ଯେ ବିହରି ।
କମଳ ବନ୍ଧୁ ବଂଶେ ଯେ ଥିଲେ ଅବତରି
କଣ୍ଠୀରବ ତନୁ ଯେ ପୂର୍ବରେ ଥିଲେ ଧରି ।
କୁତୁକେ ସେ ବିଧୁଜାତ ଦେବକୀ ଉଦର
କମଳାବ୍‌ଧିରୁ ପ୍ରକାଶ ରାକା ଆକାଶର ।
କଇରବ ଯଦୁକୁଳ ନିଶ୍ଚେ ଉଲ୍ଲସିବେ ।
କଉଣପ ତମସ୍ତୋମ ସୁକରେ ନାଶିବେ ।
କରିବେ ବରଜ ନାରୀ ଚନ୍ଦ୍ରକାନ୍ତି ଦ୍ରବ
କଂସ କୁଶେଶୟର ହୋଇବ ତୋଷ ଖର୍ବ ।
କୁପତି ତସ୍କରଚୟ ଗରବ ଧ୍ୱଂସିବେ
କଉତୁକେ ରାଜଶ୍ରୀ ତାରକା ବିଳସିବେ ।
କରି ଏତେ ଲୀଳାରେ ମାନସ ବଶ ତହିଁ
କଲେ ମଣ୍ଡନ ସେ ଗୋପ ଉଦୟାଦ୍ରି ପାଇଁ ।"

(ଛାନ୍ଦଭୂଷଣ –୧ମ ଛାନ୍ଦ)

କବିସମ୍ରାଟଙ୍କ ଅନ୍ୟତମ କାଳଜୟୀ କୃତି 'ସୁଭଦ୍ରା ପରିଣୟ' । ଏହି କାବ୍ୟରେ କବିସମ୍ରାଟ ଉପେନ୍ଦ୍ର ଭଞ୍ଜ ଶ୍ରୀଜଗନ୍ନାଥଙ୍କୁ ବନ୍ଦନା କରିବା ସହିତ ତାଙ୍କର ଅଲୌକିକତା ଏବଂ ଶ୍ରୀକ୍ଷେତ୍ରଧାମର ଐଶ୍ୱର୍ଯ୍ୟ ଓ ଆଶ୍ଚର୍ଯ୍ୟଙ୍କୁ ପ୍ରଖ୍ୟାପନ କରିଛନ୍ତି । କବିଙ୍କ ଭାଷାରେ–

"ସିନ୍ଧୁତଟେ ଶ୍ରୀପୁରୁଷୋତ୍ତମ କ୍ଷେତ୍ରରାଜ
ସାଧୁଜନେ ! ଅଛି ତହିଁ ବହୁତ ଆଶ୍ଚର୍ଯ୍ୟ ହେ ।
ସେ ଭୂମି ପ୍ରବେଶେ ବ୍ରହ୍ମ ହତ୍ୟା ପାପ ହରେ ।
ସାକ୍ଷାତ ହୋଇଛି ଏ କପାଳମୋଚନରେ ଯେ ।
ସେ ହୁଏ ଚତୁରଭୁଜ ସେ ଯେ କ୍ଷେତ୍ରେ ରହି
ସାକ୍ଷୀ ଏ କଥାଟିକୁ ଅଜ୍ଞାନ କାକ ତହିଁ ।
ସ୍ୱପଚ କରୁ ବ୍ରାହ୍ମଣ ତହିଁ ପାଇ ଅନ୍ନ
ଶଏ ଜନ୍ମ ପାପଗଲା ଭାବି ତୋଷ ମନ ଯେ ।
ସର୍ବଦାରେ ମୁକତି ପସରା ବସିଥାଇ
ସାରେ ପାପ ନର ବରାଟକେ କିଣି ନେଇ ଯେ ।
ସମିଧ ଶରୀର କୃତ ବିଷ୍ଣୁ ନିଜେ ତହିଁ
ସୁଦରଶନେ ଆଶ୍ଚର୍ଯ୍ୟ ଅପବର୍ଗ ଦେଇ ଯେ ।
ସ୍ୱରୂପ ଏ ନାସା କର୍ଣ୍ଣ ହସ୍ତ ପାଦ ହୀନ
ସ୍ମର କୋଟି ନୋହେ ତେବେ ଶୋଭାକୁ ସମାନ ହେ ।
ସହସ୍ର ଯୋଜନରୁ ଆଗତ ହୋନ୍ତି ଜନେ
ସବୁ ରୂପେ ବଶ ହୋଇ ଯାହା ଦରଶନେ ଯେ ।
ଶଙ୍କରଷଣ ଆପଣେ ବେନିପାଶେ ବିଜେ
ସ୍ନେହୀବଡ଼ ଭଗନୀଠାରେ ମଧ୍ୟେ ସେ ବିରାଜେ ।" (ସୁଭଦ୍ରା ପରିଣୟ)

'ରସିକ ହାରାବଳୀ' କାବ୍ୟରେ କବିସମ୍ରାଟ ଉପେନ୍ଦ୍ର ଭଞ୍ଜ ପୁରୁଷୋତ୍ତମ କ୍ଷେତ୍ରର ମହାତ୍ମ୍ୟ ବର୍ଣ୍ଣନା କରିଛନ୍ତି । ଚନ୍ଦନ ଯାତ୍ରାର ବିବରଣୀକୁ କବି ଜଣେ ପ୍ରତ୍ୟକ୍ଷଦ୍ରଷ୍ଟା ଭାବରେ ବର୍ଣ୍ଣନା କରିଛନ୍ତି । କବିଙ୍କ ଭାଷାରେ –

"ନରେନ୍ଦ୍ର ତଡ଼ାଗେ କରୀନ୍ଦ୍ର ସୁରେନ୍ଦ୍ର ପରିହରି
ନାବରେ ଭାବରେ ବିଜୟ କରି ସୁଖେ ବିହରି ।
ପଛେ ରହି ସ୍ୱଚ୍ଛେ ବରହି ପୁଚ୍ଛେ ଦ୍ୱିଜେ ସେବନ୍ତି
ରଞ୍ଜନ ବ୍ୟଞ୍ଜନ ସଜ୍ଜନ କରେ ଧରି ବିଞ୍ଚନ୍ତି ।

ସଂସାର ସାର ଘନସାର ପିଚିକା କେ ମାରଇ
କ୍ଷୀର ନିଧି ଧୀର ଲହରୀ ପରି ଚାମର ଶୋହି।
ତରାସେ ତରାସେ ଦୁଷ୍ଟଙ୍କୁ ନାନା ପାପ ସ୍ମରଣି
ଚନ୍ଦ୍ରେ ନିର୍ମିତ ଚନ୍ଦ୍ର ସୂର୍ଯ୍ୟ ତାରେ ତାର ପ୍ରକାଶି।" (ରସିକ ହାରାବଳୀ)

ଶ୍ରୀଜଗନ୍ନାଥଙ୍କର ଦ୍ୱାଦଶ ଯାତ୍ରା ମଧ୍ୟରେ ପ୍ରଧାନ ଯାତ୍ରା ହେଉଛି ରଥଯାତ୍ରା। ଏହାର ଅନ୍ୟନାମ ଘୋଷଯାତ୍ରା। ମୈତ୍ରୀ, ପ୍ରୀତି ଓ ମାନବିକତାର ଯାତ୍ରା ହେଉଛି ଏହି ରଥଯାତ୍ରା। ଆଷାଢ଼ ଶୁକ୍ଳ ଦ୍ୱିତୀୟା ତିଥିରେ ଜଗନ୍ନାଥଙ୍କର ବିଶ୍ୱପ୍ରସିଦ୍ଧ ରଥଯାତ୍ରା ଅନୁଷ୍ଠିତ ହୁଏ। ଏହି ପବିତ୍ର ଘୋଷ ଯାତ୍ରାକୁ ଯେଉଁମାନେ ଦେଖନ୍ତି ସେମାନଙ୍କର ଜୀବନ ଧନ୍ୟ ହୁଏ। ତେଣୁ କୁହାଯାଇଛି -

"ଆଷାଢ଼ସ୍ୟ ସିତେ ପକ୍ଷେ ଦ୍ୱିତୀୟାୟାଂ ଶୁଭଦିନେ
ଶ୍ରୀଜଗନ୍ନାଥ ଦେବସ୍ୟ ଗୁଣ୍ଡିଚା ଭବତି ଧ୍ରୁବମ୍।
ରଥସ୍ଥଂ ଚ ଜଗନ୍ନାଥଂ ପ୍ରୟାତଂ ଗୁଣ୍ଡିଚା ଗୃହମ୍
ଯେ ପଶ୍ୟନ୍ତି ନର ଶ୍ରେଷ୍ଠାସ୍ତେ ଧନ୍ୟା ଭୁବନେ ତ୍ରୟେ।"

ଏହି ପବିତ୍ର ଘୋଷଯାତ୍ରା ଚରାଚର ହିତାୟ, ବିଶ୍ୱଜନ ହିତାୟ। ଏହା ଅତ୍ୟନ୍ତ ଶୁଭଙ୍କର। ଏହାର ଆଧ୍ୟାତ୍ମିକ ଦିଗ ଅନିର୍ବଚନୀୟ। ତେଣୁ କୁହାଯାଇଛି -

"ଆଷାଢ଼ସ୍ୟ ମଳପକ୍ଷେ ଦ୍ୱିତୀୟା ପୁଷ୍ୟା ସଂଯୁତେ
ଚରାଚର ହିତାୟ ଘୋଷଯାତ୍ରା ବିଧିୟତେ।"

ଏହି ଅନିର୍ବଚନୀୟ ଘୋଷ ଯାତ୍ରାକୁ ଦର୍ଶନ କଲେ ମନୁଷ୍ୟ ସମସ୍ତ ସାଂସାରିକ ଜଞ୍ଜାଳକୁ ଭୁଲିଯାଏ। 'ଶ୍ରୀଜଗନ୍ନାଥାଷ୍ଟକମ୍'ରେ ଉଲ୍ଲେଖ ଅଛି -

"ରଥାରୂଢ଼ୋ ଗଚ୍ଛନ୍ ପଥି ମିଳିତ ଭୂଦେବ ପଟଳୈଃ
ସ୍ତୁତି ପ୍ରାଦୁର୍ଭାବଂ ପ୍ରତିପଦ ମୁପାକର୍ଣ୍ଣ୍ୟ ସଦୟଃ।
ଦୟାସିନ୍ଧୁର୍ବନ୍ଧୁଃ ସକଳ ଜଗତାଂ ସିନ୍ଧୁ ସୁତୟାଂ
ଜଗନ୍ନାଥ ସ୍ୱାମୀ ନୟନପଥଗାମୀ ଭବତୁମେ।"

କବିସମ୍ରାଟ ଉପେନ୍ଦ୍ର ଭଞ୍ଜଙ୍କର ଶ୍ରେଷ୍ଠକାବ୍ୟକୃତି 'ବୈଦେହୀଶ ବିଳାସ'। ଏହି କାବ୍ୟରେ ଉପେନ୍ଦ୍ର ଭଞ୍ଜ ବିଶ୍ୱପ୍ରସିଦ୍ଧ ରଥଯାତ୍ରା ସମୟରେ ବଳଗଣ୍ଡିଠାରେ ରଥ ସାମୟିକ ଭାବରେ କିପରି ଅଟକି ଥାଏ, ସେହି ପ୍ରସଙ୍ଗକୁ ବର୍ଣ୍ଣନା କରିଛନ୍ତି -

"ବଳଗଣ୍ଡିଠାରେ ରହି ଯଥା ଜଗନ୍ନାଥ
ବିଜେ ପୁଣି ଜନକ ସନ୍ତୋଷେ ଚାଳି ରଥ।
ବିସ୍ତାରି ଜୟ ଶବ୍ଦ ହେଲା ଦଶ ଦିଶ
ବଡ଼ ଦେଉଳ ସାକେତେ ହେଲେ ପରବେଶ।"

(ବୈଦେହୀଶ ବିଳାସ - ଷୋଡ଼ଶ ଛାନ୍ଦ)

କବିସମ୍ରାଟ ଉପେନ୍ଦ୍ର ଭଞ୍ଜଙ୍କର ଅନ୍ୟତମ କୃତି 'ନୀଳାଦ୍ରୀଶ ଚଉତିଶା'। କବିସମ୍ରାଟ ମହାପ୍ରଭୁ ଜଗନ୍ନାଥଙ୍କୁ 'ଓଁ କାର' ବ୍ରହ୍ମରୂପେ ବର୍ଣ୍ଣନା କରିଛନ୍ତି। ଏ ବର୍ଣ୍ଣନା ଅତ୍ୟନ୍ତ ତାତ୍ତ୍ୱିକ। ଯେପରି -

"ଓଁକାର ମନ୍ତ୍ରସାର   ଓଁକାର ଅଘହର
ଓଁକାର ଆକାର ଧରିଲ
ଓଁକାର ବର୍ଣ୍ଣମାତ୍ରା   ଓଁକାର ସର୍ବଜ୍ଞାତା
ଓଁକାର ବ୍ରହ୍ମ ରୂପ ନେଲ
ହେ ନୀଳାଦ୍ରୀଶ।
ଓଁକାର ଅପ୍ରକଟ ସ୍ୱର   ଓଁକାର ବ୍ରହ୍ମର ବିକାର
ଓଁକାର ତତ୍ତ୍ୱ ବାରି   ଓଁକାର ନିର୍ବିକାରୀ
ଓଅ ବୋଇଲେ ଓଅ କର।"

କବି ପୁଣି ବର୍ଣ୍ଣନା କରିଛନ୍ତି -

"ଦକ୍ଷିଣ ସିନ୍ଧୁ କୂଳେ   ଦରୀମୁଖେ ବିବରେ
ଦମ୍ଭୀଙ୍କ ଦର୍ପ ନାଶକର
ଦଣ୍ଡପାଣିର ପାଣି   ଦ୍ରବଣ ବୋଲି ଜାଣି
ଦର୍ପରେ ଥାନ୍ତି ପରିକର
ହେ ନୀଳାଦ୍ରୀଶ।
ଦମକକଳ କାମ ଠାଣି   ଦମନ କର ପ୍ରୀତି ଆଣି
ଦଳିସ୍ୱର ଦ୍ୱାରକ   ଦୟଣା ଦଳଯାକ
ଦର୍ଶାଇ ମଣ୍ଡିତ ଛନ୍ଦଣି
ହେ ନୀଳାଦ୍ରୀଶ।"

ଶ୍ରୀଜଗନ୍ନାଥ ପାପତ୍ରୟର ବିନାଶକାରୀ। ଶ୍ରୀଜଗନ୍ନାଥ ମହାପ୍ରଭୁଙ୍କର ତିନିଭୁବନରେ ତୁଳନା ନାହିଁ। କବିସମ୍ରାଟ ଲେଖିଛନ୍ତି -

"ତାପ ତ୍ରୟ ତାରକ ତ୍ରାଣ ପଣ ତିଳକ
ତୁଙ୍ଗରେ ତୁରୀୟ ପ୍ରକଟ
ତ୍ରିଧା ତତ୍ତ୍ୱ ବିଦିତ ତରାଟ ତନୁଖ୍ୟାତ
ତୋରଣେ ରସର ହାଟ,
ହେ ନୀଳାଦ୍ରୀଶ।
ତୁଳନା ତିନି ତଳେ କାହିଁ ତୁମ୍ଭ ପରି ତ ତୁମ୍ଭେ ହୋଇ
ତୀର୍ଥେ ଖ୍ୟାତ ଆପଣ ତଟସ୍ଥେ କର ତ୍ରାଣ
ତ୍ୟକ୍ତ ତୁଳସୀ ଦଳ ଦେଇ
ହେ ନୀଳାଦ୍ରୀଶ।"

ଏହି ଚଉତିଶାର 'କ୍ଷ' ଗୀତରେ କବି ସମ୍ରାଟ କ୍ଷମାନିଧି ଶ୍ରୀଜଗନ୍ନାଥଙ୍କ ଚରଣାବିନ୍ଦରେ ନିଜକୁ ସମ୍ପୂର୍ଣ୍ଣରୂପେ ସମର୍ପଣ କରି ମୁକ୍ତିକାମନା କରିଛନ୍ତି। କବି ସମ୍ରାଟଙ୍କର ସେହି ଆବେଗସିକ୍ତ ପଦପଂକ୍ତି ହେଉଛି -

"କ୍ଷମାନିଧିଙ୍କ ବାରେ କ୍ଷମ ମୁଁ ଦର୍ଶନରେ
କ୍ଷିତି ଖ୍ୟାତିକୁ ସମର୍ପିଲି
କ୍ଷମ ମୋ ଅପରାଧ କ୍ଷମ ମୋ ଜୀବସାଧ
ଖ୍ୟାତ ଚରଣ ତଳେ ଦେଲି
ହେ ନୀଳାଦ୍ରୀଶ !
କ୍ଷୟ ତ ହେଲାଣି ଏ ପିଣ୍ଡ, କ୍ଷାଳ ଏ ଜଞ୍ଜାଳ ଦଣ୍ଡ
ଖ୍ୟାତି ଏ ଉପେନ୍ଦ୍ରର କ୍ଷାତ୍ର କୁଳ ବେଭାର
କ୍ଷେମ ଚରଣେ ତଳେ ହେଉ ରୁଣ୍ଡ
ହେ ନୀଳାଦ୍ରୀଶ।"

ବାସ୍ତବିକ୍ ଏ ବର୍ଣ୍ଣନା ବେଶ୍ ମାର୍ମିକ। ନିଜକୁ କାୟମନୋବାକ୍ୟରେ ସମର୍ପଣ ନ କଲେ ଏଭଳି ଭାବନା ଉଦ୍ରେକ ହେବନାହିଁ। ଆତ୍ମ ନିବେଦନ ଓ ଭକ୍ତି ହିଁ ବ୍ୟକ୍ତିକୁ ଉଚ୍ଚତର ଚେତନାକୁ ଉନ୍ନୀତ କରିଥାଏ। ଏଥିରୁ କବିସମ୍ରାଟଙ୍କର ଜଗନ୍ନାଥପ୍ରାଣତାର ପରିଚୟ ମିଳେ।

ଶ୍ରୀଜଗନ୍ନାଥଙ୍କ ଉଦ୍ଦେଶ୍ୟରେ କବିସମ୍ରାଟ କେତେକ ଭଜନ ଓ ଜଣାଣ ରଚନା କରିଛନ୍ତି। ସେଥି ମଧ୍ୟରୁ 'ମାନଉଦ୍ଧାରଣ' 'ଆହେ ପ୍ରଭୁ କମଳାକାନ୍ତ' ପ୍ରଭୃତି ଉଲ୍ଲେଖଯୋଗ୍ୟ। ଏଗୁଡ଼ିକରୁ କବିସମ୍ରାଟଙ୍କର ଭକ୍ତିଭାବାପନ୍ନ ମନୋଭାବର ପରିଚୟ ମିଳେ। କବିସମ୍ରାଟ ଗାଇଛନ୍ତି -

"ମାନ ଉଦ୍ଧାରଣ କର ହେ କାରଣ
ଶରଣ ମୁଁ ତୁମ୍ଭ ପାଦତଳେ
ଅନାଥର ନାଥ ନୀଳଗିରି ନାଥ
ଜଗନ୍ନାଥ ନାମ ନୀଳାଚଳେ।
ମହୋଦଧି କୂଳେ କଳ୍ପବଟ ମୂଳେ
ବିଜେ କରିଛ ବଡ଼ ଦେଉଳେ
ଲକ୍ଷେ ଯୋଜନରେ ଗଜ ଡାକଦେଲା
ତା' ଡାକ ଶୁଣିଲ ପଶାଖେଳେ।
ମାରକଣ୍ଡ ଋଷି ଯାଉଥିଲେ ଭାସି
ଉଦ୍ଧରି ଧଇଲ ବାମ କରେ।
କିଷ୍କିନ୍ଧ୍ୟାକୁ ଗଲ ବାଳି ବିନାଶିଲ
ବନ୍ଧ ଯେ ବାନ୍ଧିଲ ସିନ୍ଧୁ ଜଳେ
ଲଙ୍କାରେ ରାବଣ ବଧିଲ ଆପଣ
ଜନକ ନନ୍ଦିନୀ ସୀତା ଛଳେ
ଯୁଧିଷ୍ଠିର ବୋଲେ ହସ୍ତିନାକୁ ଗଲ
ଭୋଜନ କଲ ବିଦୁର ଘରେ
କୁରୁସଭା ତଳେ ଦ୍ରୌପଦୀ ଚିନ୍ତିଲା
କୋଟି ବସ୍ତ୍ର ଦେଲ ଅବହେଳେ।
ବଣ ପୋଡ଼ି ବେଳେ ଘୋର ଦାବାନଳୁଁ
ଉଦ୍ଧରି ରଖିଲ ବ୍ରଜବାଳେ ।
କହେ ଉପଇନ୍ଦ୍ର କବି କୁଳଚନ୍ଦ୍ର
ଶରଣ ମୁଁ ତୁମ୍ଭ ପାଦତଳେ।"

ସେହିପରି 'ଆହେ ପ୍ରଭୁ କମଳାକାନ୍ତ' ଜଣାଣଟି ମିଶ୍ରମୁଖାରୀ ରାଗରେ ରଚିତ। ଏଥିରେ କବିସମ୍ରାଟ ସେହି ଦୁଃଖହାରୀ, ତ୍ରିତାପ ବିନାଶକାରୀ କମଳାକାନ୍ତଙ୍କୁ ନିବେଦନ କରିଛନ୍ତି -

"ଆହେ ପ୍ରଭୁ କମଳାକାନ୍ତ ! ବିମଳା ବଲ୍ଲଭ ଯାମଳା ତାରୀ।।
ପକ୍ଷୀରାଜ ପୃଷ୍ଠ ବିହାରୀ, ଦୁଃଖୀଜନ ଦୁଃଖ ନିବାରୀ
ଦେଖି ପଦ୍ମନାଭ ଅକରୁଣା ତବ
ଶୁଖି ଯାଉଅଛି ତନୁ ମୋହରି
ତ୍ରିଭୁବନପତି ବକାରି, ଏ ଭୂତଳେ କଷ୍ଟ ମୋ ଭାରି
ଭଞ୍ଜ ବୀରବର କହେ ଯୋଡ଼ିକର, ଶୁଣ ନାହିଁ କିମ୍ବା ମୋର ଗୁହାରି।"

କୋଟି ବ୍ରହ୍ମାଣ୍ଡର ଠାକୁର ମହାପ୍ରଭୁ ଶ୍ରୀଜଗନ୍ନାଥ ଆବାଙ୍‌ମାନସଗୋଚର। ସେ ଦାରୁବ୍ରହ୍ମ। ସେ ମୁକ୍ତିର ପସରା, ମୁକ୍ତିଦାତା। ସଂସାର ରୂପକ ସାଗରରୁ ପରିତ୍ରାଣ କରିବା ପାଇଁ ସେ ହିଁ ଏକମାତ୍ର ନାବିକ ଶିରୋମଣି। ତେଣୁ ସେହି ପରଂବ୍ରହ୍ମ ମହାପ୍ରଭୁଙ୍କୁ କୋଟି କୋଟି ପ୍ରଣାମ। ଆସନ୍ତୁନା ସେହି ପରଂବ୍ରହ୍ମଙ୍କର ଶରଣାଗତ ହୋଇ ଉଦାର କଣ୍ଠରେ ଗାଇବା -

"ଦେବ ଦେବ ଜଗନ୍ନାଥ ସଂସାରାର୍ଣ୍ଣବ ତାରକ
ଭକ୍ତାନୁଗ୍ରାହକ ସଦାରକ୍ଷ ମାଂ ପାଦୟୋର୍ନତମ୍।
ଜୟ ଜୟ ଜଗନ୍ନାଥ ଜୟ ସର୍ବାଘ ନାଶନ
ଜୟ ଶେଷ ଜଗଦ୍‌ବିନ୍ଦ୍ୟ ପଦାମ୍ଭୋଜ ନମୋସ୍ତୁତେ।"

ପଞ୍ଚମ ଅଧ୍ୟାୟ :

କବିସମ୍ରାଟ ଉପେନ୍ଦ୍ରଭଞ୍ଜଙ୍କ ସହ କାଳ୍ପନିକ ସାକ୍ଷାତକାର

କବିସମ୍ରାଟ ଉପେନ୍ଦ୍ର ଭଞ୍ଜ ଓଡ଼ିଆ ସାରସ୍ୱତ ଜଗତରେ ମହାକବି । ଓଡ଼ିଆ ସାହିତ୍ୟର କାବ୍ୟଯୁଗରେ ସେ ବିପୁଳ ସାରସ୍ୱତ କୃତିର ସ୍ରଷ୍ଟା । ଏହି ମହାନ୍ ବାଣୀପୁତ୍ର ଘୁମୁସର ରାଜବଂଶରେ ଜନ୍ମ ଗ୍ରହଣ କରିଥିଲେ । ଉପେନ୍ଦ୍ର ଘୁମୁସରର ରାଜକବି ଧନଞ୍ଜୟ ଭଞ୍ଜଙ୍କର ପୌତ୍ର ଓ ନୀଳକଣ୍ଠ ଭଞ୍ଜଙ୍କର ପୁତ୍ର ଥିଲେ । ଏହି ଦିବଂଗତ ମହାକବିଙ୍କ ସହିତ କାଳ୍ପନିକ ସାକ୍ଷାତକାର କରିଛନ୍ତି ଗବେଷକ ଡକ୍ଟର ପ୍ରେମାନନ୍ଦ ମହାପାତ୍ର ।

ଗବେଷକ : ଓଡ଼ିଆ ସାହିତ୍ୟ ଜଗତର ମହାକବି, ବାଣୀପୁତ୍ର କବିସମ୍ରାଟଙ୍କୁ ଆଭୂମ ପ୍ରଣାମ । ଆଗଛନ୍ତୁ ମହାଭାଗ ! ଆପଣଙ୍କର ଦିବ୍ୟଦର୍ଶନ ପାଇଁ ଏ ଅକିଞ୍ଚନ ଯୋଡ଼ହସ୍ତରେ ନିବେଦନ କରୁଛି ମହାକବି ! ଆପଣଙ୍କର ଦିବ୍ୟଦର୍ଶନ ଦେଇ କୃତାର୍ଥ କରନ୍ତୁ ମହାଭାଗ !

କବିସମ୍ରାଟ : ମର୍ତ୍ତ୍ୟଲୋକରୁ ମୋତେ କିଏ ସ୍ମରଣ କରୁଛନ୍ତି ?

ଗବେଷକ : ମୁଁ ଆପଣଙ୍କର ଜଣେ ବିମୁଗ୍ଧପାଠକ ମହାଭାଗ ! ଆପଣଙ୍କର ଜଣେ ନିଷ୍ଠାପର ପୂଜାରୀ ।

କବିସମ୍ରାଟ : ବତ୍ସ ! ତୁମର ପରିଚୟ ?

ଗବେଷକ : ମୁଁ ଆଙ୍କା ଭଞ୍ଜ ପୀଠର ସନ୍ତାନ । ନବଦୁର୍ଗ ରାଜ୍ୟର ଯେଉଁ ପ୍ରସିଦ୍ଧ ମାଳିସାହି ଗ୍ରାମ (ମୃତ୍ୟୁଞ୍ଜୟପୁରଶାସନ)ରେ ଆପଣ ସାରସ୍ୱତ ସାଧନା ଜାରି

ରଖିଥିଲେ, ସେହି ଗ୍ରାମରେ ମୋର ଜନ୍ମ। ମୋର ପିତାମହ, ପ୍ରପିତାମହ ନବଦୁର୍ଗ ରାଜାମାନଙ୍କଠାରୁ 'ରତ୍ନ' ଉପାଧି ଲାଭ କରିଥିଲେ। ମୁଁ ହେଉଛି ଭଞ୍ଜପୀଠର ସନ୍ତାନ ପ୍ରେମାନନ୍ଦ ମହାପାତ୍ର।

କବିସମ୍ରାଟ: ମୋର ତ ଦିବ୍ୟଧାମ ପ୍ରାପ୍ତ ହେବାର ଦୁଇଶହ ପଚାଶ ବର୍ଷରୁ ଊର୍ଦ୍ଧ୍ୱ ହେଲାଣି। ମୋତେ କାହିଁକି ପୁଣି ଆବାହନ କରୁଛନ୍ତି ?

ଗବେଷକ: ଆପଣ ଏ ମାଟିର ବରପୁତ୍ର। ଓଡ଼ିଶାର ସାରସ୍ୱତ ତପୋବନର ମହାକବି। ଆପଣ ସୌନ୍ଦର୍ଯ୍ୟର କବି। ଜୀବନ ଓ ଯୌବନର କବି। ଆପଣ ଶବ୍ଦ କବି, ଅର୍ଥ କବି, ରସ କବି ଏବଂ ଶ୍ରେଷ୍ଠ ଆଳଙ୍କାରିକ କବି। ଆପଣଙ୍କର ସର୍ଜନଶୀଳତାର ପଟାନ୍ତର ନାହିଁ। ଓଡ଼ିଆ ସାହିତ୍ୟକୁ ସଂସ୍କୃତ ସାହିତ୍ୟର ସମକକ୍ଷ କରାଇବା ପାଇଁ ଆପଣଙ୍କ ବାଣୀସାଧନା ବେଶ୍ ଅଭିନନ୍ଦନୀୟ। ଆପଣ ତ ସ୍ୱୟଂ କହିଛନ୍ତି –

"ଘେନ ନୈଷଧ ପରାଏ,
ଉପଇନ୍ଦ୍ର କହେ ବୁଧ ପ୍ରମୋଦ କରାଏ।"

ଆପଣ ପ୍ରାତଃ ସ୍ମରଣୀୟ। ଆପଣଙ୍କ ସାହିତ୍ୟର ଦିଗଦିଗନ୍ତ ସୁଦୂରପ୍ରସାରୀ। ହେ ମହାକବି ! ଆପଣଙ୍କ ଜୀବନ ବହୁ ଘନଘଟାରେ ପରିପୂର୍ଣ୍ଣ ଥିଲା। ସେ ସମ୍ପର୍କରେ କିଛି କହିବେ କି ?

କବିସମ୍ରାଟ: ମୁଁ ତ ମୋର ବଂଶ ପରିଚୟ 'ଲାବଣ୍ୟବତୀ' କାବ୍ୟ ଏବଂ 'ରସପଞ୍ଚକ'ରେ ଉପସ୍ଥାପନ କରି ସାରିଛି। ତୁମେ ତ ଜାଣ, ଘୁମୁସର ମୋର ଜନ୍ମସ୍ଥାନ। ମୋର ପିତା ହେଉଛନ୍ତି ନରେଶ ନୀଳକଣ୍ଠ ଭଞ୍ଜ। ମୁଁ କହିରଖେ, ମୋର ମାତାମହୀ ଥିଲେ ନୟାଗଡର ରାଜଜେମା ମଣ୍ଡାଦେବୀ। କୌଣସି କାରଣରୁ ମୋର ପିତାମହ ୧୭୦୧ ସାଲରେ ପରଲୋକ ଗମନ କଲେ। ସେହି ବର୍ଷ ମୋର ପିତା ନୀଳକଣ୍ଠ ଭଞ୍ଜ ଘୁମୁସର ରାଜା ହେଲେ; କିନ୍ତୁ ବିଧିରବିଧାନ ବିଚିତ୍ର ଥିଲା। ୧୭୦୩ ସାଲରେ ମୋର କକା ଘନ ଭଞ୍ଜ ସିଂହାସନ ପ୍ରାପ୍ତି ଲକ୍ଷ୍ୟରେ ମୋର

ପିତାଙ୍କୁ ଆକ୍ରମଣ କଲେ। ଆମ ଜୀବନ ପ୍ରତି ବିପଦ ଘନେଇ ଆସିଲା। ତେଣୁ ମୋର ପିତା କୌଶଳକ୍ରମେ ମୋତେ ଓ ମାତା ରତ୍ନାବତୀଙ୍କୁ ଘେନି ଘୁମୁସରରୁ ଆଠଗଡ଼ ପଳାୟନ କଲେ। ଆଠଗଡ଼ରେ କିଛି ଦିନ କଟାଇ ସେ ଆମ ସମସ୍ତଙ୍କୁ ଘେନି ମାତୁଳରାଜ୍ୟ ନବଦୁର୍ଗଙ୍କୁ ପଳାୟନ କଲେ। ସେହି ସମୟରେ ମୋର ମାତୁଳ ପୁରୁଷୋତ୍ତମ ସିଂହ ମାନଧାତା ନବଦୁର୍ଗର ରାଜା ଥିଲେ। ସେ ଆମ୍ଭମାନଙ୍କୁ ଆଶ୍ରୟ ଦେଇଥିଲେ।

ଗବେଷକ: ନୟାଗଡ ରାଜା କ'ଣ କ'ଣ ବ୍ୟବସ୍ଥା କଲେ ମହାକବି ?

କବିସମ୍ରାଟ: ହଁ, ମୋର ଯାହା ମନେପଡୁଛି ସେତେଳେକୁ ମୋତେ ୨୨ ବର୍ଷ ହୋଇଥିଲା। ନୟାଗଡ଼ ରାଜବାଟୀରେ ବେଶ୍ ଆତିଥ୍ୟଲାଭ କରି କେତେଦିନ ଅବସ୍ଥାନ କଲାପରେ ମାତୁଳଙ୍କ କନ୍ୟା 'ଲାବଣ୍ୟନିଧି'ଙ୍କ ସହିତ ମୋର ବିବାହ ହେଲା। ମୋତେ ଗଡ଼ ନିକଟବର୍ତ୍ତୀ ମାଳିସାହି ଗ୍ରାମକୁ ଯୌତୁକରୂପେ ମିଳିଥିଲା। ସେହି ଗ୍ରାମର ଖମାର ଗୃହରେ ନବଦୁର୍ଗ ରାଜବଂଶର ଜଣେ କନ୍ୟା ଯେ କି ବୌଦ୍ଧରାଜ୍ୟକୁ ବୋହୂ ହୋଇଯାଇଥିଲେ, ଦୈବକ୍ରମେ ବିଧବା ହେବାରୁ ଏହି ଗ୍ରାମରେ ଅବସ୍ଥାନ କରୁଥିଲେ । ମାଳିସାହି ଗ୍ରାମର ସେହି ଖମାର ଗୃହରେ ମୋର ପିତା ଓ ମାତା ଅବସ୍ଥାନ କରୁଥିଲେ ।

ଗବେଷକ: ତା'ପରେ କ'ଣ ସବୁ ଘଟିଲା ମହାକବି ?

କବିସମ୍ରାଟ: ସବୁଦିନ ସମାନ ଯାଏନି। ଦିନେ ମାଳିସାହି ଗ୍ରାମରୁ ଚରଟିଏ ଆସି ଖବର ଦେଲା ଯେ ମୋର ପିତା ଶଯ୍ୟାଶାୟୀ। ତାଙ୍କୁ ଦେଖିବା ପାଇଁ ମୁଁ ତୁରନ୍ତ ନବଦୁର୍ଗ ରାଜବାଟୀରୁ ମାଳିସାହି ଗ୍ରାମ ଅଭିମୁଖେ ଗଲି। ବୈଦ୍ୟମାନଙ୍କର ସମସ୍ତ ଚେଷ୍ଟାସତ୍ତ୍ୱେ ସେ ଭଲ ହେଲେ ନାହିଁ। ତାଙ୍କ ଶରୀର ଘୋର ଅବନତି ଆଡ଼କୁ ଗତିକଲା। ତାଙ୍କର ଆତ୍ମାରୂପୀହଂସ ଦେହ ସରୋବର ଛାଡ଼ି ମାନସରୋବରକୁ ଉଡ଼ିଗଲା।

ଗବେଷକ: ତା' ପରେ...

କବିସମ୍ରାଟ: ଦିନେ ଅକସ୍ମାତ୍ ମୋର ପତ୍ନୀ ଲାବଣ୍ୟନିଧିଙ୍କର ଅକାଳ ମୃତ୍ୟୁ ଘଟିଲା । ପରେ ପରେ ମାତା ରତ୍ନାବତୀ ମଧ୍ୟ ସ୍ୱର୍ଗଲୋକ ଗମନ କଲେ । ଓଃ, କି ଭାଗ୍ୟର ବିପର୍ଯ୍ୟୟ ।

ଗବେଷକ : ତା' ପରେ କ'ଣ ହେଲା ମହାକବି ?

କବିସମ୍ରାଟ : କେତେଦିନ ଅନ୍ତେ ମୁଁ ବାଣପୁର ରାଜନନ୍ଦନୀ 'ମାଳବିକା'ଙ୍କୁ ବିବାହ କଲି । ସେ ମଧ୍ୟ ଅକାଳରେ ମୋତେ ଛାଡ଼ି ପରଲୋକ ଗମନ କଲେ ।

ଗବେଷକ : ଆପଣଙ୍କ ଦୁଃଖରେ ମୁଁ ସମଦୁଃଖୀ ମହାକବି । ଅତଃ ଆପଣଙ୍କୁ ଜୀବନ କିପରି ବୋଧ ହେଲା ମହାଶୟ ?

କବିସମ୍ରାଟ : ଏତେବଡ଼ ଦୁନିଆରେ ମୁଁ ସତରେ ଏକା ହୋଇଗଲି । ଗଭୀର ମନସ୍ତାପରେ ଦିନ କଟାଉଥିଲି । ଖମାରକୋଠିରେ ଅବସ୍ଥାନ କରୁଥିବା ବ୍ରହ୍ମଚାରିଣୀ ମୋତେ ଗତୀଶ୍ୱର ମହାଦେବଙ୍କ ଶରଣାପନ୍ନ ହେବା ପାଇଁ ପରାମର୍ଶ ଦେଲେ । ବ୍ରହ୍ମଚାରିଣୀଙ୍କ ଉପଦେଶକୁ ଶିରୋଧାର୍ଯ୍ୟ କରି ଗତୀଶ୍ୱର ମହାଦେବଙ୍କ ମନ୍ଦିରରେ ଦିନ କଟାଇଲି ।

ଗବେଷକ : ତା'ପରେ କ'ଣ ହେଲା କବିସମ୍ରାଟ ?

କବିସମ୍ରାଟ : ଦୈବାତ୍ ଦିନେ ଜଣେ ରାମାନନ୍ଦୀପନ୍ଥୀ ବୈଷ୍ଣବଗୁରୁଙ୍କ ସହିତ ମୋର ସାକ୍ଷାତ ହେଲା । ତାଙ୍କ ମୁଖର ପ୍ରସନ୍ନତା ମୋତେ ଆକୃଷ୍ଟ କଲା । ସେ ମୋତେ ପରାମର୍ଶ ଦେଲେ ରାମତାରକ ମନ୍ତ୍ର ସିଦ୍ଧକର ବତ୍ସ ! ତୁମେ କବି ହେବ ।

ଗବେଷକ : ତା'ପରେ ...

କବିସମ୍ରାଟ : ସେ ମୋତେ ପରାମର୍ଶ ଦେଲେ ପ୍ରାତଃକାଳରେ ଶିବଙ୍କୁ ଦର୍ଶନ କରିବ । ସାୟଂକାଳରେ ଶ୍ରୀରାମଙ୍କୁ ଦର୍ଶନ କରିବ । ସେ ମୋତେ ନିତ୍ୟନିରନ୍ତର ରାମତାରକ ମନ୍ତ୍ର ଜପ କରିବାକୁ କହି ଅନ୍ତର୍ଦ୍ଧାନ ହୋଇଗଲେ । ରାମତାରକ ମନ୍ତ୍ରଟି ହେଉଛି – "ଓଁ ରାମାୟ ନମଃ ।"

ଗବେଷକ: ତା'ପରେ କ'ଣ ଘଟିଲା ଦିବ୍ୟ ଆତ୍ମନ୍ !

କବିସମ୍ରାଟ: ମୁଁ ଦିନେ ରାତିରେ ନବଦୁର୍ଗ ରାଜବାଟୀରୁ ମାଳିସାହି ଗ୍ରାମକୁ ଅଶ୍ୱାରୋହଣ କରି ଯିବା ସମୟରେ ରାସ୍ତା ପାର୍ଶ୍ୱରେ ଶ୍ମଶାନଟିଏ ପଡ଼ିଲା । ମୁଁ ଦେଖିଲି ସାଧକଟିଏ ଶ୍ମଶାନକାଳୀଙ୍କୁ ଆରାଧନା କରୁଛନ୍ତି । ଦେବୀ ଆବିର୍ଭୂତା ହେବା ସମୟରେ ସେ ସାଧକ ଭୟରେ ମୂର୍ଚ୍ଛା ଗଲେ ।

ଗବେଷକ : ତା'ପରେ କ'ଣ ଘଟିଲା ମହାଭାଗ ?

କବିସମ୍ରାଟ : ମୁଁ ତତ୍‌କ୍ଷଣାତ ଅଶ୍ୱରୁ ଅବତରଣ କରି ଅଶ୍ୱର ମୁଣ୍ଡକାଟି ଦେବୀଙ୍କୁ ରକ୍ତପାନ ନିମିତ୍ତ ନିବେଦନ କରିବା ସମୟରେ ଦେବୀ ମୋତେ ଆଶୀର୍ବାଦ କରି ଅନ୍ତର୍ଦ୍ଧାନ ହୋଇଗଲେ । ତା'ପରେ ମୁଁ ରାମତାରକ ମନ୍ତ୍ର ସିଦ୍ଧ କରିବାକୁ ଲାଗିଲି ।

ଗବେଷକ : କେଉଁ କେଉଁ ଦେବତାଙ୍କୁ ଆପଣ ଆରାଧନା କରୁଥିଲେ କବିସମ୍ରାଟ ?

କବିସମ୍ରାଟ : ମୁଁ ପ୍ରତ୍ୟହ ପ୍ରାତଃକାଳରେ ମାଳିସାହି ଗ୍ରାମର ବିଜେଠାକୁର ଶ୍ରୀଶ୍ରୀଗତୀଶ୍ୱର ମହାଦେବଙ୍କୁ ଆରାଧନା କରିବାକୁ ଲାଗିଲି । ସାୟଂକାଳରେ ମାଳିସାହି ଗ୍ରାମ ନିକଟବର୍ତ୍ତୀ ଢେଙ୍କଣା ଗ୍ରାମର ଶ୍ରୀଶ୍ରୀରଘୁନାଥଜୀଉଙ୍କୁ ଆରାଧନା କିରବାକୁ ଲାଗିଲି । ମୋର ଆରାଧଦେବ ପ୍ରଭୁ ଶ୍ରୀରାମଚନ୍ଦ୍ରଙ୍କ କୃପାରୁ ମୁଁ ଦିବ୍ୟକବିତ୍ୱ ଲାଭ କଲି । ମୁଁ ଏହି ପ୍ରସଙ୍ଗ ବିଭିନ୍ନ କାବ୍ୟରେ ଉଲ୍ଲେଖ କରିଛି । 'ଲାବଣ୍ୟବତୀ' କାବ୍ୟରେ ମୁଁ ଉଲ୍ଲେଖ କରିଛି – "ତାରକ ମନ୍ତ୍ର ପରସାଦେ । ମୋହର କବିପଣ ଉଦେ ।"

'ବୈଦେହୀଶ ବିଳାସ' କାବ୍ୟରେ ମୁଁ ମଧ କହିସାରିଛି –

"ବୀବର ପଦ ଉପଇନ୍ଦ୍ର ମୋ ନାମ
ବାରେ ବାରେ ସେବାରେ ମନାଇ ସୀତରାମ ଯେ ।
ବିଚିତ୍ର କବିତ୍ୱ ମାର୍ଗେ ପ୍ରସରିଲା ବୁଦ୍ଧି
ବିରଚିଲି ରାମାୟଣ ଏ ମୋ ବଡ଼ ସିଦ୍ଧି ଯେ ।"

ଗବେଷକ : ଆପଣଙ୍କ ଜୀବନର ବିଶିଷ୍ଟ ଅନୁଭବ କ'ଣ କବିଗୁରୁ ?

କବିସମ୍ରାଟ : ମୁଁ ତ ମୋର 'ରସିକ ହୀରାବଳୀ' କାବ୍ୟରେ ଏ ପ୍ରସଙ୍ଗରେ ଉଲ୍ଲେଖ କରିଛି –

"ରାଜାଙ୍କୁ ହେବାର ରାଜ୍ୟଭ୍ରଷ୍ଟ । ଯୁବାଙ୍କୁ ହେବାର ପତ୍ନୀ କଷ୍ଟ
କହେ ଉପଇନ୍ଦ୍ର ଭଞ୍ଜ ବୀରବର ଏଥୁ ବଳି ନାହିଁ ଆନ କଷ୍ଟ ।"

ଗବେଷକ : ଆପଣଙ୍କର ପ୍ରଥମ କାବ୍ୟକୃତି ସମ୍ପର୍କରେ କିଛି କହିବେ କି ?

କବିସମ୍ରାଟ : 'ରସଲେଖା' କାବ୍ୟଟି ମୋର ପ୍ରାଥମିକସ୍ତରର ରଚନା । ଏହି କାବ୍ୟଟି ବାଇଶି ଛାନ୍ଦବିଶିଷ୍ଟ କାବ୍ୟ । ପୁରୀର ଗଜପତି ଦିବ୍ୟସିଂହ ଦେବଙ୍କ ରାଜତ୍ୱର ସପ୍ତବିଂଶ ଅଙ୍କ ଅର୍ଥାତ୍ ୧୭୧୦ ସାଲରେ ମୁଁ ଏହି କାବ୍ୟଟି ପରିସମାପ୍ତ କରିଥିଲି ।

ଗବେଷକ : ଆପଣଙ୍କ ରଚନାସମ୍ଭାର ସମ୍ପର୍କରେ କିଛି କହିବେ କି ମହାକବି ?

କବିସମ୍ରାଟ : ମୋର କାବ୍ୟକୃତିଗୁଡ଼ିକ ମଧ୍ୟରେ ରହିଛି ରସଲେଖା, ଚିତ୍ରଲେଖା, କାମକଳା, ମନୋରମା, ପ୍ରେମଲତା, ଭାବବତୀ, ମୁକ୍ତାବତୀ, ବ୍ରଜଲୀଳା, ଛାନ୍ଦଭୂଷଣ, ଷଡ଼ରତ୍ନ, କଳାକଉତୁକ, ସୁଭଦ୍ରାପରିଣୟ, ବୈଦେହୀଶ ବିଳାସ, ଅବନାରସ ତରଙ୍ଗ, ରାମଲୀଳାମୃତ, ଶେଷ ଚରିତ, ପ୍ରେମସୁଧାନିଧି, ରସିକହାରାବଳୀ, କୁଞ୍ଜ ବିହାର, ରସପଞ୍ଚକ, ଲାବଣ୍ୟବତୀ, ପୁରୁଷୋତ୍ତମ ମାହାତ୍ମ୍ୟ, ଗୀତାଭିଧାନ, କୋଟିବ୍ରହ୍ମାଣ୍ଡ ସୁନ୍ଦରୀ, ତ୍ରୈଲୋକମୋହିନୀ ଇତ୍ୟାଦି । ଅବଶ୍ୟ ମୋ କାବ୍ୟକୃତି ସମ୍ପର୍କରେ ମୁଁ 'ଚିତ୍ରକାବ୍ୟ ବନ୍ଧୋଦୟ' କାବ୍ୟରେ ଉଲ୍ଲେଖ କରିଛି ।

ଗବେଷକ : ଆପଣଙ୍କ କାବ୍ୟଗୁଡ଼ିକୁ ନାୟିକାମାନଙ୍କ ନାମାନୁସାରେ କାହିଁକି ନାମିତ କଲେ କବିସମ୍ରାଟ ?

କବିସମ୍ରାଟ : ଦେଖନ୍ତୁ, ନାୟିକା ପ୍ରଧାନ କାବ୍ୟ ମୁଁ ପ୍ରାୟତଃ ରଚନା କରିଅଛି । ଜଣେ ନାୟକ ନିକଟରେ ନାୟିକା ହିଁ ପରମ ଶ୍ରେୟ । ନାୟିକା ହେଉଛି ନାୟକର ପରମ ଗତି । ମୁଁ ପ୍ରତିପାଦନ କରିଛି – "ଜବାଧରୀ ଦେହ

ଇତର ନୁହଇ ଯୁବା ବଇକୁଣ୍ଠପୁର।" ତେଣୁ ନାୟିକାର ନାମକରଣ ମାଧ୍ୟମରେ ମୁଁ ନାରୀ ସମାଜକୁ ମାନ୍ୟତା ପ୍ରଦର୍ଶନ କରିଛି।

ଗବେଷକ : 'ବୈଦେହୀଶ ବିଳାସ' ଆପଣଙ୍କର ଶ୍ରେଷ୍ଠ କାବ୍ୟ। ଏହି କାବ୍ୟ ସର୍ଜନାର ପୃଷ୍ଠଭୂମି ସମ୍ପର୍କରେ କିଛି କୁହନ୍ତୁ ମହାକବି ?

କବିସମ୍ରାଟ : ମୋର ମନେ ପଡୁଛି ମୋର ପିତାମହ 'ଶ୍ରୀରାମ ବିଳାସ' କାବ୍ୟଟିଏ ରଚନା କରିଥିଲେ। ମୋତେ ଥରେ ସେ କହିଥିଲେ – "ଉପେନ୍ଦ୍ର ! ତୁମେ ତ ବେଶ୍ ପଢ଼ାପଢ଼ି କଲଣି, ବହୁ କବିତା ମଧ୍ୟ ଲେଖିଲଣି। ମୋର ଏହି 'ଶ୍ରୀରାମ ବିଳାସ' କାବ୍ୟ ଖଣ୍ଡିକ କିପରି ହୋଇଛି, ଥରେ ଆଖି ପକାଇବ କି ?" ମୁଁ କାବ୍ୟଟିକୁ ପାଠ କରି କହିଥିଲି – "ଏ ଦେଶର ପଣ୍ଡିତ ସମାଜରେ ଆପଣଙ୍କ କାବ୍ୟଟିକୁ ସମ୍ମାନିତ କରାଇବା ପାଇଁ ଯେଉଁପରି ଅଳଙ୍କାରିକତା ଏବଂ ବିଦ୍‌ବତ୍ତା ଦରକାର, ତାହା ଏଥିରେ ଅଭାବ ରହିଛି।" ଏହା ଶୁଣି ମୋର ପିତାମହ ମୋତେ ଜିଜ୍ଞାସା କଲେ – "ତୁମେ କ'ଣ ପାରିବ ?" ମୁଁ ପାରିବି ବୋଲି ସମ୍ମତି ପ୍ରଦାନ କରିବାରୁ ମୋର ପିତାମହ ମୋତେ ଆଶୀର୍ବାଦ ପ୍ରଦାନ କରିଥିଲେ। ସେହି ଦିନରୁ ରାମ କାବ୍ୟଟିଏ ରଚନା କରିବାରେ ସଙ୍କଳ୍ପ ନେଇଥିଲି। ତାରକ ମନ୍ତ୍ର ପ୍ରସାଦରୁ ଏହା ତ ସମ୍ଭବ ହୋଇଛି। ମୁଁ ତ କହିସାରିଛି –

"ବଳାଇ ଚିତ୍ତ ଅନବରତ ଭାଗ୍ୟେ ଗ୍ରହଣ ତାରକ ମନ୍ତ୍ର
ସୀତା ଶ୍ରୀରାମ ଚରିତ ଗୀତ କୃତେ ଲାଳସ ଯେ।"

ଗବେଷକ : ଆପଣଙ୍କ କାବ୍ୟସମୂହରେ ପ୍ରେମକୁ କାହିଁକି ଶ୍ରେଷ୍ଠତା ପ୍ରଦାନ କରିଛନ୍ତି ମହାକବି ?

କବିସମ୍ରାଟ : ଦେଖନ୍ତୁ, ଜୀବନରେ ପ୍ରେମ ହିଁ ଶ୍ରେଷ୍ଠ। ପ୍ରେମ ହେଉଛି ଶାଶ୍ୱତ ଓ ସୁନ୍ଦର। ପ୍ରେମ ହେଉଛି ନିତ୍ୟ। ଦାମ୍ପତ୍ୟ ପ୍ରେମଠାରୁ ବଡ଼ ଜିନିଷ କିଛି ନାହିଁ। ମୁଁ ତ ପ୍ରତିପାଦନ କରିଛି – "ପ୍ରୀତି ହୋଇ ଯେବେ ଏଡ଼େ ମଧୁର। କ୍ଷୁଧା ତୃଷା ନିଦ୍ରା ହେବ ବିଧୁର / ପୁଣି ଦଇବେ ହୋଇଲେ ଦମ୍ପତ୍ତି / ପାଦତଳେ ମିଳେ ଇନ୍ଦ୍ର ସମ୍ପତ୍ତି।"

ଗବେଷକ : ଆପଣଙ୍କ 'ପ୍ରେମ ସୁଧାନିଧି' କାବ୍ୟ ସୃଜନ ସମ୍ପର୍କରେ କିଛି କହିବେ କି ?

କବିସମ୍ରାଟ : ଦେଖନ୍ତୁ 'ପ୍ରେମ ସୁଧାନିଧି' ମୋର କାଳ୍ପନିକ କାବ୍ୟ। ଏହା ଷୋହଳ ଛାନ୍ଦ ବିଶିଷ୍ଟ ରଚନା। ପ୍ରତ୍ୟେକ ଛାନ୍ଦ ଗୋଟିଏ ଗୋଟିଏ ଅଳଙ୍କାରରେ ପରିବେଷିତ। କେରଳ ରାଜ୍ୟର ରାଜା ଜଗଜ୍ଜିତଙ୍କ କନ୍ୟା ପ୍ରେମସୁଧାନିଧି ଏହି କାବ୍ୟର ନାୟିକା। ଏହି କାବ୍ୟଟି ଯମକ ପ୍ରଧାନ। ଏଥିରେ ଆଦ୍ୟଯମକ, ମଧ୍ୟଯମକ, ପ୍ରାନ୍ତ ଯମକ, ଆଦ୍ୟ - ପ୍ରାନ୍ତ ଯମକ, ଯୋଡ଼ି ଯମକ, ତ୍ରିଭଙ୍ଗ ଯମକ ଇତ୍ୟାଦି ରହିଛି। ଏହା ବ୍ୟତୀତ ଅବନା, ଛେକାନୁପ୍ରାସ ଅଦ୍ଭୁତ ଉପମା, ବିରୋଧାଭାସ, ରୂପକ, ଅନୁପ୍ରାସ, ସିଂହାବଲୋକନ, ଶୃଙ୍ଖଳା, ଲୋମବିଲୋମ, ଆଶ୍ରୟ ଇତ୍ୟାଦି ଅଳଙ୍କାର ଏଥିରେ ସନ୍ନିବେଶିତ। ଏହି କାବ୍ୟଟି ଶୃଙ୍ଗାର ରସ ପ୍ରଧାନ। ଏହା ନାରିକେଳ ପାକରେ ରଚିତ। ମୁଁ ତ ଲେଖିଛି -

"ମନ ଚକୋରକୁ ତୋଷ କରିବ ସନ୍ତତ
ପୁଣି ଏହୁ ଗୀତ ନାରିକେଳ ରସବତ
ବାହାରେ କର୍କଶ ଭିତରେ ତ ସାରସତା
ଜାଣିଲା ଜନ କଣ୍ଠକୁ ହୋଇବ ମୁକୁତା।

ଗବେଷକ : ଆପଣ 'ଶବଦ ସାଗର' ପାରିହେବା କଥା କହିଛନ୍ତି। ଏହା କିପରି ସମ୍ଭବ ହେଲା ଶବ୍ଦସମ୍ରାଟ ?

କବିସମ୍ରାଟ : ଦେଖନ୍ତୁ, କାବ୍ୟ ରଚନା କରିବାକୁ ହେଲେ ଶବ୍ଦସାଗରକୁ ମନ୍ଥନ କରିବାକୁ ପଡ଼ିବ। ମୁଁ ତ ସମସ୍ତ କୋଷ ଗ୍ରନ୍ଥ ଅର୍ଥାତ୍ - ଅମରସିଂହଙ୍କର 'ଅମରକୋଷ', ଶାଶ୍ୱତଙ୍କର 'ଅନେକାର୍ଥ ସମୁଦୟ', ଯାଦବ ପ୍ରକାଶଙ୍କର 'ବୈଜୟନ୍ତୀ', ମହେଶ୍ୱର ଆଚାର୍ଯ୍ୟଙ୍କର 'ବିଶ୍ୱପ୍ରକାଶ', ମେଦିନୀ କରଙ୍କର 'ମେଦିନୀ କୋଷ', ପୁରୁଷୋତ୍ତମଙ୍କର 'ତ୍ରିକାଣ୍ଡ କୋଷ' ଏହି ଷଟ୍‌କୋଷ ଏବଂ ଷଟ୍‌କାବ୍ୟ - କୁମାର ସମ୍ଭବ, ରଘୁବଂଶ, ମେଘଦୂତ, ଋତୁସଂହାର, ନୈଷଧ ଚରିତ, ଶିଶୁପାଳ ବଧ ପ୍ରଭୃତି ଅନୁଶୀଳନ କରିଛି।

ସର୍ବୋପରି ମୋର ଉପାସ୍ୟ ପ୍ରଭୁ ଶ୍ରୀରାମ ଚନ୍ଦ୍ରଙ୍କର କରୁଣାରୁ ମୁଁ ଏହି ବିସ୍ତାରିତ ଶବ୍ଦ ସାଗରକୁ ପାରି ହୋଇଅଛି। ମୁଁ ପରା ଲେଖିଛି -

"ତରଣି କୁଳର ସାର, ଆଶ୍ରୟରୁ ନିରନ୍ତର
କହେ ଉପଇନ୍ଦ୍ର ଭଞ୍ଜ ମୁଁ ଲଭିଛି ଶବଦ ସାଗର ପାର।"
"କହେ ଉପଇନ୍ଦ୍ର ମୋ ପ୍ରଭୁ ଶ୍ରୀରାମ ବୈକୁଣ୍ଠନାଥ ସାକ୍ଷାତ
ଜାତ କଲେ କ୍ଷୀରାର୍ଣ୍ଣବୁଁ ସୁଧା ମୋର ଗୀରାର୍ଣ୍ଣବୁଁ ରସଗୀତ।"
"କହେ ଉପଇନ୍ଦ୍ର ଉତ୍ତମ କବିପୁଞ୍ଜ ଦୁର୍ଲ୍ଲଭ ମାର୍ଗେ ମୋ ସଞ୍ଚାର।"

ଗବେଷକ : ଆପଣ ବିଚିତ୍ର କବିତ୍ୱର ଅଧିକାରୀ। ସେ ସମ୍ପର୍କରେ କିଛି କହିବେ କି ?

କବିସମ୍ରାଟ : କବିତ୍ୱର ଅଧିକାରୀ ହେବା ଏକ ଦୁର୍ଲଭବ୍ୟାପାର। ପୁଣି ବିଚିତ୍ର କବିତ୍ୱର ଅଧିକାରୀ ହେବା ଆହୁରି ଗହନର କଥା। ତେବେ ମୋର ପ୍ରଭୁ ଶ୍ରୀରାମ ଓ ଦେବୀ ଜାନକୀଙ୍କ କରୁଣାରୁ ମୁଁ ଏହି ବିଚିତ୍ର କବିତ୍ୱର ଅଧିକାରୀ ନିଶ୍ଚୟ। ଶବ୍ଦ ବୈଚିତ୍ର୍ୟ, ଅର୍ଥ ବୈଚିତ୍ର୍ୟ, କଳ୍ପନା ବୈଚିତ୍ର୍ୟ, ବର୍ଣ୍ଣନା ବୈଚିତ୍ର୍ୟ - ଏସବୁ ବିଚିତ୍ର କବିତ୍ୱ ଯୋଗୁଁ ସମ୍ଭବ ହୋଇଥାଏ। ମୁଁ ତ ସ୍ୱୟଂ ଲେଖିଛି -

"ବିଚିତ୍ର କର୍ମା ଶ୍ରୀରଘୁନାଥ
ତାଙ୍କ ଧ୍ୟାନରେ ଉପଇନ୍ଦ୍ର ବିଚିତ୍ର ଚରିତ ରଚନେ ସମର୍ଥ।"

ଗବେଷକ : ଆପଣ ଶୃଙ୍ଗାରରସର ଶ୍ରେଷ୍ଠତା ପ୍ରତିପାଦନ କରିଛନ୍ତି। ସେ ସମ୍ପର୍କରେ କିଛି କୁହନ୍ତୁ ମହାଶୟ।

କବିସମ୍ରାଟ : ଦେଖନ୍ତୁ, କାବ୍ୟରେ ନବରସ ରହିବ। ଏହା ଶାସ୍ତ୍ରୀୟ। ଏହି ନବରସ ହେଉଛି - ବୀର, କାରୁଣ୍ୟ, ହାସ୍ୟ, ଅଦ୍ଭୁତ, ବିଭତ୍ସ, ଭୟାନକ, ଶାନ୍ତ, ରୌଦ୍ର ଓ ଶୃଙ୍ଗାର। ଶୃଙ୍ଗାର ହେଉଛି ରସରାଜ। ଏହାକୁ ଉଜ୍ଜ୍ୱଳରସ ଓ ମଧୁରରସ ମଧ୍ୟ କୁହାଯାଏ। ବାତ୍ସାୟନ, ଭୋଜରାଜ, କାଳିଦାସ, ଶ୍ରୀହର୍ଷ, ଭବଭୂତି, ଜୟଦେବ ପ୍ରଭୃତି କବିମାନେ ଶୃଙ୍ଗାର ରସକୁ ଗ୍ରହଣ କରିଛନ୍ତି। ଭୋଜରାଜ ତ ସ୍ୱୟଂ କହିଛନ୍ତି - 'ଶୃଙ୍ଗାରୀଚେତ୍ କବିଃ କାବ୍ୟଜାତଂ ରସମୟଂ ଜଗତ୍।" ମୁଁ ତ

ଲେଖିଛି –

"ନବରସରେ ସାର ଆଦ୍ୟେ ଲେଖି ଶୃଙ୍ଗାର
ରତି ପରମ ସୁଖରେ।
ଯିବା ପାଇଁ ପାସୋର ବଲ୍ଲଭୀ ନାମ ମାର
ଦେଇଛି ଶାସ୍ତ୍ରେ ଦେଖରେ।"

"ବିଚାରଇ କରିବି ଉତ୍ତମ ଛାନ୍ଦ ଗୀତ
ରସସାର ଶୃଙ୍ଗାର ତହିଁରେ ହେବ ବ୍ୟକ୍ତ ଯେ।
ବାତ୍ସାୟନ ଋଷିଙ୍କୁ ଏ ରସ ଗୋଚର
ଗୀତେ କହେ ଉପଇନ୍ଦ୍ର ଭଞ୍ଜ ବୀରବର ଯେ।"

ଗବେଷକ : ଆପଣ ଆଦର୍ଶ ଦାମ୍ପତ୍ୟପ୍ରେମର ରୂପକାର। ଆଦର୍ଶ ଦାମ୍ପତ୍ୟ ପ୍ରେମର ଉପଲକ୍ଷ୍ୟ କ'ଣ ମହାକବି ?

କବିସମ୍ରାଟ : ଦାମ୍ପତ୍ୟ ପ୍ରେମର ତୁଳନା ନାହିଁ। ଆଦର୍ଶ ଦାମ୍ପତ୍ୟ ପ୍ରେମ, ଏକ ପତ୍ନୀବ୍ରତ – ଏହା ଭାରତୀୟ ପରମ୍ପରାଦ୍ୱାରା ସ୍ୱୀକୃତ। ଏକଦା ଯେତେବେଳେ ଗୋଟିଏ ସମାଜ ଦିଶାହରା ହୋଇ ଗତି କରୁଥିଲା, ସେହି ସମୟରେ ମୁଁ ଲେଖନୀ ମାଧ୍ୟମରେ ଆଦର୍ଶ ଦାମ୍ପତ୍ୟ ପ୍ରେମର ଅବତାରଣା କରିଛି।

ଗବେଷକ : ଅଳଙ୍କାର ପ୍ରୟୋଗରେ ଆପଣ ସ୍ୱତନ୍ତ୍ର ପ୍ରତିଭାର ଅଧିକାରୀ। ଏ ସମ୍ପର୍କରେ କିଛି କହିବେ କି ?

କବିସମ୍ରାଟ : ମୁଁ ତ କହିଛି "ନାନା ଶବ୍ଦ ଅର୍ଥେ ଯେ ବିଚକ୍ଷଣ / ଯେହୁ ଜାଣେ ଅଳଙ୍କାର ଲକ୍ଷଣ / ସେହି କରୁ ଏ ଛାନ୍ଦ ବିବେଚନ।" କାବ୍ୟରେ ଅଳଙ୍କାର ବିନ୍ୟାସ ଶାସ୍ତ୍ରସମ୍ମତ। ଅଳଙ୍କାରବିହୀନ କାବ୍ୟ ଚମତ୍କାରିତା ହରାଇଥାଏ। ମୋ କାବ୍ୟ ଭାରତୀ ବିଭିନ୍ନ ଶବ୍ଦାଳଙ୍କାର ଓ ଅର୍ଥାଳଙ୍କାର ଦ୍ୱାରା ସମୃଦ୍ଧ। କାବ୍ୟକୁ ଅଳଙ୍କାର ଯୁକ୍ତ କିରବା ପାଇଁ ମୋତେ ବହୁଶ୍ରମ ସ୍ୱୀକାର କରିବାକୁ ପଡ଼ିଛି।

ଗବେଷକ : ଆପଣ ରାଜା ହୋଇଥାନ୍ତେ; କିନ୍ତୁ ବିଧିର ନିର୍ଦ୍ଦେଶ ଭିନ୍ନ ଥିବାରୁ ଆପଣ

ରାଜ ସିଂହାସନରୁ ବଞ୍ଚିତ ହୋଇଥିଲେ। ରାଜା ହୋଇ ନ ଥିବାରୁ ଆପଣଙ୍କ ମନରେ କିଛି ଅବସୋସ ରହିଲା କି ?

କବିସମ୍ରାଟ : ପ୍ରକୃତ ପକ୍ଷେ ରାଜା ନ ହୋଇଥିଲେ ମଧ୍ୟ ମୁଁ ନିଜକୁ ନୃପତି ବୋଲି ମନେକରେ। 'ସୁଭଦ୍ରା ପରିଣୟ' କାବ୍ୟରେ ମୁଁ ତ ନିଜକୁ ନୃପତି ବୋଲି ଉଲ୍ଲେଖ କରିଛି। ଏହା ବ୍ୟତୀତ ମୋର ସଙ୍ଗୀତଗୁଡ଼ିକର ଭଣିତାରେ ମଧ୍ୟ ମୁଁ ଠାଏ ଠାଏ ଏହି 'ନୃପତି' ଶବ୍ଦ ବ୍ୟବହାର କରିଛି।

ଗବେଷକ : ଆପଣ 'ବୈଦେହୀଶ ବିଳାସ' କାବ୍ୟରେ ଉତ୍ତର ରାମଚରିତ କାହିଁକି ବର୍ଣ୍ଣନା କରି ନାହାନ୍ତି ମହାକବି ?

କବିସମ୍ରାଟ : 'ବୈଦେହୀଶ ବିଳାସ' ମୋର ଶ୍ରେଷ୍ଠ କାବ୍ୟ। 'ବ' ଆଦ୍ୟ ନିୟମରେ ବାଉନ ଛାନ୍ଦବିଶିଷ୍ଟ ଏହା ହେଉଛି ରାମକଥା। ଏହି କାବ୍ୟରେ ବାଲ୍ମୀକିଙ୍କ ଆଶ୍ରମରେ ଜାନକୀ ରହିବା, ଲବଣାସୁରକୁ ବଧ କରିବା, ଲବକୁଶ ଜନ୍ମ ହେବା, ଯଜ୍ଞ ଆୟୋଜନ, ଲବକୁଶଙ୍କ ଗୀତଗାନ, ସୀତାଙ୍କୁ ପୁନର୍ବାର ଆଣିବା, ସୀତାଙ୍କ ପାତାଳ ଗମନ ପ୍ରଭୃତି ବିଭଙ୍ଗରସ ହୋଇଥିବାରୁ ମୁଁ ଉତ୍ତର ରାମଚରିତ ବର୍ଣ୍ଣନା କରିନାହିଁ।

ଗବେଷକ : ଆପଣଙ୍କୁ କେହି କେହି ଅଶ୍ଳୀଳ କବି ଭାବରେ ବର୍ଣ୍ଣନା କରୁଛନ୍ତି। ଏହାର କିଛି ଉତ୍ତର ରଖିବେକି ମହାଶୟ ?

କବିସମ୍ରାଟ : ଦେଖନ୍ତୁ, ସାହିତ୍ୟରେ ଶ୍ଳୀଳ, ଅଶ୍ଳୀଳ ବିଚାର କିଛି ନାହିଁ। ସାହିତ୍ୟରେ ଜୀବନର କଥା ରହିବ। ଜୀବନରେ ଯୌବନ ଓ ଯୌନତା ହେଉଛି ସତ୍ୟ। ଜଣେ ଜୀବନବାଦୀ କବି ଭାବରେ ମୁଁ ଯୌବନର ଜୟଗାନ କରିଛି। ମୋ କାବ୍ୟଗୁଡ଼ିକରେ ରହିଛି ନାୟିକାର ରୂପବର୍ଣ୍ଣନା। ପୁନଶ୍ଚ ନାୟକ ଓ ନାୟିକାର ମିଳନ ବର୍ଣ୍ଣନା। ଏସବୁ ବର୍ଣ୍ଣନା ଶାସ୍ତ୍ର ସମ୍ମତ।

ଗବେଷକ : ଆପଣଙ୍କୁ ଜଣେ ଆଧୁନିକ କବି କହିଛନ୍ତି – "ହେ ଉପେନ୍ଦ୍ର, ତୁମ କାବ୍ୟକବିତାର ଗୁରୁଭାରକେନ୍ଦ୍ର / କିଛି ନୁହେଁ, ଥିଲା ତାହା ଏକମାତ୍ର ନାରୀ / ଆଉ ଏକ ଜଟିଳ ଦୁର୍ବୋଧ୍ୟ ଡିକ୍ସନାରୀ।" ଏ ପ୍ରସଙ୍ଗରେ

କିଛି ବକ୍ତବ୍ୟ ରଖିବେ କି ?

କବିସମ୍ରାଟ : କେହି ହୁଏତ ଏହିପରି କହିଥାଇ ପାରନ୍ତି; କିନ୍ତୁ ଏପରି ବକ୍ତବ୍ୟରେ ମୁଁ ଆଦୌ ବିଚଳିତ ନୁହେଁ। ମୋ କାବ୍ୟଗୁଡିକ ନାୟିକା ପ୍ରଧାନ। ପ୍ରତ୍ୟେକ ବ୍ୟକ୍ତିର ଜୀବନ ନାୟିକା ବିନା ଅଧୁରା। ମୁଁ ତକହିଛି – "କି ହେବ ଇନ୍ଦ୍ର ହୋଇଲେ ସର୍ବ ସମ୍ପଦେ ଯେ / ସ୍ତିରୀହୀନଠାରୁ ପାପୀ ନାହିଁ ମହୀ ଦେଶେ ଯେ।" କାବ୍ୟରେ ନାରୀର ବର୍ଣ୍ଣନା ରହିବ ହିଁ ରହିବ। ମନେରଖନ୍ତୁ, କାବ୍ୟର ଶରୀର ହେଉଛି ଶବ୍ଦ ଓ ଅର୍ଥ। ଉପଯୁକ୍ତ ଶବ୍ଦବିନ୍ୟାସ ନ ହେଲେ କାବ୍ୟର ଚମତ୍କାରିତା ଗୁଣ ପ୍ରତିପାଦିତ ହୋଇପାରେ ନାହିଁ।

ଗବେଷକ : ଆପଣ ଇଂରାଜୀ କିମ୍ବା ଅନ୍ୟ କୌଣସି ଆନ୍ତର୍ଜାତୀୟ ଭାଷାରେ ସାହିତ୍ୟ ରଚନା କରିଥିଲେ ନୋବେଲ ପୁରସ୍କାର ପାଇଥାନ୍ତେ; ମାତ୍ର ପ୍ରାନ୍ତୀୟଭାଷାରେ ସାହିତ୍ୟ ରଚନା କରିଥିବାରୁ ଏବଂ ଉପଯୁକ୍ତ ସମ୍ମାନ ଲାଭ କରି ନ ଥିବାରୁ ଦୁଃଖ ଅନୁଭବ କରୁଛନ୍ତି କି ?

କବିସମ୍ରାଟ : ଦେଖନ୍ତୁ, ପୁରସ୍କାର ପାଇବା ନ ପାଇବା ମୋ ପାଇଁ ବଡ଼ କଥା ନୁହେଁ। ମୋ ପାଇଁ ବଡ଼ କଥା ହେଉଛି ଯେ ମୋ ମାତୃଭାଷାରେ ମୁଁ କାବ୍ୟ ସର୍ଜନା କରିଛି। ମୋର ଭାଷା ହେଉଛି ଅମୃତମୟୀ ଭାଷା, ମଧୁର ଭାଷା। ମୁଁ ଭାଷା ଓ ସାହିତ୍ୟର ସେବାୟତ। ଭାଷା ସାହିତ୍ୟର ସେବା କରିଥିବାରୁ ମୁଁ ବେଶ୍ ଗର୍ବିତ। ନିରବଧି କାଳ ହିଁ ମୋର ସାହିତ୍ୟର ମୂଲ୍ୟାୟନ କରିବ।

ଗବେଷକ : ଆପଣଙ୍କ ସମକାଳୀନ କତିପୟ କବିଙ୍କ ସମ୍ପର୍କରେ କିଛି କହିବେ କି ?

କବିସମ୍ରାଟ : ହଁ, ମୋର ସମକାଳୀନ ଓଡ଼ିଆ କବି ହେଉଛନ୍ତି ଭୂପତି ପଣ୍ଡିତ, ଦୀନକୃଷ୍ଣ ଦାସ, ଲୋକାନଥ ବିଦ୍ୟାଧର, ଚନ୍ଦ୍ରଶେଖର ଭଞ୍ଜ। ଦୀନକୃଷ୍ଣ ଦାସଙ୍କ ସହିତ ମୋର ଶ୍ରୀକ୍ଷେତ୍ରରେ ସାକ୍ଷାତକାର ହୋଇଥିଲା। ସେ ତାଙ୍କର 'ରସକଲ୍ଲୋଳ,' ପୋଥିଟିକୁ ଗୋଟିଏ ମାଟି ସରା ଉପରେ

ରଖି ତା' ତଳେ ଓ ଉପରେ କେନ୍ଦୁପତ୍ର ଘୋଡ଼ାଇ ଦେଇଥିଲେ। ସେଥିରୁ ରସ ଝରି ପଡୁଛି ବୋଲି କବି ମହାଶୟ କହିଲେ। ମୁଁ ପୋଥିଟିକୁ ଦେଖିଲି; ମାତ୍ର ମୁଁ ଦେଖିଲି ସେଥିରେ ସର୍ବତ୍ର 'କ' ଅକ୍ଷର ନିୟମ ରହିନାହିଁ। ତେଣୁ ମୁଁ ସଂକଳ୍ପ କଲି 'କ' ଆଦ୍ୟପ୍ରାନ୍ତ ନିୟମରେ କୃଷ୍ଣକଥା ଲେଖିବି। ତାହାର ପରିଣତି ହେଉଛି ମୋର 'କଳା କଉତୁକ' କାବ୍ୟ।

ଗବେଷକ : ଆପଣ 'ବୀରବର' ଉପାଧି କେଉଁଠାରୁ ପ୍ରାପ୍ତ ହୋଇଥିଲେ ମହାକବି ?

କବିସମ୍ରାଟ : ଦେଖନ୍ତୁ, ଜଣେ ସାରସ୍ୱତ ସାଧକ କୌଣସି ଉପାଧି କିମ୍ବା ପୁରସ୍କାର ଲକ୍ଷ୍ୟରେ ସାଧନା କରେ ନାହିଁ । ନିରବଧି ସାଧନା ହିଁ ସିଦ୍ଧି ଆଣି ଦେଇଥାଏ। ତେବେ ନବଦୁର୍ଗ ରାଜଦରବାରରୁ ମୁଁ ଏହି 'ବୀରବର' ଉପାଧି ଲାଭ କରିଥିଲି। ଏହି ଉପାଧିଟିକୁ ମୁଁ 'ଲାବଣ୍ୟବତୀ', 'କୋଟିବ୍ରହ୍ମାଣ୍ଡ ସୁନ୍ଦରୀ', 'ବୈଦେହୀଶ ବିଳାସ', 'ପ୍ରେମ ସୁଧାନିଧି', 'ଲାବଣ୍ୟନିଧି', 'ରସିକ ହାରାବଳୀ', 'ରସପଞ୍ଚକ', 'ଚୌପଦୀଚନ୍ଦ୍ର', 'ସୁବର୍ଣ୍ଣରେଖା', 'ରାମଲୀଳାମୃତ', 'ଗୀତାଭିଧାନ' ପ୍ରଭୃତି ଗ୍ରନ୍ଥରେ ବ୍ୟବହାର କରିଅଛି। ପୁରୀ ଗଜପତିଙ୍କଠାରୁ ମୁଁ 'ମଙ୍ଗରାଜ' ଉପାଧି ଲାଭ କରିଥିଲି। ମୋର 'ଭାବବତୀ', 'ରସପଞ୍ଚକ', 'ଯମକରାଜ ଚଉତିଶା', 'କୁଞ୍ଜ ବିହାର', 'ଚଉପଦୀଭୂଷଣ', 'ଚିତ୍ରକାବ୍ୟ ବନ୍ଧୋଦୟ' ପ୍ରଭୃତି ଗ୍ରନ୍ଥରେ ଏହି ଉପାଧିଟିକୁ ବ୍ୟବହାର କରିଛି।

ଗବେଷକ : ସମ୍ପ୍ରତି ଆପଣ 'କବିସମ୍ରାଟ' ଆସନରେ ଅଳଙ୍କୃତ। ଏହା ମଧ କୁହାଯାଇପାରେ ଯେ ଆପଣ କେବଳ କବିସମ୍ରାଟ ନୁହନ୍ତି, ଆପଣ ମଧ ହେଉଛନ୍ତି 'ଶବ୍ଦସମ୍ରାଟ' ଓ ସଙ୍ଗୀତସମ୍ରାଟ'। ଏ ସମ୍ପର୍କରେ ଆପଣ କିଛି ପ୍ରତିକ୍ରିୟା ରଖିବେ କି ?

କବିସମ୍ରାଟ : ଏହା ଅତି ଆନନ୍ଦର କଥା। ମୋର ଜାତି ମୋତେ ଶ୍ରେଷ୍ଠ ସ୍ୱୀକୃତି ପ୍ରଦାନ କରିଥିବାରୁ ମୁଁ ବେଶ୍ ଗୌରବ ଅନୁଭବ କରୁଛି।

ଗବେଷକ: ଆପଣଙ୍କର ଶେଷକୃତିଟି କ'ଣ ମହାକବି ?

କବିସମ୍ରାଟ: 'ନୀଳାଦ୍ରୀଶ ଚଉତିଶା'। ଏହା ହେଉଛି ମୋର ସର୍ବଶେଷ ରଚନା। ମୋର ଅନ୍ତିମ ଜୀବନ ପୁରୀରେ କଟିଥିଲା। ଶ୍ରୀକ୍ଷେତ୍ର ରହଣି କାଳରେ ମୁଁ ଏହା ରଚନା କରିଥିଲି। ଚତୁର୍ଦ୍ଦଶ ବ୍ରହ୍ମାଣ୍ଡର ଠାକୁରଙ୍କୁ ମୋର ନିବେଦନ ଥିଲା ଏହିପରି -

'କ୍ଷମାନିଧିଙ୍କି ବାରେ   କ୍ଷମ ମୁଁ ଦର୍ଶନରେ
କ୍ଷିତି ଖ୍ୟାତିକୁ ସମର୍ପିଲି
କ୍ଷମ ମୋ ଅପରାଧ   କ୍ଷମ ଏ ଜୀବସାଧ
ଖ୍ୟାତ ଚରଣ ତଳେ ସବୁ ଦେଲି ହେ, ନୀଳାଦ୍ରୀଶ।
କ୍ଷୟତ ହେଲାଣି ଏ ପିଣ୍ଡ
କ୍ଷାଳ ଏ ଜଞ୍ଜାଳର ଦଣ୍ଡ
ଖ୍ୟାତି ଏ ଉପେନ୍ଦ୍ରର   କ୍ଷାତ୍ର କୁଳସମ୍ଭାର
କ୍ଷେମ ଚରଣ ତଳେ ହେଉ ରୁଣ୍ଡ ହେ, ନୀଳାଦ୍ରୀଶ।"

ଗବେଷକ: ଧନ୍ୟବାଦ ମହାକବି। ଆପଣ ଏ ଅକିଞ୍ଚନକୁ ଦର୍ଶନ ଦେଇ କିଛି ଉତ୍ତର ରଖିଥିବାରୁ ଏ ଅକିଞ୍ଚନ ନିଜକୁ ଅହୋଭାଗ୍ୟ ମନେ କରୁଛି। ଆପଣ ଦିବ୍ୟଧାମରେ ସର୍ବଶୁଭରେ ରହିଥାଆନ୍ତୁ କବିସମ୍ରାଟ, ଏହାହିଁ ବିଶ୍ୱପିତାଙ୍କ ନିକଟରେ ପ୍ରାର୍ଥନା। ଆପଣଙ୍କୁ ଶତକୋଟି ପ୍ରଣାମ, ମହାକବି। ଆପଣଙ୍କର ଜୟ ହେଉ।

କବିସମ୍ରାଟ: ଯଶସ୍ୱୀ ହୁଅ ବତ୍ସ। ଭଗବାନ ତୁମକୁ ସହାୟ ହୁଅନ୍ତୁ।

ସହାୟକ ଗ୍ରନ୍ଥସୂଚୀ

୧. ଶ୍ରୀନୀଳାଦ୍ରୀଶ ଚଉତିଶା - କବିସମ୍ରାଟ ଉପେନ୍ଦ୍ର ଭଞ୍ଜ

୨. ଯମକରାଜ ଚଉତିଶା - କବିସମ୍ରାଟ ଉପେନ୍ଦ୍ର ଭଞ୍ଜ

୩. କୋଟି ବ୍ରହ୍ମାଣ୍ଡ ସୁନ୍ଦରୀ - କବିସମ୍ରାଟ ଉପେନ୍ଦ୍ର ଭଞ୍ଜ

୪. ରସିକ ହାରାବଳୀ - କବିସମ୍ରାଟ ଉପେନ୍ଦ୍ର ଭଞ୍ଜ

୫. ଛାନ୍ଦ ଭୂଷଣ - କବିସମ୍ରାଟ ଉପେନ୍ଦ୍ର ଭଞ୍ଜ

୬. ସୁଭଦ୍ରା ପରିଣୟ - କବିସମ୍ରାଟ ଉପେନ୍ଦ୍ର ଭଞ୍ଜ

୭. ବୈଦେହୀଶ ବିଳାସ - କବିସମ୍ରାଟ ଉପେନ୍ଦ୍ର ଭଞ୍ଜ

୮. ଲାବଣ୍ୟବତୀ - କବିସମ୍ରାଟ ଉପେନ୍ଦ୍ର ଭଞ୍ଜ

୯. ପ୍ରେମ ସୁଧାନିଧି- କବିସମ୍ରାଟ ଉପେନ୍ଦ୍ର ଭଞ୍ଜ

୧୦. ଉପେନ୍ଦ୍ର ଭଞ୍ଜ ଓ ସାରସ୍ୱତ ପୀଠ ମାଳିସାହି - ପ୍ରେମାନନ୍ଦ ମହାପାତ୍ର

୧୧. କାଳଜୟୀ ପ୍ରତିଭା: କବିସମ୍ରାଟ ଉପେନ୍ଦ୍ର ଭଞ୍ଜ - ପ୍ରେମାନନ୍ଦ ମହାପାତ୍ର

୧୨. ଓଡ଼ିଆ ସାହିତ୍ୟର ଇତିହାସ - ପ୍ରେମାନନ୍ଦ ମହାପାତ୍ର

୧୩. ଭଞ୍ଜ ପ୍ରଭା - କଳିଙ୍ଗଭାରତୀ, କଟକ।

୧୪. କପିଳ ସଂହିତା - ପ୍ରକାଶକ, କେଦାରନାଥ ଗବେଷଣା ପ୍ରତିଷ୍ଠାନ, ଭୁବନେଶ୍ୱର।

୧୫. Indian Culture and Cult of Jagannath - Pandit Binayak Mishra.

BLACK EAGLE BOOKS

www.blackeaglebooks.org
info@blackeaglebooks.org

Black Eagle Books, an independent publisher, was founded as a nonprofit organization in April, 2019. It is our mission to connect and engage the Indian diaspora and the world at large with the best of works of world literature published on a collaborative platform, with special emphasis on foregrounding Contemporary Classics and New Writing.

www.ingramcontent.com/pod-product-compliance
Lightning Source LLC
Chambersburg PA
CBHW060615080526
44585CB00013B/841
* 9 7 8 1 6 4 5 6 0 4 7 2 3 *